出版新业态发展研究报告

赵晨阳 崔波 主编
徐凤兰 隗静秋 袁玺 副主编

电子工业出版社
Publishing House of Electronics Industry
北京·BEIJING

内 容 简 介

近年来，出版业积极适应新一轮科技革命和产业变革趋势，不断探索，改革创新，出版业从裂变相加走向融合相乘，取得了可喜的成绩。本书汇集出版领域新媒体发展前沿的研究报告，全书分为总报告篇、热点篇、产业篇、调查篇四部分，围绕当下出版领域新媒体、新技术、新业态、新产品、新服务、新模式的整体发展情况，报告撰写者深入行业一线，梳理总结出版业的发展特点，剖析痛点和焦点问题，解读各类应用场景，研判未来发展趋势，希望为我国出版业高质量发展做出应有的贡献。

未经许可，不得以任何方式复制或抄袭本书之部分或全部内容。
版权所有，侵权必究。

图书在版编目（CIP）数据

出版新业态发展研究报告/赵晨阳，崔波主编.—北京：电子工业出版社，2022.10
ISBN 978-7-121-44356-5

Ⅰ.①出⋯　Ⅱ.①赵⋯②崔⋯　Ⅲ.①出版业－研究报告－中国　Ⅳ.①G239.2

中国版本图书馆 CIP 数据核字（2022）第 183091 号

责任编辑：刘家彤
印　　刷：北京市大天乐投资管理有限公司
装　　订：北京市大天乐投资管理有限公司
出版发行：电子工业出版社
　　　　　北京市海淀区万寿路 173 信箱　邮编 100036
开　　本：720×1 000　1/16　印张：21　字数：403.2 千字
版　　次：2022 年 10 月第 1 版
印　　次：2022 年 10 月第 1 次印刷
定　　价：198.00 元

凡所购买电子工业出版社图书有缺损问题，请向购买书店调换。若书店售缺，请与本社发行部联系，联系及邮购电话：（010）88254888，88258888。
质量投诉请发邮件至 zlts@phei.com.cn，盗版侵权举报请发邮件至 dbqq@phei.com.cn。
本书咨询联系方式：liujt@phei.com.cn，（010）88254504。

出版新业态发展研究报告

顾问委员会（按拼音排序）

黄楚新　　吕宇翔　　王传臣　　杨海平　　袁亚春　　赵剑英

编辑委员会（按拼音排序）

曹月娟　　陈　康　　丛　挺　　陈　晶　　邓香莲　　郭瑞佳
郭海威　　金　强　　李文文　　刘　丹　　刘　晖　　刘　祥
陆朦朦　　钱　聪　　尹　达　　尹　力　　王　亮　　王倩倩
王武林　　王勇安　　于　文　　严佳馨　　赵　磊　　周　康

前　言

《出版新业态发展研究报告》（以下简称《报告》）由国家新闻出版署"出版业科技与标准重点实验室"与浙江传媒学院新闻与传播学院共同成立的"出版产教融合基地"主持编撰，是关于出版新媒体发展的最新年度报告，主要分为总报告篇、热点篇、产业篇、调查篇四部分。围绕当下出版领域新媒体、新技术、新业态、新产品、新服务、新模式的整体发展情况，报告撰写者深入行业一线，梳理总结出版业的发展特点，剖析痛点和焦点问题，解读各类应用场景，研判未来发展趋势，希望为我国出版业高质量发展做出应有的贡献。

出版新业态发展研究不仅意义重大，而且恰逢其时。近年来，我国移动互联网基础设施建设日益完善，网民数量快速增加，各种新形态互联网内容和服务也接踵而来，出版业积极适应新一轮科技革命和产业变革趋势，积极探索，改革创新，在传统出版与新兴出版融合发展方向取得了可喜的成绩。2020年是"十三五"规划收官之年，新冠肺炎疫情防控常态化趋势显著，为出版业发展增添了更多不确定性，在此背景下，出版业充分利用大数据、云计算、人工智能、混合现实等先进技术，加快融合步伐，在内容的策划、生产、加工、存储、呈现、分发和出版产品的营销、推广等方面不断探索融合发展的创新之路，为社会主义文化强国建设提供了重要支撑，为实现人民对美好生活的向往做出了积极努力和应有贡献。当然，在出版业积极探索融合发展的道路上，依然存在一些老问题需要我们勇于改正，也存在一些新问题需要我们积极面对，特别是出版业在运用新技术、掌控新渠道、满足新需求、构建新模式等方面存在一定的滞后性。这些都需要我们总结先进经验，剖析具体问题，努力推动出版业高质量发展。

《报告》全面概括了2020年以来，出版业在数字化进程和新形态出版物上涌现出的新问题、新趋势，涉及出版业融合发展、知识服务、主题出版、区块链与版权保护、图书直播、人才培养、品牌建设等十多个主题，内容丰富。在研究方法上，《报告》主要采取文本内容分析、数据实证分析和特色案例分析相结合的研究方法。在热点篇，研究人员立足于出版业融合发展的现状，聚焦知识服务、区块链技术、数字互动出版、人工智能应用以及图书直播五大热点问题，解读中国出版数字化最新进程。在产业篇，研究人员从主题出版、教育出版、儿童出版、网络文学、出版展会等产业发展现状和问题入手，对出版物价值追求、网络文学产业链、智慧教辅系统构建、儿童出版新变化等进行了深入探讨，剖析出版新业态。在调查篇，研究人员结合具体案例，研究了我国一流大学图书馆音视频发展情况、国际书展社交媒体账号使用、中国网络文学异域传播、新媒体编辑技能培养、数字农家书屋建设、微信公众号营销、出版品牌培育等问题，梳理困境，探究路径。

整体而言，《报告》在立足我国新时期出版业高质量发展的背景下，由上而下，由里至外，由点到面，对我国出版新业态发展脉象——追溯，聚焦特定的现象、主题或问题并展开研究，重视报告的实证性、参考性和预测性，基本达到了我们编写这本报告的初衷：能够较为全面准确地描述所研究对象的发展现状、存在的问题；能够从国情出发，结合行业具体发展状况解释原因；能够围绕问题给出切实可行的对策建议；能够对未来发展趋势做出一定的研判。2021年底，国家新闻出版署发布《出版业"十四五"时期发展规划》，明确提出要大力发展数字出版新业态，推动数字技术赋能出版全产业链条，深化改革创新，更好抢占数字时代出版发展制高点，为出版业数字化进一步发展指明了方向。回顾过去，展望未来，在我国即将建成出版强国的征途上，通过出版新业态的现状梳理、问题挖掘、数据分析、路径探讨等研究，为我国出版业融合发展提供参考，推动出版新业态的发展和出版学术研究的进步，是编写《报告》的一个重要思路。

在《报告》的编写过程中，得到了学界、业界诸多师友的鼓励、关心、支持和积极参与，成果的取得离不开大家的鼎力相助。2020年杭城火热的7月，同人们聚在一起热烈讨论的情景，依然历历在目。遗憾的是，很多宝贵的建议，由于各种原因，最终并未被真正吸收。感激之情与遗憾缺失，都将成为我们继续努力的源源动力。

鉴于我们的水平和力量有限，《报告》在内容选题、篇章布局及文本数据获取上或许不尽如人意，或多或少存在一些缺陷，恳请广大读者予以指正，帮助我们不断提高《报告》的质量。

目　　录

I **总报告篇** ·· 1
　第一章　2021年出版新业态发展研究报告 ·· 2

II **热点篇** ·· 24
　第二章　2021年中国出版融合发展报告 ··· 25
　第三章　智能化语境下出版业知识服务 ·· 38
　第四章　区块链与版权保护 ··· 53
　第五章　2021年数字互动出版创新发展报告 ·· 69
　第六章　人工智能在出版业的应用现状及发展趋势研究报告 ··································· 80
　第七章　中国图书直播发展报告 ··· 94

III **产业篇** ·· 107
　第八章　中国主题出版物的价值追求报告——基于五届中国出版政府奖的数据
　　　　　分析 ·· 108
　第九章　智慧教辅与教育出版业态革命 ·· 118
　第十章　网络文学的群体化创作与版权治理 ·· 132
　第十一章　南方出版传媒二十余年数字出版转型之路 ··· 140
　第十二章　出版类展会的"线上化"变革探究——以北京国际图书博览会
　　　　　　"云书展"为例 ··· 153
　第十三章　2021年中国儿童出版新媒体融合发展报告 ·· 161
　第十四章　全产业链环境下的网络文学作品分析——主题、付费模式及IP
　　　　　　改编 ·· 171
　第十五章　学术著作开放存取研究报告 ·· 183

IV **调查篇** ·· 202
　第十六章　《辞海》数字化出版研究 ·· 203
　第十七章　我国音视频数据库出版现状、问题及对策研究——基于一流大学
　　　　　　图书馆的调查 ··· 224

第十八章　学术期刊社交媒体传播发展报告 ………………………………… 239
第十九章　疫情背景下国际主要书展社交媒体账号的使用与启示 ………… 255
第二十章　中国网络文学在泰国的传播与接受研究报告 …………………… 267
第二十一章　我国数字农家书屋建设现状研究 ……………………………… 284
第二十二章　新媒体编辑技能培养研究初探 ………………………………… 297
第二十三章　出版社微信公众号营销路径和策略分析 ……………………… 310
第二十四章　我国社科类出版品牌类型特征、合作结构与培育路径研究 … 319

Ⅰ 总报告篇

第一章 2021年出版新业态发展研究报告

隗静秋，严佳馨，赵伟英，李芷怡，朱咫渝[*]

摘要：2021年，我国出版业面对新冠肺炎疫情这一现实，克服新难题、把握新机遇、顺应新趋势。2020年，我国数字出版产业整体收入规模超过万亿元，实现逆势上扬态势。"生产方式变革""媒体赋能营销""知识服务转向"成为出版新业态发展的着力点。政策系统布局、理念积极创新、跨界发展融合深入化、新技术加持效果明显，出版业不断朝着高质量发展迈进。但不可否认的是，当前出版业在思维观念、体制机制、行为方式等方面仍存在一定不足，需引起关注。基于此，未来出版业要从转变服务意识、新技术深度融合、复合人才发掘与培养等方面发力，为出版融合新转向的发展带来可能。

关键词：出版新业态；生产方式；媒体营销；知识服务；出版融合新转向。

一、出版新业态下的生产方式变革

（一）技术赋能出版高质量

随着互联网信息技术的不断发展，人工智能、大数据、云计算、5G、AR、VR等新兴技术不断迭代革新。技术的革新能够驱动产业升级发展，在从技术赋能到数字出版的出版方式中，为数字出版方式提供了先进的技术支持。

5G是目前最新的蜂窝移动通信技术，和之前的4G相比，5G具有高速度、低延时、泛在网、高可靠性的特点。依靠5G的这些特点，能够建立可

---

[*] 隗静秋，博士，浙江传媒学院新闻与传播学院副教授、出版融合系主任，中国社会科学出版社在站博士后；严佳馨，浙江传媒学院新闻与传播学院2020级硕士研究生；赵伟英，浙江传媒学院新闻与传播学院2021级硕士研究生；李芷怡，浙江传媒学院新闻与传播学院编辑出版学2019级本科生；朱咫渝，浙江传媒学院图书馆副研究馆员、信息咨询部主管。

实现快速资源共享的平台，满足大量数据上传的需求，同时，重新整合内容、渠道、关系三种资源，集优势于平台，大力发展平台经济。此外，传统出版模式中的图片和文字逐渐发展为音频、视频、VR、AR和全息成像相结合的形式，其中，VR、AR和全息成像能够实现智能互动、人机交互的功能，提高用户的参与度和互动度，使用户的体验感更好，吸引更多用户的注意。

在 2021 年的两会中，5G 被全方位应用于"策采编发"中，记者佩戴 MR 眼镜 Rokid Vision 2，只身便可完成访谈、拍摄、记录等工作，后方实时传输与分析会场新闻素材，可同步实现"AR+5G"的效果。在 2021 年的 BIBF 展会中，中图云创设立了"5G 新阅读全景展厅"，通过 VR 技术数字化呈现了《永乐大典》《华山云海图》《童心向党》等图书。中图云创与国内外的出版社及文化机构合作，利用 5G、VR、超高清等高新技术，打造文化与科技深度融合的"5G 新阅读"项目，对高品质出版内容和文化 IP 进行 VR 全景版本制作，形成全景超高清视频内容，目前已有中华传统文化系列、红色文化系列、少儿通识系列等，"5G 新阅读"体验区也已经落地中国国家图书馆等多个图书馆、文化馆和高校。

由于 2020 年的疫情影响，线上教育逐渐成为刚性需求，并且疫情防控期间免费开放的资源也为数字教育平台积累了大量用户，教育出版平台也依靠人工智能（AI）技术，实现了交互和测评等功能。由人教数字公司研发的"人教口语"App 则是利用 AI 技术的典型产品，设置了"配音秀""口语闯关""教材点读""大咖讲教材""AI 外教互动课"等模块，其中，"配音秀"利用智能语音技术同步人教版英语教材，将教材动画制作为配音素材，学生能够通过这个模块对课文产生更深刻的理解；"AI 外教互动课"则利用 AI 技术将人教版英语教材中的场景进行舞台级的呈现，实现 100%覆盖教材知识点，实现良好的师生互动。

（二）出版模式新改变提高产业价值

1. 数据出版增强学术规范性

数据出版，主要利用互联网及相关技术对科研中产生的数据进行观察、实验、计算分析，或对数据进行收集、整理、加工后发表，以便于科研人员和科研机构获取、分析，并在论文及研究成果中使用，能够促进科研人员、科研机构之间的数据交流与共享。数据出版的一般流程包括数据提交、数据存储、数据评审、数据引用和数据评价5个环节。

数据出版的优势在于其强调直接出版数据,与传统学术论文出版模式中对数据进行分析或者通过数据获得结论的方式不同,因此数据出版能够保持数据的完整性、保障数据的质量、避免篡改数据与学术造假,以及避免时间和资金投入的浪费,同时,数据出版也更加符合学术规范。由于出版机构和出版模式的不同,数据出版目前主要分为数据期刊、独立数据出版和数据作为论文的辅助资料出版。

数据论文与常规学术论文有很大不同。数据不是支持学术观点的辅助性材料,而是论文主体,它并不重点报道基于科学假设和科学问题的研究结果,而是重点描述科学数据本身。数据期刊是以发表数据论文为主的期刊,对数据进行存储与管理,帮助用户进行检索和数据挖掘。刘灿、王玲、任胜利认为数据期刊大致分为2种:一种是混合性数据期刊,出版数据论文的同时,也出版综述、研究论文、会议报告等;另一种是纯粹的数据期刊,其出版单元全部为数据论文。我国目前创办的数据期刊有《地理学报增刊》《中国科学数据》《全球变化数据学报》等,其中,《中国科学数据》是国家网络连续型出版物的首批试点刊物,是唯一面向多学科领域科学数据出版的学术期刊。国外的期刊有 *F1000 Research*,*Dataset Papers in Science*,*Scientific Data*,*Data in Brief* 等。

独立数据出版一般将数据保存到数据中心的数据存储库中,然后进行独立发布,并且对数据进行标记以便于查找和使用。目前,国内外具有提供数据存储和共享功能的大型公共数据中心都属于独立数据出版的模式。例如,美国国家航空航天局数据中心、中国科学技术部设立的科学数据共享平台,以及各领域的专业数据中心都提供公共的数据存储与发布服务。

科研数据是论文的基础,因此有些期刊会要求作者随论文一同将相关的数据作为补充材料提交至期刊或指定的数据中心,并对数据进行保存。目前,国内外的许多期刊都有提交数据作为补充的要求,同时能够对数据进行共享和查询,也进一步保证了学术公开的透明性和端正性。

2. IP开发提升出版产业价值

目前,依托影视IP开发同名手游的"影游联动"模式以及依托热门游戏改编影视剧的"游影联动"模式已初具规模。"影游联动"指影视 IP 转化为游戏作品的产业模式,"游影联动"指游戏 IP 转化为影视作品的产业模式。影视 IP 改编成同名游戏是影视公司新的经济增长点,如《射雕英雄传》《隐形守护者》等。相较于电视剧观众群体,游戏用户群体多为年轻用户,其忠诚度高、消费能力强。并且利用实时渲染技术的虚拟预演方案,影视级美术资源导入游戏引擎,使影视与游戏的结合转化变得更为便利,影视模型可直接进行游戏开发,同时,游戏引擎实时渲染场景,可以帮助导演进行前期预演,降低制作成本。5G 技术和云存储也为影视制作提供了便利条件。5G 具有低延时、大带宽的特点,可实时调用存储在云端的模型,实现虚拟勘景的功能,支持实时修改场景并渲染,加快场景修改制作进程,真正达到"所见即所得"。未开拍便已了解成片的画面效果,减少拍摄中的不可控因素,对流程可行性进行评估,优化制作流程,缩短影视制作时间。基于 5G 的数字资产云存储,则可挖掘美术资源的持续性价值。对每一个场景进行数字建模,对三维模型资产进行编号、云端存储、资源共享。资源库的建立将大大降低前期勘景的成本,资源库的丰富则可为虚拟拍摄以及云端制作储备资源。

图书 IP 具有全产业链开发价值。以《哈利·波特》畅销书为例,基于其 IP 的出版、电影、DVD 及有线电视播放权、网络游戏、主题公园等商业总价值达 70 亿美元;国内网络文学作品《鬼吹灯》及授权的电影、动漫、游戏合计产生的商业价值超过 4 亿美元。文学作品作为 IP 的重要源头,其全产业链开发价值在国内外均已得到商业证明。

阅文集团与万达、光线传媒、腾讯企鹅影业、爱奇艺等影视公司及巨人网络等游戏开发商合作,对文学 IP 进行全产业链开发,改编形式包括电影、电视剧/网剧、游戏、动画、纸质图书、有声书等,向产业链下游拓展,进一步把握 IP 开发自主权,控制改编产品的质量。目前,公司已输出众多 IP 衍生作品,包括电影《九层妖塔》《寻龙诀》,网剧《琅琊榜》《花千骨》《庆余年》,游戏《斗罗大陆》《斗破苍穹》等。2018 年,阅文集团累计授权 130 多部文学作品改编为其他形式。

(三)有声读物市场迅速增长

有声出版不同于传统的纸质出版和电子书出版,是一种新的数字出版形式。有声读物是将文字内容经过配音人员的录制转化为音频,再通过后期制作生成有声书,以移动介质作为载体,向用户传播内容。第十八次全国国民阅读调查数据显示,2020年,我国有三成以上(31.6%)的成年国民有听书习惯,较2019年的平均水平(30.3%)提高了1.3个百分点。选择"移动有声App平台"听书的国民比例较高,为17.5%;有10.8%的人选择通过"微信公众号或小程序"听书;有10.4%的人选择通过"智能音箱"听书;分别有8.8%和5.5%的人选择通过"广播"和"有声阅读器或语音读书机"听书。由此,可以看出有声书市场的广阔,并且由于移动智能载体的发展,有声读物的手机App逐渐增多,荔枝FM、企鹅FM、考拉FM、懒人听书、氧气听书、酷我听书、掌阅听书、全民听书、天天听书等有声阅读应用的相继上线,也为有声阅读市场提供了丰富的发展平台,平台所提供的内容涵盖新闻、财经、娱乐、小说等。

有声书的大量出版符合我国"十四五"规划中出版融合的发展趋势,并预示我国有声出版将在智能化、精品化、全民化、规模化、标准化五个方面实现关键性突破和实质性飞跃。

二、新媒体营销赋能图书出版机构

(一)后疫情背景下出版营销线上化

2020年,由于新冠肺炎疫情影响,图书出版业务出现大面积"线上"迁移,疫情倒逼出版业转型,客观推动了数字出版融合发展。新冠肺炎疫情给实体书业带来了重创,而线上营销却打开了图书营销的另一扇窗。

据北京开卷公司发布的《危机与变局——2020—2021中国图书零售市场报告》指出,2020年,图书线上渠道占整体零售市场近80%,线上图书销售成势。疫情以来,受客观环境影响,出版业营销依然围绕着"必须转向线上和如何重振线下""线上销售薄利和如何提高利润"等问题不断探索。但无论是线上营销还是线下营销,触达读者仍是其最终目标。

1. 线下活动的线上"腾挪"

受新冠肺炎疫情影响,大多数出版业线下活动受到影响,以往常见的线下营销活动不得不转移至线上进行。线上活动因不受时间与空间限制,并随着 5G 通信技术及硬件设备的发展，逐渐具备高互动性、低延时、可记录的特点，很快受到了诸多出版社的追捧，出现了线下活动的线上"腾挪"，用新思路化被动为主动，走出困局，打开新局。

2021 年 2 月，电子工业出版社举办"云上"营销大会。直播期间，全国超过 150 家经销商及众多读者在直播间频繁互动，积极参与话题讨论，在线人数近 4000 次，互动近 9000 条。无独有偶，同年 6 月，机械工业出版社、人民交通出版社、清华大学出版社等众多国内知名出版社参与"全国教材巡展网上行"活动，教材巡展线上参展出版社 160 多家，稳固和发展了出版社与高校教师之间的信息交流通道。

图书出版业线下活动的线上化看似是无奈之举，但随着通信环境的快速发展，却为图书出版业带来新的生机，从被动"迁徙"到主动"腾挪"，图书出版业积极适应客观环境，解决现实问题。

2. 线上营销矩阵搭建成焦点

随着互联网的蓬勃发展，用户消费习惯的改变，新媒体平台逐渐成为用户进行图书体验与消费的重要渠道。受疫情影响，客观上加快推动了图书出版业对线上渠道的开拓和布局，如何利用新媒体撬动出版业流量蓝海，实现利润转化成为出版社营销的焦点。以互联网为技术依托的自媒体营销矩阵，以及专注于图书商品的市场营销工作，已然成为业界共识。

不少出版机构入驻微信、微博、抖音、快手、知乎、喜马拉雅等媒体平台，通过开展线上营销推广、搭建线上营销媒体矩阵进行分销售卖，打造品牌价值。同时，诸多出版机构也尝试在同一平台注册多个不同垂类或针对不同人群的账号，搭建品牌内容矩阵。矩阵的搭建，可以有效强化信息内容，这在一定限度上意味着矩阵下各媒体（或账号）间的传播内容或用户既有交叉性又具特质性，内容与用户可在矩阵中流动，实现用户规模扩张与内容传播的最大效应。规模效应形成后，许多出版机构会深度进行流量复利的挖掘，进一步与 MCN 机构合作。以往出版社会寻找 MCN 机构中与自身调性匹配的 KOL 账号进行投放，但图书作为文化产品，KOL 的风格是否与出版机构适配会对最终营销结果产生很大影响，因此上述模式逐渐被弱化。出版机构自建 MCN 成为主要运营模式，即培养一批自身账号，再签约一批账号。较为典型的是果麦文化，其旗下的微博账号"知书少年果麦麦"粉丝数已达

267.6万人（截至2022年2月底）。随即以该账号为中心，签约韩寒"ONE一个工作室"旗下的同类文化账号，以及代理运营旗下部分知名作者的微博账号，形成了果麦文化的MCN矩阵。

最有代表性的是纸质书《蛤蟆先生去看心理医生》这一营销案例。该书经果麦文化自媒体平台矩阵营销，一系列"组合拳"引爆销量。该书上市两天，经果麦微博账号"知书少年果麦麦"、微信公众号"果麦2040"的宣传，实现日销超100册的转化，提高产品知名度，随后果麦文化的小红书平台账号"昀仔非读book"，通过触达更广泛的人群，实现"蛤蟆先生"出圈。最后，抖音平台"小嘉啊"短视频账号成为《蛤蟆先生去看心理医生》迈向日销1000册大关的重要节点，通过前期优质内容营销，实现直播带货5000多册的销售业绩，高效实现流量转化。该书短短半年之内销量超过130万册，而这就是利用新媒体矩阵相互引流带来的"虹吸效果"。

出版机构线上营销矩阵如图1-1所示，面向不同流量池（公域/私域流量池）用户进行区别运营，针对不同用户类型选取不同媒介投放，同时辅以技术支撑，通过用户的数据痕迹分析用户需求，并进一步挖掘用户潜在需求，提供更适配的信息服务，以此促进渠道创新，优化营销效果。善用营销矩阵可为出版机构带来"1+1>2"的营销效果，但媒体平台生态各异，出版机构在进行线上营销策略制定时更要发掘和利用不同平台优势，运用差异化营销策略才能起到事半功倍的效果。

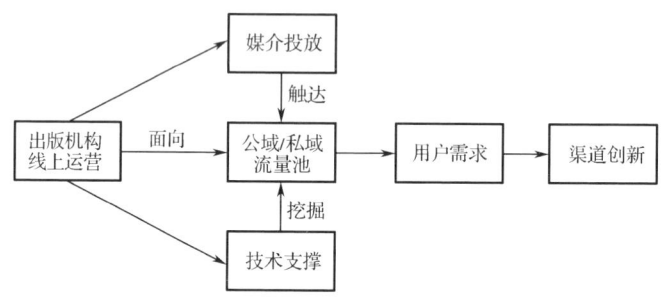

图1-1 出版机构线上营销矩阵

（二）私域流量成为出版业营销"利器"

据《2021中国私域营销白皮书》显示，私域触点在中国的渗透率达96%，42%的消费者已养成使用私域触点的习惯，私域流量已成为企业或机构与用户建立连接的重要路径。

私域流量将线上虚拟的买卖关系变成一种可有效依附的实体经济，可实现出版机构经济利益最大化。一方面，私域流量能够降低获客成本，直达用户。另一方面，线上流量有效降低出版实物的物流及线下活动成本，扩大利润空间。同时，私域流量池内部用户利用"熟人效应"进行推介，实现流量裂变，有效吸引、圈存固定用户周边的潜在读者。长时间以来，出版社受电商在供货折扣与返点系数上的不断施压，长期存在回款周期过长、优惠让利过大、利润空间受到极大压缩的问题。而随着互联网的发展，用户的增量红利已然褪去，公域流量成本不断提升，各出版机构需付出越来越高的成本才能维持以往的运营，亟须开拓私域流量进行破局。

随着互联网的快速发展，用户接触信息的渠道呈现多样性，机构易与用户建立关系，但同时却难以建立稳定的关系。因此，出版社要树立"以人为本"的运营理念，打造社交化营销体系。通常业界对于私域流量运营常常围绕引流、固流、变现三个环节进行资源整合。较为典型的，电子工业出版社（以下简称电子社）以短视频、直播为引流端口，以社群管理孵化用户群，以用户带动直播效果，提升短视频内容，形成短视频、社群管理、直播三种途径的运营闭环，构建真正具备转化价值的私域流量池。电子社建社39周年（2021年）之际，采取全天直播的形式庆生，实现"40分钟破1万元，8小时破10万元，10小时破20万元"的销售战绩。

上述这种有针对性的运营策略，能够有目标地打造私域流量运营体系，实现线上营销突破，逐渐成为出版业营销"利器"。

1. 引流：内容营销视频化

短视频因拥有"内容+展示+品牌"的天然传播属性，成为出版机构近几年的线上营销发力点，被视为图书营销的增量渠道和流量空间。短视频营销为出版机构的转型提供了空间，内容营销视频化已成为一种趋势，出版机构对短视频的应用主要集中在电商产品页、兴趣内容营销和线上课程等方面。

以往电商产品页以图文介绍为主，如今被短视频取代。短视频的产品介绍形式，可满足消费者在短时间内了解商品信息的需求，较传统图文介绍更加贴近实物。如机械工业出版社为了适应传播渠道的变化，各分社、各部门快速组建了短视频制作团队并进行了系统化的培训，为电商平台提供的产品短视频引流效果突出。

出版机构背靠优质、专业的信息资源，加之媒体平台的技术支持，兴趣内容营销短视频成为出版机构的新机会。2020年，各大短视频平台开始大力支持出版类创作者，据《2021抖音电商图书消费报告》显示，后疫情时代在视觉类传播渠道的带动下，全民阅读氛围越发浓厚。2021年，抖音图书类话题的视频播放量为1485.7亿次。据报告显示，磨铁文化、中信童书、快读慢活、机械工业出版社、华夏万卷成为抖音图书销量增长最快的五家出版机构。与传统的营销模式相比，短视频平台更注重转化率和信用评价，在这种高流量、快节奏的领域中，转化率自然也成为产品占据市场的关键因素。图书短视频在营销转化过程中，充分发挥图书产品本身自带的文化属性。同时，出版机构自身也应注意短视频叙事多元化的表达，通过好的内容创意激发传播扩散，注重品效合一，最终实现广泛营销。如广东人民出版社发布的短视频《换挡：如何让30岁的人生不失控》，截至2020年12月30日，最高浏览量达32.1万次、点赞数达912次，多条视频浏览量超过10万次，实现纸视同步提升内容附加值。再如"果麦麦印刷厂"与罗翔在哔哩哔哩（又称B站）联合创作的一段访谈短视频播放量超过300万次、点赞数达26.5万次，有效提高了产品的曝光量与品牌影响力。

线上课程也是出版机构内容营销十分有竞争力的一环。2020年下半年，上海译文出版社录制的"赵小华整书精读启发课"，辅以各大售书平台的优惠政策，市场反馈良好。此外，用户短视频传播也是不容小觑的一股新势力，抖音电商平台话题"翻阅2021""抖音全民好书计划"等活动将内容传播主体扩散到读者，据悉，"抖音全民好书计划"话题的视频播放量已达44.2亿次。

后疫情时代既是挑战，也是机遇。面对5G通信技术提速，数字内容产业面对新一轮洗牌，出版业须迎合时代与市场的要求，发挥内容资源优势，实现内容的有效全媒体运营，将内容、平台与营销等环节打通，实现多元化高质量持续发展。

2. 固流：社群运营精细化

出版机构通过不同渠道吸引的流量需要长期固定下来才能发挥其价值。只有固定用户才能反复触达，最终实现流量变现。社群营销在当下是出版机构增强粉丝黏性、沉淀用户的有效手段。特别是在疫情防控期间，防控常态化，社群运营更成为线上开展营销活动的重要载体。出版机构为私域流量池内部的用户提供定制化、个性化、精准化的服务，从而进一步提高用户黏性。

目前，出版机构与网络社群常见的组合方式有：一种是出版机构利用在社交平台因兴趣自主形成的网络社群；另一种是由出版机构自主创建的网络社群。第一种以传播某一特定兴趣的信息作为主要服务内容，进而使某垂类领域人群凝结。如备受出版商青睐的"童书出版妈妈三川玲""凯叔讲故事""罗辑思维""爱读童书妈妈小莉"等。这一类社群在前期并不为出版机构服务，而是因兴趣凝结，因此具有相当高的活跃度。网络社群需要"变现"，而与出版机构合作则成为一条有效路径，其中，较为典型的是图书团购。不少出版机构已经意识到与该类社群合作会获得较多的盈利。网络社群也可真正挖掘社群的经济价值。因此，出版机构通过社群售卖与社群兴趣关联度较高的图书，成为"合则两利"的事情。如《东方娃娃世界经典绘本》在"爱读童书妈妈小莉"的微信公众号上销售后，出版机构库存的1400多套随即被抢购一空。

由出版机构自主创建的网络社群，该类社群的形式主要包括微信公众号、微信群、QQ群和微博粉丝群等。相较于专业社群，出版机构自建的社群前期并没有那么大的吸引力，粉丝数量也不多。通常来讲，该类社群又可分成图书兴趣社群与粉丝服务社群。前者为相同兴趣群体"凝聚"平台，可很好地进行运营活动联动。如广西师范大学出版社启动的"书店燃灯计划"，分享的内容受到读者的广泛好评，并且建立起"出版机构发起—书店参与—线上分享—书店分销"的新模式，也让读者享受到更多的"云端精神文化大餐"。因此，该类社群十分具有价值，强有力的兴趣支持不仅可以提高社群活跃度，助力出版机构变现，其中的一些"种子用户"甚至可以协助图书编创，将社群的兴趣指向直接转化为图书源头生产的动力，通过兴趣众筹、社群众筹考验这些兴趣点转化为图书的可能性，使图书在出版之前先经过市场的检验。后者主要以既有读者为服务对象，出版机构通过建立社群及时了解读者反馈。例如，建筑工业出版社利用本社的微信平台开展社群营销。这类社群主要依托原有图书销售体系，为用户提供更加人性化、精细化的服务，进一步促进用户的沉淀与留存。

与此同时，一些专门针对网络社群开展电商的平台也不断涌现。出版机构入驻平台，组织图书售卖活动。该类平台为用户提供了便利的购买途径，用户可直接在社群内点击链接进行购买，缩短了兴趣到变现的转化链条路径，具有明显刺激销售的效果，因而这类平台成为出版机构重要的合作对象。

3. 变现：网络直播常态化

经过前期短视频引流、社群营销沉淀用户，直播成为"收割"流量、承接变现的重要方式。诚然，前期短的内容营销、社群营销都能在一定限度上实现流量变现，"引流+固流+变现"的私域流量运营体系的部分功能也并非泾渭分明，但直播通过"打赏""挂车"等方式大大缩短用户实现消费需求的链条，除此之外，直播间中的"广告位"依然可有效收获流量，因此，直播成为线上营销体系中使流量变现的"锐利武器"。2019 年，出版机构开始试水直播渠道；2020 年，被誉为图书直播元年；2021 年，图书直播进入高潮。随着网络直播常态化，其内部结构也逐渐呈现成熟化的特点，主要表现在直播场景创新化、主播专业化和节点选取策略化。

直播场景创新化，身临其境成"卖点"。与传统电商相比较，直播电商为商品的场景营销提供了更加丰富的选择空间。通过观察全国多家出版机构的直播情况发现，往往与产品特点、促销节点气氛相符的场景，更容易获得相对较好的成绩。电子工业出版社曾联合主持人王芳在该社库房中举行了首次库播活动，整个直播过程历时 10 小时，累计在线人数达 53.4 万次，销量突破 25 万册，总销售码洋约 1000 万元，获得了十分可观的销售业绩。

主播专业化，"自播+达播"组合联动。由出版机构自行培养主播，逐渐扛起出版机构自播的大旗，成为日常销售、经营的基本盘，逐渐成为品牌电商增长的中坚力量。同时，头部主播王芳、刘媛媛等带货达人的加入，增加了产品的信任背书，实现了品牌声量强密度、多圈层、广覆盖，出版机构逐渐打造出属于自己的全域直播生态。2021 年 3 月 31 日，第 34 届北京图书订货会开幕，直播间从刘媛媛、洪帮主、清华妈妈马兰花等知名主播坐镇，到出版机构的编辑、作者轮番出镜，火热的直播氛围让订货会的热度直升。2021 年，天府书展首次搭建直播平台，邀请图书领域知名带货主播入驻，同时邀请参展商开展品牌自播，书展得到了社会更大范围的关注。

节点选取策略化。世界读书日、六一国际儿童节、"6·18"等，由于节日自带关注度，届时举行活动能够有效为图书直播带来可观的流量。如青岛出版社在6月1日当天7小时不间断联播，全平台共计2万次观看，拉动图书销售实洋1.8万元、码洋5.3万元，创直播间开播以来的最高纪录。

随着营销直播常态化，出版机构必须认识到图书的本质仍是一种文化商品，具有其特殊性，与其他行业相比，对于以"带货"为目的强推销形式读者"并不买账"，因此要善于提取产品的独特价值，用观众喜闻乐见的方式进行推广。

（三）社店合作升级，提振实体渠道

受疫情影响，新书推介、营销宣传逐渐从线下转至线上，图书销售与客户线上对接成为常态。但图书业务的线上频繁开展并不意味着线下场景搭建的缺失，整合双方资源，打造线下文化活动中心与传播中心，实现双方价值的同时促进合作联动。

曾因电商发展而受到冲击的线下实体书店积极适应互联网传播趋势，利用新媒体传播速度快、范围广、信息量大的优势，兼顾线上交流的同时逐步实现实体书店线上线下融合发展的新模式，社店合作得到升级。与传统书店相比，社店合作能够为用户提供更全面、更具有针对性的信息服务与场景服务，增加用户黏性，真正实现实体渠道的全面打通。如生活·读书·新知三联书店与浙江新华、凤凰新华、山东新华等业务对接，社店双方逐渐实现新书首发、书城粉丝店建设、馆配政策倾斜等一系列合作，从选题、发行及营销等链条上整合社店双方资源，实现真正联动。

实体渠道的提振意味着线下销售场景潜力的激发，相关出版机构在设计和策划线下阅读场景方面下足功夫，旨在提升读者阅读趣味，从而实现对接精细化与阅读体验的沉浸化。

（四）阅读场景多样化，IP衍生品出圈

随着用户阅读场景的多样化，传统出版机构营销方式受到挑战。图书出版机构的营销理念发生颠覆性变革，从满足用户需求到预测用户需求；从提供标准化产品的大众化市场转为提供定制化产品的个人消费市场；产品和服

务竞争将从行业内部竞争转为跨界竞争。

面对"跨界""融合"的客观现实，出版机构的创意赋能从图书向外延伸，从直接组合售卖的"盲盒经济"到图书 IP 衍生品的挖掘，出版机构围绕"图书+"的产品混搭尝试可谓五花八门。无论是从设计之初便有产品矩阵之意，还是为图书宣发寻找撬动点，出版机构围绕图书开展的"混搭潮"已初具规模。2018 年 9 月中旬，湛庐文化推出《24 堂葡萄酒大师课》并搭配"新西兰马尔堡长相思"和"法国阿尔萨斯雷司令"红酒，让读者能够边看书，边品酒，理论结合实践，也实现了书本功效的最大化。无独有偶，2020 年春节前夕，上海译文出版社推出意大利国宝级作家翁贝托·埃科的专栏集《帕佩撒旦阿莱佩：流动社会纪事》+密涅瓦咖啡盒体验装的混搭产品，上线 1 日即售出近 150 套。除此之外，从图书+书签、图书+笔记本等常规搭配到图书+实体店代金券、图书+衣服、图书+主题曲（数字音乐/CD）、图书+线上课程等图书衍生品层出不穷。如果说以图书为基础进行"图书+"的产品混搭，是一种出版机构跨界合作的常用途径，那么从 IP 形象出发，将纸质书作为一种文创产品也是一种新途径，2019 年"bibi 动物园"很快在豆瓣平台获得关注，2021 年秋，全网坐拥 240 万名粉丝的"bibi 动物园"出版纸质书《忍不住想打扰你》。用 IP 形象进行营销推广的流量思维打法所倾向的仍是内容的打造，是一种"艺术出版"的理念。同时，"bibi 动物园"并不回避商业广告合作，只要是与品牌调性相符的都可以进行大胆尝试，未来"bibi 动物园"计划推出毛绒玩具、手办等衍生品，实现 IP 的纵深发展。

出版产业链的拓展，有利于延长图书生命，实现图书价值增值，也能够客观上提升出版机构的品牌影响力，但背后也带来了一定的衍生品产权界定问题，此外，"周边衍生品是否为'噱头'，是否会喧宾夺主"也成为市场又一争议。但不能否认的是，图书市场面对用户的需求变化，创新是必要的。既然在图书界"内容为王"已然成为共识，也不妨尝试更多新的可能性。

（五）背靠专业资源，发力 B 端营销

出版机构自身具备丰富的人力资源和专业特点，在垂直领域具备难以替代的专业性和资源能力，立足自身专业特点推出符合自身定位的出版物，在相关的知识普及和文化传播方面也发挥着不可替代的作用。

除通过传统的图书出版实现变现之外，出版机构利用自身专业知识储备和资源积累发力 B 端，提供咨询类信息服务，也能拓宽盈利渠道。知识产权出版社联合北京海淀区知识产权局打造以专利孵化为特色的新型知识产权服务平台——智慧书堂，将知识产权服务、创客空间和主题书店完美结合，提供知识产权创造、保护、运用、管理全产业链集成服务的优质平台。

（六）出版深度融合，试水跨平台合作

2020 年，受疫情影响出版机构的营销全面向线上转移。出版融合逐渐成为出版机构未来发展的重要方向。2021 年，出版机构全面发力扩展线上布局，将出版融合与营销工作相结合，充分发挥线上渠道优势，发挥数字产品的引流作用，打通出版与营销路径，进一步形成产销闭环。

图书出版机构联合互联网公司，推进出版营销方式重塑。出版机构背靠专业内容资源与优质品牌口碑，对头部互联网公司具有较大吸引力；而互联网公司自带的巨大流量与商业运作模型是充分发挥出版机构价值资源的上乘之选。因此，营销线上化后，诸多出版机构第一时间与互联网头部公司进行联系，开启营销商业合作。2020 年年底，人民文学出版社与北京字节跳动、中国社会科学出版社与小红书、百度与中信出版集团等纷纷达成战略合作，开启了出版机构线上营销的新时代。

三、图书出版机构的知识服务转向

知识服务是出版领域在数字时代背景下的深入发展阶段，是互联网时代出版服务的重要方式，也是实现出版企业数字化转型的必经之路。出版领域知识服务模式的兴起和发展离不开国家政策的大力支持。

出版知识服务的发展也与数字时代发达的网络密不可分。网络使知识的种类更加丰富、知识的传播更加快速、知识的获取更加便捷。读者对于渠道的选择更加多样化，对于信息和知识的需求也在不断增加。因此，作为生产、传播知识的出版业受到了互联网知识体系的巨大冲击，正面临着被边缘化的危险。由此可见，转型升级是出版业实现可持续发展的必要条件，知识服务模式已成为出版领域数字化转型升级的现实需求，具有必要性和迫切性。

出版融合发展的最终目标在于为用户量身打造并提供全方位、立体化、多层次、多介质的知识服务。为实现此目标，出版业正在积极进行知识服务

的建设和转型，谋划战略和整体布局，开发多元产品和服务平台，进一步提高出版生产力，致力于满足受众需求。

（一）产品类型丰富，创新多元化模式

数字时代下的出版领域知识服务资源和产品的数量丰富，形式和类型更加多样化，知识服务的模式也更加多元化。除了图书、期刊形式，还有数据库、视频、新闻、游戏、音乐等形式。出版领域的知识服务有 5 种主要模式：知识资源数据库模式、知识获取终端设备模式、社交媒体知识分享模式、开放式知识众编模式、知识付费订阅模式。

同时在新技术的助力下，出版领域知识服务的产品类型愈加丰富，包括以中国知网、中国大百科全书数据库为代表的知识库与数据库产品，以人民法院出版社的"法信"平台为代表的整体解决方案，以中信出版社的中信书院 App 为代表的移动客户端，以浙江少年儿童出版社的《孩子的科学》增强现实版丛书为代表的虚拟现实与增强现实产品，以及以高等教育出版社的爱课程（iCourse）网站为代表的网络课程五种主要的产品类型。多元化的产品类型为用户提供了更多选择的空间，也代表着出版领域知识服务产业的迅速发展壮大，为出版业不断增添生命力和创造力。

（二）融合场景应用，满足个性化需求

面对激烈的市场竞争和有限的受众注意力，只有能够满足用户个性化需求、为用户提供有效服务的产品才能够在市场上占据一席之地。知识服务的核心是满足用户个性化需求，因此当前出版领域知识服务以 5G、人工智能、大数据、区块链等技术为支撑，产品的个性化愈加明显，能够适应在不同场景为受众提供知识服务产品，实现个性化服务。

一些产品可以通过用户对于特定类别、特定领域的个性化需求，提供定制化的知识解决方案，满足用户的个性化知识需求，如励德·爱思唯尔的数字决策工具产品、人卫智网的个性化推送服务等。此外，以喜马拉雅 FM 为代表的平台以有声书的方式做全本电子书、简本电子书、内容导读推介等，还将直播、社群、问答等与课程体系相结合，是满足用户个性化需求的又一成功实践。

从电子书到数据库服务，再到在线教育、有声读物，出版形式和服务形式的丰富多样增强了用户的可选择性，体现了出版业的数字化转型和知识服务个性化的发展趋势。可以说，个性化既是数字出版的特征，也是未来出版业的发展方向。

（三）专业限度更高，打造垂直化服务

当前出版领域知识服务呈现专业性限度更高的特点，一些行业的出版服务具有明显的导向性和针对性，服务需求也更加明确。其中，许多行业垂直领域的知识搜索平台、专家智库平台、知识数据库平台等类型的知识服务平台都是行业出版机构的独有项目。

此外，不少传统出版机构也在利用自身的内容资源优势建立专题数据库，其专业性和针对性更强。如中国人民大学出版社的"中国审判案例数据库"、人民卫生出版社的"人卫社中医题库"、人民公安出版社的"中国警察知识数据库"、中华书局的"中华古籍语料库"、社会科学文献出版社的"皮书数据库"等，都在不同的垂直领域为用户提供权威专业的内容和个性化的检索服务，这类专业性强、经济效益好的出版领域知识服务产品都具有不错的市场前景。

（四）商业模式转型，跨界协同经营

出版业的知识服务抓住了数字经济这一重要契机，将人工智能、大数据等技术与出版业相融合，并开始寻求自身商业模式的转型升级，不再是以广告、软文、知识付费、App会员收费为主的较为单一的盈利模式。出版业在知识服务领域开始不断探索新的商业模式，以中信出版集团为例，最早凭借图书和IP优势布局"知识型MCN"，2020年初积极转型线上渠道，以公司图书产品和作者为支撑，以内容标签铺设百位个人IP开展MCN运作。还着力建设共享出版平台，2020年1月7日，与《出版人》杂志社联合发布"共享出版平台计划"，尝试以"品牌+资金+平台"的模式，推动多方在品牌赋能、出版资源、渠道服务、资金支持等方面开展合作，开展创新运营模式，以实现出版领域知识服务的精准化。

有的出版机构与技术企业进行跨界合作，如北京理工大学出版社、中国

农业出版社等出版机构与百度知道展开合作，利用人工智能将传统出版的内容通过问答形式呈现。中国出版业依托自有优势，积极开展跨界合作，通过打造多样化商业模式，实现盈利渠道多元化，展现旺盛的发展活力和巨大的发展潜力。

（五）承担社会责任，助力抗疫扶贫

近年来，在脱贫攻坚战略和新冠肺炎疫情背景下，出版业越来越发挥出意识形态主阵地的作用，充分展现社会关切。面对新冠肺炎疫情的暴发，各大出版机构都在《数字阅读行业战"疫"倡议书》的号召下，积极通过各种平台为民众免费提供电子书、在线教育、有声读物等知识服务。例如，为了帮助公众了解新冠肺炎防治知识，中文在线在旗下的"书香中国"平台引入新冠肺炎病毒感染防护及疫情防控相关系列图书共 29 本，同步上线"书香中国助力防疫"等防疫专题，向读者免费开放；为了更好地满足疫情防控期间民众的精神文化生活需求，中信出版集团免费提供 3000 多本电子书和 600 多本有声书。可以说，出版业为民众提供内容丰富的知识服务的同时，引导舆情发展，助力抗击疫情，充分体现了出版业的初心使命与担当。

在我国脱贫攻坚战的关键时期，为了能够如期完成脱贫攻坚目标任务，确保全面建成小康社会，出版业也利用自身优势和资源为贫困地区和贫困群众脱贫致富提供形式多样的知识服务。如以"天天学农"为代表的农业教育平台累计合作专家 500 多位，已上线 5000 多节课程，为 3 亿名涉农人群提供关于种植和管理的农业知识服务；"扶贫先扶智"，中国出版集团先后策划并推出"中国扶贫书系"100 种图书，深化中国扶贫经验的理论概括和案例分析，为脱贫攻坚提供知识支撑；2020 年，中版数媒与中国扶贫开发协会推出"文化启智 智慧扶贫"项目，为贫困地区构建了智慧扶贫的解决方案。这一系列优质的知识服务在脱贫攻坚战中取得了优异成绩，出版领域知识服务在扶志、扶智、扶制、扶质方面都发挥了显著作用。

四、出版业发展面临的问题与挑战

党的十九届五中全会通过《中共中央关于制定国民经济和社会发展第十四个五年规划和二〇三五年远景目标的建议》对"十四五"期间国家文化建设提出了战略部署，明确将"文化强国建设"纳入 2035 年远景目标。出版

作为文化建设的重要力量，承担着传播文明、教育民众、服务社会的重要责任。我国出版业已实现从转型升级到融合发展的跨越，在远景目标的指导下，促进出版融合的高质量发展，推动出版大国向出版强国迈进。因此，厘清当前出版机构存在的问题，提出优化策略具有重要意义。

（一）复合型人才匮乏，难以吸引新鲜血液

人才是行业发展的血液，在出版业由知识提供商向知识服务商转型的过程中，离不开跨学科、多才能的复合型人才。近年来，不少出版机构纷纷试水媒体平台，但相较于自带互联网基因的樊登读书会而言，成功的案例并不多见。其主要原因在于，出版机构对于流量运营缺乏深度认知。很多出版机构是被市场压力与转型压力裹挟着进入新媒体环境中的，缺乏一定的规划与目标，没有清晰的运营战略作为支撑而匆匆试水流量运营，收效甚微且难以为继。

全媒体时代对于出版业工作者提出了更高的要求，不仅要掌握基本的出版流程和规律，还要掌握编辑审校、营销策划、全媒体呈现、多渠道传播等能力，成为"一专多能"的复合型人才。而当前出版业面临着传统出版工作者知识结构陈旧、缺乏服务思维，以及由于人才培养机制、奖励机制不完善而难以留住复合型人才的两难境地。

（二）体制机制尚不完善，难以实现互联互通

出版融合已逐渐走向"深水区"，出版机构与其他机构合作是重要的一部分，但目前，出版机构的优质内容资源多局限于单个机构内部，一些技术性的资源也通常掌握在少数技术服务商手中，拥有优质内容的出版机构缺乏先进的技术支撑，而掌握技术的主体也无法拿到丰富优质的内容资源。因此，缺乏有效的知识共享机制，就难以实现资源的互通，更难以盘活资源、发挥自身的优势，最终会造成内容资源的极大浪费，这已经成为出版业知识服务工作的瓶颈之一。此外，在商业规范方面，出版机构在多元主体合作时的利益机制不完善，导致了利益分配、版权归属等一系列问题的出现。碎片化版权交易机制不够明确，导致知识服务的运营管理和版权利益面临保护力度薄弱的问题。合作分配机制的缺位，不仅不利于出版业跨界合作，还影响

后续新型知识服务产品的研发。

(三) 服务意识微弱，开发思维不活跃

随着互联网的发展，仅停留在内容获取层面已不能满足用户的信息需求，提供优质内容，挖掘用户的潜在需求，提供适配的信息服务是出版业未来的发展方向。因此，"用户思维"的塑造至关重要，出版业向知识服务商转型已成为一种趋势，这要求出版业不仅要提供优质内容，还要注重内容的互动性和个性化。而现实中的出版机构涉足知识服务这一新兴领域面临着资金、人才、技术等诸多困难，出版业向知识服务商转型升级之路十分被动，往往是为了顺应政策和潮流，对于知识服务的探索还是一个相对迟缓和保守的状态，缺乏积极主动地开发知识服务产品的能力。究其原因，就是因为没有形成互联网思维和服务思维，在"出版就是生产纸质书"的传统观念下，大部分出版机构还是凭借着过去的选题策划经验来思考"自己能为用户提供什么"，而不是怀着服务的思维，从用户的角度出发思考"用户需要什么"，这种服务思维的缺失，极大地限制了出版业的转型升级。

五、未来图书出版业的发展建议

(一) 培养复合型人才，推动产业升级

传统图书出版机构仍将纸质图书售卖作为主要的业务形式，因此，新媒体运营人员多由图书营销人员兼任，很少由专业媒体运营人员负责，在一定限度上影响了对新媒体价值的挖掘。全媒体时代下出版业对复合型人才提出高标准、高要求，转型中的出版业需要"一专多能"的人才，因此，更应该重视复合型人才的培养，尊重和用好数字出版人才体系，充分发挥智库对知识服务产业的促进作用，加强与社会各界的交流、合作，使智库研究与社会各界的具体需求相结合。

在供给侧端，学校是专业人员培养与输送的主要阵地。因此，学校要积极与业界联动，积极践行"产学研"融合人才培养机制，洞察市场需求，培养满足市场需求的人才。一是要素整合，二是契约合作。前者要对应用型人才培养的基本模式、课程体系、教师队伍、教学方法、质量评价标准、培养途径等方面进行改革与突破，整合教学要素，是实现应用型人才培养目标的

关键保障。后者是促进校企合作，通过合同协议的方式，建立战略合作关系，形成战略联盟，培养市场真正需要的应用型人才。

在需求端，目前复合型运营人才资源十分稀缺，出版机构要逐渐探索出针对优秀运营人才待遇的市场机制，突破原有收入分配模式的束缚，建立符合市场情况及人才自身现状的待遇制度，重视人才价值。出版机构要调整与完善部门结构设置，为优秀运营人才提供更为专业的岗位机会，确保他们能够找到能力与专业对口的发展平台，竭尽所能实现自身价值。

（二）完善跨界合作机制，丰富企业盈利模式

未来知识服务产业链将会呈现更加多元化的态势。为了最大限度发挥资源和技术的利用率，使资源能够互联互通，在出版业探索知识服务的道路上，跨界合作的重要性不言而喻。要完善跨界合作机制，明确各方的权力、责任与利益分配，建立目标一致的利益共同体，以实现知识服务产业利益的最大化。建立规范的合作机制，约束各方行为，保证合作的顺利与稳定。跨界合作能够吸引不同行业和领域的资源提供商、技术供应商和平台进行合作，还能够将知识服务的福祉遍及各领域，拓展其深度和广度，真正为用户需求而服务。出版业还应丰富企业的盈利模式。在数字经济时代下，开辟新的营销路径，开发粉丝经济、MCN 等新模式，从而更好地实现经济效益的提升。

（三）增强服务意识，深入发展出版融合

各大出版机构在传统模式与新兴出版融合方面已经解决了"有没有"的问题，但是出版生态体系的建设不仅是技术层面的转型，更是一种意识的转型。出版业需明确产业定位，从品牌价值、产业意识等方面入手，只有准确的定位才更能增强行业竞争力。优秀的品牌文化和精准的定位，更能吸引用户，打造自己的个性和特色，占据读者心中的一席之地。同时，出版业也要转变思维，由原来的"知识提供商"转为"知识服务商"，将用户服务思维贯穿整个服务产品的生产与出版。充分利用自身资源优势和网络时代的新型技术，提升产品的个性化和服务性。

数字出版已成为未来发展之势，出版业的知识服务与新兴技术的深度融

合是出版领域的发展方向，是实现出版业数字化转型升级的关键一步。出版业不仅要重视技术在知识服务中的成熟化应用，深度应用 5G、人工智能、大数据、AR 和 VR 等科技创新成果，还要推出优质、多样、个性的数字化内容产品，探索开发线上出版、沉浸式体验、场景化服务等新业态，构建与互联网深度融合的出版知识服务体系，引领出版融合发展新方向。

参考文献

[1] 牛皓玮. 5G 赋能出版业高质量发展[J]. 中国报业，2021(4): 35-37.

[2] 许洁，唐文辉，夏心悦. 面向实践的数据出版现状分析与对策探讨[J]. 中国科技期刊研究，2020，31(11): 1331-1337.

[3] 刘凤红，崔金钟，韩芳桥，等. 数据论文：大数据时代新兴学术论文出版类型探讨[J]. 中国科技期刊研究，2014，25(12): 1451-1456.

[4] 刘灿，王玲，任胜利. 数据期刊的发展现状及趋势分析[J]. 编辑学报，2018，30(4): 344-349.

[5] 中国新闻出版研究院全国国民阅读调查课题组，魏玉山，徐升国. 第十八次全国国民阅读调查主要发现[J]. 出版发行研究，2021(4): 19-24.

[6] 秦艳华，王元欣."十三五"时期我国有声阅读产业发展成就及未来趋势[J]. 出版广角，2021(1): 24-27.

[7] 宋强. 保持开放心态，探索新媒体营销新形式——人民文学出版社新媒体营销经验总结[J]. 出版广角，2016(14): 12-14.

[8] 张茂，康宏. 出版单位运营私域流量的思路、架构和策略[J]. 编辑之友，2021(8): 45-50.

[9] 郭栋，李丹阳. 出版机构的短视频图书营销探析[J]. 科技与出版，2020(2): 96-101.

[10] 谢征. 论出版业与网络社群的结合[J]. 出版发行研究，2016(12): 15-17.

[11] 林致. 社群经济撬动出版思维变革[N]. 中国出版传媒商报，2016-01-26(1).

[12] 王亮."场景+任务"：场景化传播时代新闻出版业营销理念变革[J]. 新闻界，2016(18): 4.

[13] 余人, 徐艺婷. 论图书衍生品开发与出版产业链拓展[J]. 出版广角, 2013(4): 3.

[14] 黄先蓉, 常嘉玲. 融合发展背景下出版领域知识服务研究新进展：现状、模式、技术与路径[J]. 出版科学, 2020, 28(1): 11-21.

[15] 郭亚军, 刚榕隈, 黄圣洁. 大数据环境下数字出版知识服务主要模式研究[J]. 现代情报, 2018, 38(11): 3-8.

[16] 程立雪, 王晓光. 出版社知识服务发展现状与问题[J]. 科技与出版, 2019(3): 147-152.

[17] 赵树旺. 疫情背景下出版业知识服务的特色、问题与应对[J]. 科技与出版, 2020(4): 11-15.

[18] 周蔚华, 陈丹丹. 2020年中国出版融合发展报告[J]. 科技与出版, 2021(6): 5-16.

[19] 陆朦朦. 协同创新理念下出版知识服务价值共创机理研究[J]. 科技与出版, 2020(12): 35-42.

[20] 赵树旺. 疫情背景下出版业知识服务的特色、问题与应对[J]. 科技与出版, 2020(4): 11-15.

[21] 杨海平, 张冰越. 知识服务：出版业助力脱贫攻坚新探索[J]. 中国出版, 2021(1): 17-22.

[22] 宋吉述, 朱璐. 深度融合与业态创新——关于"十四五"期间出版融合发展的思考[J]. 科技与出版, 2021(1): 12.

[23] 陈年友, 周常青, 吴祝平. 产教融合的内涵与实现途径[J]. 中国高校科技, 2014(8): 3.

[24] 雷鹤. 全媒体时代出版业资本运营人才建设的问题与对策[J]. 出版发行研究, 2020(7): 9.

Ⅱ 热点篇

第二章　2021年中国出版融合发展报告

黄楚新，郭海威[*]

摘要： 2021年，中国出版业准确把握新态势、紧抓新机遇、适应新格局，出版融合不断向提质、增效、扩容迈进，政策布局系统完善，理念创新有效赋能出版融合，技术嵌入成效凸显，跨界经营迈向纵深，对外合作步伐加快。与此同时，出版融合意识需进一步增强、版权保护与运营机制需完善、复合型人才队伍支撑力不足等问题，需引起更多关注。基于此，未来应着重在深度融合发展、精品力作输出、打造全品类服务、构建全媒体网络、坚持中枢式改革、提升科学管理水平等方面发力，为出版融合高质量发展提供有力支撑。

关键词： 出版融合；转型升级；改革创新；高质量发展。

2021年是"十四五"开局之年，也是我国开启全面建设社会主义现代化国家新征程、向第二个百年奋斗目标进军的关键之年，出版业进入数字化、场景化、智能化、社交化转型的重要阶段。面对转型升级的迫切需求和高质量发展要求，出版业正积极拥抱新技术、新业态，紧抓机遇，努力在危机中育新机，于变局中开新局，打造创新发展新格局。

受新冠肺炎疫情的持续影响，线上办公、学习、生活愈发成为常态，人们的阅读环境、阅读方式发生深刻变革，为更好满足用户阅读需求、优化阅读体验，传统出版与新兴出版的融合发展不断向纵深推进，数字化战略、精品化战略实施力度不断加大，出版融合发展的联动效应、集群效应、示范效

---

[*] 黄楚新，中国社会科学院新媒体研究中心副主任、秘书长，中国社会科学院新闻与传播研究所数字媒体研究室主任，研究员，中国社会科学院大学新闻传播学院副院长，教授，博士生导师，研究方向为新媒体、媒体融合；郭海威，中国社会科学院新闻与传播研究所助理研究员，博士，研究方向为新媒体、智能媒体。

应初见成效，并继续向高质、高效、高端出版迈进，主题明确、特色鲜明、形态多样、渠道多元的新型出版格局逐渐成形，为中国特色社会主义文化强国建设提供有力支撑。

一、出版融合的发展状况与热点聚焦

2021年，围绕出版融合发展，"政产学研用"各方主动作为、积极参与，充分把握当前经济社会发展数字化、智能化、沉浸化等发展态势，发挥各自优势，突破传统出版的路径依赖，出版融合发展势头迅猛，发展理念、发展模式、发展动力、发展效率发生深刻变革，出版融合发展在提质、增效、扩容等标签下持续向高质量发展进发。

（一）政策布局系统完善，前瞻引领创新发展方向

新一轮科技革命和产业变革方兴未艾，深刻影响社会运行方式。5G、大数据、人工智能、AR、VR等技术与出版业务深度融合，出版融合既是大势所趋，亦是新发展阶段出版业实现转型升级的必经之路。为加快建成出版强国、文化强国，党中央和相关部门高度重视出版融合发展，将其上升至国家战略高度予以推进。

《中华人民共和国国民经济和社会发展第十四个五年规划和2035年远景目标纲要》明确提出，推进媒体深度融合，做强新型主流媒体。这为出版业融合发展提出了新要求、新目标、新方向，引导打造多元化、立体化、数字化出版新格局。对标对表"十四五"规划相关要求，2021年5月，国家新闻出版署发布的《关于组织实施出版融合发展工程的通知》中指出，引导出版业大力实施数字化战略，系统性推进融合发展，实现传统出版与新兴出版深度融合，这为出版融合的发展起到带动作用。2021年7月，《关于新闻出版业2021年第一批拟立行业标准项目的公示》，涵盖14项行业标准，有效推进提升出版业融合发展的标准化、规范化水平，强化示范引领。2021年9月，中共中央、国务院印发《知识产权强国建设纲要（2021—2035年）》，为知识产权发展和综合实力提升绘出蓝图，同时通过打造健康、可持续的知识产权环境为出版融合发展提供基础支撑。2021年10月，国家发改委发布《市场准入负面清单（2021年版）》（征求意见稿），明确提出禁止非公有资本违规参与新闻出版等相关业务，进一步划清了新闻出版的参与界限，为营造清朗

出版生态、打造优质内容生态提供坚实保障。与此同时，地方政府、社会机构、行业协会等积极响应，坚持补短板、锻长板，创新体制机制，为出版融合创新发展提供不竭动力。

整体来看，2021年，聚焦出版融合发展，政府相关部门从顶层设计出发，对产业发展的重点领域和主要方向进行全局部署，政策体系继续完善，前瞻布局数字出版，对出版业的深度融合、高效融合提供有力支撑，为出版融合发展提供充分保障。

（二）理念创新赋能融合，协同参与价值共创共享

第十八次全国国民阅读调查数据显示，2020年，我国成年国民数字化阅读方式接触率为79.4%，远高于图书、报纸、期刊等的阅读率，数字阅读越发成为主流阅读方式。据《2020年度中国数字阅读报告》显示，2020年，我国数字阅读用户规模达4.94亿人，较2019年增加5.56个百分点。面对如此庞大的数字阅读用户群体，坚持以用户为中心的出版理念作为普遍共识，深刻介入和影响出版内容消费。坚持理念创新，以用户为中心，推动传统出版与新兴出版融合发展，进一步放大出版融合在价值创造、价值引领等方面的整体效能，是2021年出版业创新性发展的重要逻辑。

新技术、新应用有效推动出版融合发展变革与转向，出版融合的价值体现超越了传统出版生态下的价值生成与创造模式，在人人皆媒体和出版融合双重背景下，出版业的价值创造不再仅取决于出版机构，更多取决于包括作者、用户、技术平台、行业协会、监管部门等多主体间的协同关系，出版业的价值创造从一元主导转向多元参与，不同参与者的相关配合限度对所创造价值的大小、价值实现限度的影响日益深刻。

（三）技术嵌入成效凸显，融合场景应用高速推进

在5G、大数据、物联网、人工智能、AR、VR等技术加持下，人类社会正加快步入元宇宙时代，经济社会数字化、智能化、沉浸化转型的关键基础设施愈发完善，不仅在助力疫情防控、复工复产复学等方面作用突出，同时在稳投资、促消费、培植经济发展新动能等方面展现出巨大潜力。

2021年，新冠肺炎疫情的持续影响进一步激发各行业融合转型动能，出

版业积极拥抱新技术，不断探索加快推进融合发展进程。2021年9月，方正电子"内容中台"入选中国出版融合发展优秀案例，基于人工智能、大数据等技术，能够有效实现对出版内容的智能审校、格式转换、智能存储、版权保护、自动标引等功能，为数字出版的智能化、高质量发展提供技术支撑。故宫出版社与商汤科技合作出版的2022年《故宫日历》中，将人工智能、AR技术有机嵌入日历中，用户通过手机小程序扫描日历上的图片，即可观看AR文物，感受虚实融合的视觉体验。2021年9月，贵州出版集团主持建设的"国家出版业大数据应用服务重大工程（试点）"项目正式对外发布，该项目是贵州出版集团紧抓大数据应用发展机遇、以大数据赋能出版的有效探索，基于大数据应用，贵州出版集团在选题策划、产品发行、推送匹配等方面取得积极成效，传统出版与新兴出版融合走向纵深。

《2020年度中国数字阅读报告》显示，2020年，我国成年国民在数字化阅读方式方面，手机阅读、阅读器阅读、Pad（平板电脑）阅读的接触率均较2019年有一定增长，分别达76.7%、27.2%、21.8%。此外，成年国民有听书习惯的占比达31.6%，其中，使用移动有声App、微信公众号或小程序、智能音箱、广播、有声阅读器或语音读书机等介质的比例分别达17.5%、10.8%、10.4%、8.8%、5.5%。伴随着阅读场景、渠道、方式的多元化，出版业与新兴技术的融合更加紧密，人工智能、大数据、AR、VR等技术在出版业中的应用深度和广度加速拓展，推动出版理念、模式、流程等全生态变革重塑，出版融合向更高阶段迈进。

（四）商业模式转型升级，互联跨界经营迈向纵深

新媒体的迅速崛起为传统出版经营带来持续冲击，倒逼传统出版业向多元经营模式转变，出版新业态不断涌现。2021年，诸多出版机构主动把握媒体深度融合的战略机遇，以互联跨界经营为切入点和着力点，探索跨产业、跨区域、跨平台合作，努力实现基于自有品牌的创造性转化和创新性发展。

2021年，中国出版业依托自有优势，加快创新市场化运营方式，展现出旺盛的发展活力，发展潜力不断被激发，正逐渐涉足传统出版领域之外的多元化商业场景，试图打通更多盈利渠道，创新盈利模式。传统出版机构依托自身专业基础、品牌基础、人才基础、技术基础，积极开展跨界合作，围绕

健康领域、养老领域、教育领域、智慧城市领域等尝试探索，通过打造多样化商业模式，输出各类解决方案，实现盈利渠道多元化。

（五）对外合作步伐加快，多维立体展示中国形象

2021年，中国出版业积极融入和服务国家对外传播整体战略，深入开展合作交流，切实提升对外讲好中国故事、传播好中国文化、建构好中国形象、赢得广泛认同的能力水平。

2021年6月，70家出版机构的107种图书获得"经典中国国际出版工程"项目资助，130家出版机构的324种图书获得"丝路书香工程"项目资助，两项工程的实施推进既为中国出版业走出去提供了良好契机和支持，同时也鼓励国内出版机构要积极适应后疫情时代出版业所面临的新机遇、新挑战，积极应变、主动求变，推动中国出版对外高质量输出。

2021年9月，在第28届北京国际图书博览会上，来自105个国家和地区的展商参展，共达成各类成果7000余项，较上届增长7.9%，其中，我国各类版权输出意向和协议数量近5000项，较上届增长超过10个百分点。北京国际图书博览会正日益成为中国出版走向世界、推动中国文化对外传播的重要窗口和载体，有效助力国际文化交流合作与文明互鉴。另外，此次图书博览会采用线上线下相结合的方式，借助5G、VR、大数据等新技术应用云展示、云贸易实现智慧升级，为参展各方交流合作提供有力支撑。

整体而言，以文化交流为切入点、着力点，以出版融合为介质，打造融通中外的新概念、新范畴、新表述，采用贴近不同区域、不同国家、不同群体用户的精准传播、沉浸传播方式，推进中国故事和中国声音的全球化表达、区域化表达、分众化表达。同时，出版融合在对外输出过程中，创新传播手段和形态，借力视频化转型，以短视频、直播等形式，结合AR、VR等技术手段，全面、立体、生动展示中国形象。此外，与国外出版机构联合策划，合作推出一批优秀的出版融合物，助力提高我国国际传播影响力、中国文化感召力、中国形象亲和力、中国话语说服力、国际舆论引导力。

二、出版融合发展面临的问题与挑战

立足新发展阶段、新传播环境，准确认识和厘清出版融合所面临的重要问题与挑战，对于找准定位、精准发力，推动出版融合的高质量发展具有重

要意义。

（一）出版融合意识需进一步增强

2021年，随着媒体融合继续向前推进，出版融合进程也不断加速，从出版业融合发展现状来看，各出版机构在传统出版与新兴出版融合方面已经基本实现了"有没有"的问题，数字出版生态体系建设持续完善，但是优质内容生产力、传播力、影响力如何提升仍是当前出版业面临的现实问题。

传统出版业在创新理念方面仍存在一定局限性，加之技术自主研发能力不足，在向出版融合转型过程中对外部技术公司、内容平台等表现出较强依赖性，传统的出版机构本身则更多扮演中介和工具角色，主导权有所弱化，基于此，一些出版机构积极探索、主动发力，力图在融合转型过程中占据更大主动权。

然而，仍有部分机构停留在出版融合的浅水区，融合思维有待进一步拓展，在跨界融合过程中，未能充分发挥优势、抓紧机遇，融合产品衍生能力不足，导致对融合的主动权、主导权弱化。从长远发展来看，优质内容始终是出版机构的核心资源和关键优势，外部合作方应是为我所用、服务出版业高质量发展的辅助手段，如何借助自有核心资源，有效整合外部资源，提升出版品牌竞争力、影响力，是当前出版业亟待解决的重要问题。

（二）版权保护与运营机制需完善

《2020—2021中国数字出版产业年度报告》数据显示，2020年，我国数字出版产业收入达11781.67亿元，相比2019年实现19.23%的增长，产业发展势头迅猛。根据第十八次全国国民阅读调查数据，2020年，我国成年国民在手机、互联网、电视阅读器等数字化媒介方面的接触时长均较2019年有所增加，10.8%的成年国民增加了数字内容的阅读，数字阅读日益成为人们日常阅读的重要形式。为适应多元化的阅读需求，数字出版在内容、形式等方面积极创新，推进出版融合发展向深向远。

多样化的内容呈现方式与传播渠道，也为版权保护带来挑战。一方面，新技术应用催生丰富的传播形态，在赋能用户自主表达的同时，也出现了对出版内容"数字化"复制、传播的各类问题，数字化侵权的表现形式更加复杂多样。另一方面，围绕版权保护，相关政策法规正在逐步完善，如2021年6月1日，新《著作权法》正式施行，其中针对数字内容的版权保护进一步明确，扩大了版权保护范围和力度，但是面对庞杂的数字出版生态，目前尚未形成系统完善的涵盖监督监测、举报反馈、惩罚执行等多维功能的版权保护网络。

与此同时，一些传统出版机构尚未完全适应和把握移动化、碎片化、数字化、智能化等传播新态势，未能走出"自留地"，跳脱传统出版思维模式，仍停留在运营路径单一、保护机制被动阶段，在与新兴出版的交锋与博弈中处于不利地位，进而导致难以有效汇聚用户、版权经营效益增长缓慢。

（三）复合型人才队伍支撑力不足

要推进出版融合发展不断向好向优，人才是基础要素，也是关键要素。围绕出版融合的复合型人才培养培训，国内领先的出版机构、高校、技术平台等纷纷发力，如目前全国有20余所高校开设专业培养数字出版人才。2021年10月，在第十一届中国数字出版博览会上，"全国高校数字出版联盟"新增12家高校为成员单位，致力于中国数字出版人才培养。

相对于各级新闻媒体融合，出版融合发展基础相对薄弱，发展水平和理念相对滞后，受到体制机制等诸多因素制约，高素质的复合型出版人才依然紧缺。全媒体时代对复合型人才提出高标准要求，不仅要熟谙编辑出版流程与规律，还应"一专多能"，具备编辑审校、营销策划、全媒体呈现、多渠道传播等能力。从行业内部来看，各出版机构对数字出版相关专业人才引进的制度支撑不足，人才发展体系不完善，制约了对高端人才的吸纳能力；相应激励机制不健全，未能充分激发人才创新创造活力，导致自身"造血"能力不足。从学科发展来看，现有学科体系、人才培养体系尚不能保障对出版融合的多层次、复合型人才需求的有力供给，理论学习与业务实践仍存在脱节。

锚定高质量发展，要适应出版融合新趋势、新需求，培养打造高素质、复合型人才队伍迫在眉睫，紧紧围绕媒体融合战略目标、创新人才培养模式、建立健全考评激励机制、深化学科体系建设改革是今后高校、出版机构、技术平台等各方的共同发力方向。

(四)技术人文并重导向亟待提升

出版融合过程中,新技术应用显著提升生产与传播效率,同时助力增加社会效益和经济效益,且随着各类新兴技术不断涌现、迭代,新应用、新业态、新模式等为出版融合的创新式、跨越式发展带来了更多想象空间,使出版业对新兴技术应用格外重视,技术在出版融合发展过程中的主导地位不断凸显。然而,由此而生的技术乐观主义与技术悲观主义争论不断。

2021 年,5G、人工智能、大数据等新兴技术对出版业的融合发展发挥了重要驱动作用,带来巨大变革,其主导性不断增强。但是问题也随之而来,即技术至上引发的出版价值创造危机。一方面,技术应用出现形式化、滥用和极端化现象,人工智能、大数据等嵌入在出版以及营销全流程中,由此导致出现用户隐私数据被滥用、内容价值导向出现偏差、数字出版内容质量参差不齐、版权侵权形式隐蔽化等问题,为社会主义文化创新性发展与传播带来诸多阻碍。另一方面,对技术的过度重视导致人的主体性在出版执行过程中受到弱化和忽视,内容生产与传播的人文理性受到挑战,技术理性甚至主导了出版内容的社会价值传播,技术中立这一伪命题的局限性也被持续扩大和凸显,主流价值面临巨大安全风险。

智媒时代,要推动出版融合创新发展,技术的重要性显而易见,但是对技术的盲目应用亦会导致上述各种负面问题和效应的出现,探索以社会主义主流价值为引领,平衡好技术理性与人文理性,将人的主体性与新兴技术的高效性、多样性相结合,是未来出版业实现融合发展必然的方向和路径选择,同时也是推动出版业高质量发展的重要支撑。

三、出版融合高质量发展的未来路径

我国出版业在融合发展的探索实践中,依托政策支持、技术创新、体制机制改革等,推动出版融合取得显著成效。随着出版融合不断向纵深推进,其所面临的社会环境、技术环境、制度环境等都发生深刻变化,机遇与挑战并存。在此背景下,要推动出版融合高质量发展,形成更加健康良性的可持续发展格局,必须加快守正创新,积极开拓思维,变革思路方法,推动出版融合发展再上新台阶,为繁荣社会主义文化、建设社会主义文化强国做出新的更大的贡献。

（一）主动作为谋转型，推动出版深度融合发展

要不断强化技术对出版深度融合的驱动力。着力对出版全流程实现技术驱动，最大限度释放各类新技术应用对出版融合的促进作用，借力5G、人工智能、大数据、AR、VR等技术开辟出版融合发展的新模式、新场景，使出版融合的边界得到进一步拓展。以技术驱动为杠杆，加强出版融合所涉各方主体的相互连接，形成紧密的交互网络，增强出版融合实效。同时，应对技术应用的潜在风险保持警惕，平衡好技术理性与人文理性的相互关系，防范因过度依赖技术理性或人文理性导致的价值偏向。

要不断强化资源整合。新发展格局下，推动出版融合所涉多元主体间有效实现资源整合、优势互补，是当下推进出版深度融合需要重点关注和完成的任务，这其中，资源整合包括对数据库、技术应用、人才队伍等的全方位融合交互。于出版机构内部而言，应通过整合各部门、各子机构的资源，着力打造具有强大聚合功能的融合型编辑部，推动出版机构内部资源的集约化管理和利用。于出版机构外部而言，面向新的出版与传播网络，集纳所涉多元主体的优势资源，打造更加高效智能的出版融合生态系统。

要把握好新的出版与传播规律。全媒体时代，包括出版业在内的媒体融合将向更深层次、更高维度进发，伴随出版格局与生态变革重塑，出版与传播规律也要创新调整，要基于新的发展格局创新出版思路，在内容形态、传播渠道、体验方式等方面探索新模式，适应全媒体时代精准化、移动化、个性化、沉浸化的内容消费习惯，更好满足用户阅读需求。同时，围绕新的出版与传播格局，探索与之相适应的营销新模式，积极推进跨界合作，为出版深度融合提供新的动力引擎。

（二）锚定高质量发展，持续推进精品力作输出

扩大优质内容产品供给。牢固树立以人民为中心的创新生产导向，突出思想内涵，发扬工匠精神，坚持推作品、促精品，以高质量供给引领和创造新需求。加强选题策划、呈现形态、交互形式、功能拓展等方面的创新研发，以数字产业化和产业数字化为契机，推出更多适应新传播格局的内容产品。由出版机构、政府监管部门、技术公司等合作，加大资源投入，探索设立创

新创优基金、举办出版融合大赛，鼓励优质内容创作。

强化对内容资源的数字化开发运用。深度应用 5G、人工智能、大数据等科技创新成果，促进创新链与产业链有效对接，提高不同内容形式之间的融合限度和转换效率，适应互联网和各种智能终端传播特点，推出优质、多样、个性的数字文化内容产品。联合出版机构、技术平台与作者资源各方，以科技创新为支撑，加强对优秀传统文化的传承保护与创新挖掘，探索开发线上出版、沉浸式体验、数字艺术展示等新业态，引领出版融合发展新方向。

夯实精品内容创作基础。探索建立出版融合人才库、优质作者资源库，汇聚优质作者，强化优质内容输出的智力支持。聚焦打造精品力作，制定短、中、长期选题规划，形成动态化、常态化的策划、营销机制，提前部署、充分准备，源源不断输出具有时代印记的精品内容。

（三）打造全品类服务，激发内生创新升级动力

巩固传统出版经营市场。将行业发展优势转化为出版融合优势、创新传播优势，巩固、提升出版机构同技术平台、作者、政府监管部门、行业协会等主体的良好合作关系，不断开拓传统出版经营市场。积极改进出版发行服务方式，建立出版经营监测系统，切实提升出版发行服务质量。围绕重要时间节点、重大事件，提前策划，推出系列专题，抓好专题广告宣传。

积极培育新增长点。主动适应行业发展新要求，增强自我造血功能，基于在出版领域的专业优势、资源优势，完善产品服务链条，开发培育有竞争优势、具有较大影响力、可持续发展的重点品牌。发挥出版资源整合优势，打造跨区域、跨领域、主题性联合出版项目，在稳定传统发行、版权经营的基础上积极转型，增加新媒体广告、跨界经营等在整体营收中的占比。依托自身比较优势，发挥好出版机构的中介载体作用，贯通产业链上下游，做专做强整合出版与营销，大力推动出版业的数字化转型升级，推动产业结构调整和优化。

探索版权经营新模式。以出版机构自有版权资源为支撑和依托，充分学习、了解、对接好各内容平台经营模式，分平台实现内容精细化授权运营。探索开展内容定制化合作，建立与合作平台的版权共同运营和保护机制。与此同时，围绕出版机构自有版权资源，采取自主开发、合作开发等多种开发

模式相结合，推动版权运营规范化发展。

（四）构建全媒体网络，形成新型立体出版格局

以 5G、人工智能、大数据等为代表的新兴技术应用为出版业带来重要变革，出版业发展格局与生态发生显著变化，也为出版融合发展提出了新的命题和任务。全媒体时代，要推动出版融合高质量发展，必须准确把握新发展格局，了解出版业所处发展环境与生态，了解并能够运用最新出版技术手段，探索构建全媒体出版网络，推进优质内容全方位、立体化传播。

一是要完善出版融合布局。一方面，要统筹好融合共生的新出版生态布局，以新兴技术应用为支撑，打造综合性、全媒体出版网络，丰富出版融合渠道与方式，进一步拓展出版融合的覆盖范围、参与范围和影响范围，助力优质内容高效输出与传播。另一方面，要统筹好传统出版与新兴出版，虽然当前数字出版产业增长迅猛，成为出版业新的增长点和重要组成部分，但是守好传统出版阵地同样重要，要在出版渠道、模式等方面加快创新步伐，推动传统出版与新兴出版相辅相成、互为补充。

二是要立足全球视野，进一步提升出版"出海"能力水平。主动服务大外宣工作布局，积极融入国际出版新格局，充分发挥主观能动性，善于学习和借鉴吸收国外出版业的先进技术、理念与设计，有效推动中国出版走出去，对外传播好中国文化、发出中国声音。同时，要善于在国际出版新格局中把握机遇、抢占优势，积极参与出版融合的标准、规则制定，突出强化中国出版的国际化影响力，构筑有利于中国出版走向世界的新型国际出版格局。

（五）坚持中枢式改革，丰富融合创新制度供给

在引导性制度方面，围绕出版融合发展探索制定具有较强前瞻性、引领性的政策制度，为全媒体时代出版融合发展提供参考。一方面，应统筹出版融合的发展趋势、发展可能，集合出版机构、高校、科研院所、智库机构、技术平台等主体，探索在宏观层面开展顶层设计，为出版融合提供方向指引和制度背书。另一方面，出版机构应根据上述引导性制度设计，基于特定发展阶段大胆开展融合实践，确保新理念、新模式、新思路及时应用于出版融合发展。

在鼓励性制度方面,基于人工智能、大数据等前沿技术探索建构出版融合评估体系,以可视化形式从更深层次挖掘分析出版融合发展的具体成效,并探索与融合效果评估机制相符合的激励措施,充分激发出版机构、技术平台等在出版融合与效果优化过程中创新创造活力,激发广泛的参与热情,为出版融合向纵深推进、实现高质量发展提供充足动力。

在规制性制度方面,以前瞻性思维针对未来出版融合发展过程中可能出现的负面问题提前制定相关应对预案和规制措施,为新时期出版融合发展划定底线标准,严防出现突破底线的不良行为扰乱出版业发展秩序,确保出版融合航向不偏、持续向好向优发展。同时,应确保规制性制度与引导性制度、鼓励性制度之间的关系平衡,对于新技术、新应用、新业态的出版融合实践探索,应给予充分试错空间,防止因过度规制导致出版业不敢创新的局面出现。

(六)统筹谋划抓落实,切实提升科学管理水平

全面落实意识形态工作责任制。出版业作为内容生产与传播的重要行业,应始终坚持党对出版工作的绝对领导,立足出版融合发展所处新环境、新格局,要从党管意识形态、党管出版,向党管数据、党管算法延伸,强化党对出版工作的全面领导。强化编委会职责使命,加强意识形态管理,严格执行编辑审校流程,从导向、质量等方面加强把关,发现涉意识形态问题应及时妥善处理。对各类经营活动严格把关,确保各种宣传、营销等活动坚持正确政治方向、舆论导向和价值取向,始终把社会效益置于首位。

加强出版融合人才队伍建设。着力引进一批高层次数字内容人才、运营管理人才、技术研发运维人才,打造具有全媒体思维、适应数字出版环境的复合型、高水平人才队伍,在行业内落实"传帮带"机制,形成专业知识传承与创新发展体系,促进青年人才快速成长。探索建立"出版+"工作室,以项目制形式为人才创新提供技术、资金和平台支持,营造人才发展的有利环境。鼓励出版机构、高校、技术平台等开展合作,组织专业性强的策划、编辑、运营等技能培训,提升出版融合人才专业能力水平。

完善落实监督考评机制。围绕出版融合发展的短、中、长期发展规划,按照不同机构、平台、部门等各自分工细化任务,分主题、分类别落实推进,及时发现、精准应对发展过程中出现的新问题、新情况，转变发展思路方法，寻找解决方案，增强执行力、提升实效性。针对出版融合发展，进行分阶段监测、评估和总结，确保出版融合发展稳步推进、高质量发展。

参考文献

[1] 谢红焰，肖洋. 契约·场域·迭代：知识服务视域下出版渠道融合内涵与路径[J]. 中国出版，2021(20): 9-13.

[2] 于璇，黄楚新. 论全媒体时代主流价值的高质量有效传播[J]. 传媒，2021(19): 93-96.

[3] 段鹏. 出版融合背景下编辑面临的挑战及其应对[J]. 现代出版，2021(5): 51-55.

[4] 黄楚新. 全面转型与深度融合：2020 年中国媒体融合发展[J]. 现代传播（中国传媒大学学报），2021，43(8): 9-14.

[5] 黄楚新，文传君. 从数字化转型到数字化生存：媒体的变革与发展[J]. 新闻与写作，2020(12): 22-27.

第三章 智能化语境下出版业知识服务

杨海平，钱聪[*]

摘要： 随着数字技术的不断发展，出版业早已从单纯提供内容服务发展到个性化、场景化、智能化的知识服务，探讨智能化语境下出版业知识服务是智能化发展的必然趋势和要求。在智能化语境下，出版业与智能技术深度结合，在一定限度上构建起知识服务的全新智慧模式，出版业的知识增量、专业性、转化度都得到了大幅度提升，对于传统出版模式也带来了新的变革与生机。但不可否认的是，智能化对于出版业的渗透仍处于初级阶段，出版业的智能化转型也存在一定的问题，直面这些问题并找出有效的优化路径，希冀推动我国相关领域的发展水平有所提升。

关键词： 智能化；出版业；知识服务；挑战。

一、智能化语境下出版业知识服务的背景、概念与特点

（一）智能化语境下出版业知识服务的背景

1. 政策背景

出版业知识服务是一个动态发展的过程，随着人工智能、大数据等新技术的不断发展，出版业知识服务已逐渐从单纯的内容服务到个性化、场景化、智能化的知识服务，探讨智能化语境下出版业知识服务是智能化发展的必然趋势和要求。

2016年1月，国家新闻出版广电总局提出新闻出版业"十三五"科技发

---

[*] 杨海平，南京大学信息管理学院教授、博士生导师，南京大学出版研究院副院长，国家新闻出版署"智慧出版与知识服务重点实验室"主任；钱聪，南京大学信息管理学院2021级博士研究生。

展规划总体思路,要加速新闻出版业转型升级,增强新闻出版业的文化服务与信息内容服务能力,并下发《关于同意筹建知识资源服务中心的批复》,标志着出版专业领域知识服务上升为国家科技文化发展战略。2017年3月,《新闻出版大数据应用工程》入选国家发展和改革委员会大数据发展重大工程,出版业需要与科技深度融合,以科技促进新闻出版业转型升级。2017年5月,科技部下发《"十三五"现代服务业科技创新专项规划》,强调在当今文化科技融合发展的趋势下,要建设开放式专业内容资源知识服务众智平台,用科技助力出版业知识服务。2017年7月,国务院发布了《新一代人工智能发展规划》,移动互联网、云计算、大数据等技术日新月异,人工智能迅速发展,正在推动经济社会各领域从数字化、网络化向智能化加速跃升,现代互联网逐渐向高附加值的知识创新型服务延伸。2020年提出的"十四五"规划明确提出推动传统产业智能化发展。出版业知识服务围绕大数据、智能化、核心技术等关键词不断发展,出版业要紧跟国家政策和时代发展,在智能化语境下,促进知识服务平台的构建与知识服务产品的生产,用科技为知识服务赋能,构建出版业知识服务的新兴生态模式。

2. 技术背景

1) NFT:出版业知识服务新路径

NFT(Non-fungible token)的全称为非同质化代币(也称"非同质化通证"),本质上是加密货币的一种。与比特币类似,构建NFT的数据结构与加密传输交易信息的"底层技术"是区块链,因而具有数据化结构、分布式存储、加密算法和共识机制等特征。区块链由"区块"和"链"组成,是一种旨在通过去中心化的方式集体维护一个安全可靠的数据库的技术方案。

NFT的非同质化属性体现在其提供了标记特定数字资产所有权的方法,具有去中心化、公开透明和不可篡改等区块链技术的基本特征。目前,NFT已经较为广泛应用于艺术收藏品、虚拟游戏等领域中,许多数字资产都在NFT平台进行拍卖式交易,从而对版权、创意等进行保护。出版业的知识服务也具有非同质化的特征,应着力将NFT与出版业知识服务相结合,可以从不同场景探索NFT在出版业的应用。就技术手段而言,各类出版物都可以被数字化并形成NFT化的产品形态,而NFT化的出版物是独一无二的,因此沿着这一思路,出版业可以从不同层面探索NFT在行业内的应用。出版业拥有大量的传统知识资源，如果这些知识资源能够 NFT 化，其稀缺性会吸引买家竞标，从而提供可观的收益，同时数据的可追溯性能够防止各类盗版侵权的行为发生。

2）数字孪生：出版业知识服务新动能

数字孪生技术在出版业有其独特的应用价值，可以利用数字孪生模型构建出版业仿真系统，从而实现出版资源需求与数字孪生模型同步更新，数字孪生技术能够实现出版产业链的数据化。出版产业链的数据化包括内容数据（图书、期刊、报纸、有声读物等）、发行数据（销售量、码洋、库存等）、印刷数据（印数、印张等）、出版物元数据（ISBN、ISSN 等）、网站数据（页面浏览量、独立用户数、访问次数等），以及第三方平台的用户行为数据、消费数据、社交数据等。数字孪生能够实现出版业的先知先觉，为出版业提供信息化发展的基础，数字孪生技术使定制图书、定制期刊、定制报纸、定制绘本等出版物成为可能。数字孪生能够实现出版业的智能决策，通过组织出版业中各领域的力量，结合多学科交叉点，构建出版业仿真系统，减少出版物编制、印刷、营销之间的壁垒，发挥数字孪生技术在出版业的综合效应。

3）脑机接口：出版业知识服务新探索

狭义的脑机接口一般指的是输出式脑机接口，即利用中枢神经系统产生的信号，在不依赖外周神经或肌肉的条件下，把用户的知觉、认知和思维等直接转化为动作，在大脑与外部设备之间建立直接的交流和控制通道。用更通俗的语言来讲，所谓脑机接口，其实指的就是在大脑与外部环境之间，建立一种全新的、不依赖于外周神经和肌肉的交流与控制通道，从而实现大脑与外部设备的直接交互。脑机接口其实是一种关于信息传递的科学，运用在现代出版业，其实就是实现"精准出版"，首先需要获取大脑的信号，解读这些信号，分析目前所处的场景，然后通过技术将这些信号传递出来，通过智能分析再进行定制出版，形成的出版物可以是多元的，通过虚拟现实技术、增强现实技术，真正做到"所想即所得"。

3. 出版业的转型升级需要

传统出版的内涵与外延随着社会、技术的不断变革与发展，扩展到网络文学、问答网站、音频应用、视频应用、听书应用、维基百科、推特、微博、微信等开放获取平台，改变了以往出版的流程和模式，出版形态多元，各类出版物蓬勃发展。在海量的信息数据面前，如何快速、精准地获取有价值的信息，已经成为当代出版业转型升级的重要目标。在如今的出版业发展中，谁能掌握数据并加以整合利用，谁就会占有中心地位，经过重组的知识单元网络日益成为出版业的重要资源。智能化令受众打开知识服务的新视角，知识生产和知识传播模式发生巨大变革，转型升级是出版业可持续发展的必然要求。知识资源数据化后，出版机构可以重新整合知识资源，对知识资源进行自动关联整合，丰富优化数字知识资源结构体系，将各领域、各场景的用户需求进行深加工，以便于把普通的知识资源优化升级为对受众有巨大价值的优势资源，实现知识资源的高效利用。在此背景下，出版业正在积极进行战略谋划和整体布局，整理转型思路，进一步提高出版生产力，开发多元产品和服务平台，提供文字、声音、图像、思维导图、知识点等多种知识服务产品，致力于受众需求，同时承担社会责任，营造知识、文化服务环境，有效提升社会公共文化服务能力，助力文化强国建设。

（二）智能化语境下出版业知识服务的概念

近年来，出版业知识服务受到广泛关注，学界专家从不同角度界定知识服务的概念，部分学者关于知识服务概念的界定如表 3-1 所示。

表 3-1 部分学者关于知识服务概念的界定

时间	学者	概念内涵
2015 年	张新新	围绕用户需求整合知识资源，提供信息、知识产品和解决方案的信息服务活动
2016 年	李弘	为用户提供个性化问题解决方案的服务
2017 年	高培	全过程、系统化的解决方案
2018 年	张棣	快速运用知识处理问题的解决方案
2019 年	程立雪、王晓光	为用户创造高价值的服务
2020 年	方卿、王一鸣	以个人知识社会化、无序知识有序化为目标的社会活动
2021 年	贾晓巍	知识与技术深度融合创造的新模式

综合上述学者的研究，知识服务是一种融合内容、数据、技术、运营于一体的创新服务业态。目前其实没有标准的知识服务运营企业，需要诞生一种跨界整合、服务集聚的新型服务运营公司。在各专业和垂直领域，传统机构在内容、渠道和政策方面具有排他性优势，如何把这些优势转化为真正的

流量经济呢？出版业的知识服务本质上就是针对用户在知识断层方面的需求给予匹配，出版业由于其特殊性，其知识服务要求更为专精，需要建立专业知识体系库，利用语义分析识别用户需求，并根据关联内容匹配并完成搜索。

在出版业的发展历史上，每一次的技术革新都会推动出版业行业实践的巨大变化。当前，高反馈、强互动的智能化语境为出版业知识服务提供了新的可能性，出版业要根据自身的发展目标，结合已有的知识资源、线上线下平台特点、知识服务用户需求，充分发挥智能化相关技术，着眼于整体的媒介平台和出版业知识服务的发展新业态，积极探索智能化语境下出版业知识服务的创新和发展。

智能化语境下知识服务的产品形态不仅限于纸质图书，还包括微信公众平台、App 应用搭载线上课程和知识服务，出版业拥有丰富的知识资源，具有突出的内容优势。例如，华东师范大学出版社的知识服务业务主要分为教育服务与阅读服务两部分。教育服务部分包含产品和平台，其中，产品分为学前教育和基础教育，学前教育包括阅读树、美慧树、点读笔等，基础教育包括二维码图书、IPTV、手机报等；平台包括安全平台、多功能题典、大学语文等。阅读服务主要包含重点图书的电子书化与相关 App 建设。目前，华东师范大学出版社打造的 App 内容主要为敦煌、阅读树、中国风三款 App，这些新媒体平台依托丰富的教育资源从事相关的专业型知识服务。同时，智能化语境的知识服务为消费场景提供了个性化需求，实现了价值共享。智能化语境下，新兴技术能够进行场景感知、场景再造、场景配适，促使出版业除了能够提供简单的内容文本，还能够分析用户的潜在需求、具身体验、知识异化等个性化服务，完成了内容的空间流动性，聚合相同消费场景群体，并最大化释放知识服务价值。

（三）智能化语境下出版业知识服务的特点

1. 智能化语境下出版业知识资源的数量和形式都大幅增加

出版业知识资源丰富，覆盖人群多元，随着网络信息技术的高速发展，出版业的界限越来越模糊，相互融合发展的速度越来越快，以高新技术作为主要手段的现代出版业迅速产生和壮大，这已经成为出版业发展的社会趋势，出版数字化、网络化带动传统出版走向数字出版、智能出版，产品数量快速增长，同时越来越多的受众参与到出版的过程中来，出版的形式也呈现出多样化，除了图书、报纸、期刊，还有数据库、视频、游戏、动漫、音乐等相关的出版形式介入出版业，不断增强出版业的生命力和创造力。

2. 智能化语境下出版业知识服务的专业性限度更高

许多垂直领域和专业领域的出版业务具有明显的导向型和针对性，专业性限度高，用户精准，服务需求明确。例如，农业领域的知识服务平台通常由农业出版社进行运营，交通领域的知识服务平台由交通出版社进行运营，行业性、专业性的知识服务平台是出版业服务的主阵地。这类专业性知识服务是出版业实践最多、市场占有率最高的一种知识服务，许多行业垂直领域的知识搜索平台、专家智库平台、知识数据库平台等类型的知识服务平台都是行业出版机构的独有项目。具有代表性的有中国大百科全书出版社的中国大百科全书数据库，人民法院出版社的法信，知识产权出版社有限责任公司的中国知识产权大数据与智慧服务系统，人民卫生出版社的临床助手、中医助手，社会科学文献出版社的皮书数据库等。

3. 智能化语境下出版业知识服务个性化愈加明显

个性化需求不仅是知识需求，而且已经渗透到生活的方方面面。智能化语境下的出版业知识服务，不仅提供知识服务产品，还要搭建用户与作者、用户与专家的互动平台，增加知识服务的体验感。很多出版企业针对不同的读者群体，搭建了不同的沟通平台，组建微信群，方便读者之间的交流，提升了用户的存在感，增加了用户黏性，提升了用户的阅读参与感，能够针对用户需求解决问题，丰富产品形态，针对不同场景提供知识服务产品，契合用户需求，实现个性化服务。

4. 智能化语境下出版业知识服务数字经济转化更有效

数字经济发展速度之快、辐射范围之广、影响限度之深前所未有，正在成为重组全球要素资源、重塑全球经济结构、改变全球竞争格局的关键力量。出版业知识服务紧紧抓住了这一契机，推动互联网、大数据、人工智能与传统出版业相结合，提出数字出版、智能出版、智慧出版，推进出版产业链条发展，打造具有竞争力的出版产业集群，构成知识密集型服务产业。

在智能化变革和新冠肺炎疫情等外部挑战的冲击下，当前出版业知识服务仍面临盈利模式单一、用户画像不精确、受众参与度低、版权保护欠缺等诸多问题。智能化出版业知识服务为以上问题提供了新的解决思路，成为后疫情时代出版业知识服务转型升级的动力引擎。

二、出版业知识服务现状

（一）传统出版业知识服务现状

传统出版业知识服务发展分为三个阶段，即信息化阶段、数字化阶段和智能化阶段，如表 3-2 所示。

表 3-2　传统出版业知识服务发展的三个阶段

发展阶段	产品形式	开发机构	知识服务产品名称
信息化阶段	电子书（网站）	远流出版公司	远流博识网
		上海世纪出版集团	易文网
	数据库	中华书局	中华经典古籍库
		社会科学文献出版社	皮书数据库
		上海交通大学出版社	东京审判文献数据库
		清华大学出版社	文泉学堂
		复旦大学出版社	新学术数据库
数字化阶段	网站	电子工业出版社	悦读·悦学
		法律出版社	有章阅读
		中国水利水电出版社	数字水利出版平台
	微信公众号 App	广西师范大学出版社	知更社区
		商务印书馆	新华字典
		湛卢文化	湛卢阅读
		三联书店	中读
		中信出版集团	中信书院
		人民卫生出版社	人卫用药助手
	微信小程序	人民交通出版社	车学堂
智能化阶段	网站 App 微信小程序	人民法院出版社	中国法律应用数字网络服务平台
		中国农业出版社	智汇三农
	微信公众号	商务印书馆	涵芬

传统出版业结合知识图谱、机器学习、语义网等技术，推出各类知识平台进行检索。传统出版业的知识服务大多为用户提供文献检索层面的服务，对知识库的资源还没有进行深层次的加工和标引，有部分出版社已经着手开始对本领域的知识进行重组，以便为用户提供更深层次的知识服务。例如，人民出版社将中国共产党理论资源数据库中的党的思想理论进行碎片化处理，并进行知识点重组阅读，使文献内容以不同的知识逻辑形式呈现，为用户提供更精准的知识检索服务。

（二）数字出版业知识服务现状

智能化语境下，不仅传统出版机构进行了知识服务转型，也有一批科技企业不断为此付出努力。科技企业的知识服务大多以谋求经济利益为出发点，通过互联网技术为受众提供省时高效的知识服务，科技企业的知识服务做到了交付感的变化、时间感的变化、对象感的变化、口语感的变化，他们将知识服务分为不同需求情况下的场景需求。如在收藏和静态阅读环境下的纸质图书；在随时随地能阅读环境下的电子版图书；在快速了解核心内容环境下的听书产品；在深度了解作者想法、与作者深度交流的课程产品（《大师课》等）。在不同场景下，通过不同载体的设计给用户更好的知识服务体验。

（三）出版业知识服务模式现状

智能化语境下出版业知识服务是以用户需求挖掘为导向，以海量和多结构数字出版资源深层开发为基础，以智能化技术为依托的知识服务模式，以智能化技术对知识服务流程进行再造，形成"用户需求挖掘—数字资源重组—个性化知识服务"的知识服务流程。智能化语境下出版业知识服务主要包括三个方面：一是对用户知识需求的挖掘；二是出版资源重组；三是个性化知识服务。从国内出版业知识服务的发展模式来看，智能化语境下出版业的知识服务分为智能化、半智能化与人工协作等模式，随着出版业知识服务发展的多元化，出版业知识服务的主要类型、知识来源、组织形式、平台展示、获取渠道、盈利模式等都存在差异。

1. 智能化模式

知识服务型资源数据库和知识获取终端设备是传统出版与数字出版相

融合的智能化产物。知识服务型资源数据库由专业的出版机构运营，出版机构将出版资源上传到数据库平台，提供文章的题目、摘要、关键词、全文等知识资源供用户下载。不少传统出版社纷纷利用自身的资源优势建立专题数据库，在垂直领域提供权威的专业内容和个性化的检索服务。

知识服务型资源数据库的背后一般都有传统的专业出版机构作为支撑，知识资源组织形式是职业生产内容（Occupationally-generated Content，OGC），对生产者有一定要求，通过将原有的资源数字化或购买其他数字资源，为用户提供检索或下载服务，具有专业性、职业化、深耕性的特点。智能化背景下的知识服务型资源数据库本身就具有的海量的数据、权威的作者、专业的出版机构、高质量的出版内容，经过智能分析可以为用户提供更为精准的决策支撑和科学参考依据。

知识获取终端设备主要以平台产品研发为主导，其知识资源组成形式是OGC，在知识服务功能上开拓了电子资源的检索、阅读、购买、上传等，知识获取终端设备的知识服务更多以用户为中心，完善用户的阅读体验。

2. 半智能化模式

知识付费 App 模式、社交媒体知识分享模式都属于知识服务的半智能化模式，知识付费 App 模式将知识商业化，用户通过付费订阅专门的课程、专栏等获取知识。社交媒体知识分享模式是在社交媒体平台进行知识分享的活动。社交媒体知识分享模式是以社交平台作为依托，用户之间可以相互分享知识资源的一种新兴形式。社交媒体知识分享模式以用户生产内容（User-generated Content，UGC）为主，用户将自己所掌握的信息发布在平台上，分享自身生产的信息，具有非职业化、低门槛、内容质量良莠不齐等特点，资源类型多元，包括文章、图片、音乐、视频等，并依托用户的社交与社群关系进行知识分享与知识服务。

3. 人工协作模式

人工协作模式是指大众通过网络对知识资源进行协同编辑加工的组织模式，主要应用于问答类社区，这种模式是智能化语境下出版业的延伸探索。如 Quora，它为用户提供提问、回答的平台，把存储在人类脑海里的经验、技术和方法等隐性知识显性化，借助社交网络实现知识与人的对接，

Quora 具有关注和订阅功能，相关人员可以互为好友，促进用户之间的互动。智能化语境下出版业知识服务模式如图 3-1 所示。

```
┌─────────────────────────────────────────────────────────────┐
│  政  │  用户层                                        │  信  │
│  策  │   知识型受众  高校、研究院  政府管理部门  其他产学研部门  │  息  │
│  制  │                                                │  安  │
│  度  │  平台层                                        │  全  │
│      │   智能化          半智能化         人工协作      │      │
│      │   知识服务型资源   知识付费App模式、 开放式知识资源  │      │
│      │   数据库、知识获   社交媒体知识分   加工模式等    │      │
│      │   取终端设备等     享模式等                      │      │
│  知  │                                                │  运  │
│  识  │  技术层                                        │  营  │
│  服  │   知识获取        知识重组         知识输出      │  维  │
│  务  │   语音识别、图像   自然语言处理、   人机交互、语音  │  护  │
│      │   识别、人脸识别、 智能推理、数据   交互、体感交互、 │      │
│      │   日志抽取、爬虫   分析、数据挖掘、 数据可视化、    │      │
│      │   抽取、数据库ETL  知识图谱、语义   大数据决策支持等 │      │
│      │   等               网等                          │      │
│      │                                                │      │
│      │  基础层                                        │      │
│      │   硬件设施        计算框架         存储设施      │      │
│      │   智能芯片、智能   机器学习、分布   关系数据库、   │      │
│      │   传感器、语音识   式计算框架等     NoSQL数据库、  │      │
│      │   别、计算集群等                   分布式文件系统等 │      │
└─────────────────────────────────────────────────────────────┘
```

图 3-1 智能化语境下的出版业知识服务模式

三、智能化语境下出版业知识服务所面临的问题

（一）知识资源结构单一，知识链构建不足

出版业利用数据挖掘与分析技术、语义技术等重组、标记和应用海量碎片化的数据资源，以领域本体为基础建构知识体系资源的过程中，暴露了对内容资源的 XML 结构化拆分不足的问题。在知识服务平台的建设过程中，出版业对文本资源中的知识单元进行挖掘与重组，一般很少能突破"本"的限制，向下挖掘以篇、章、节、图、表等为单位的内容单元，将其拆分为数以万计的知识元。此外，出版业局限于对文本知识资源的挖掘，较少实现对图文、音视频等多种形态的内容资源的知识提取、标引和结构化整合，知识

资源结构单一，知识资源的增值效果不佳。在知识链方面，智能化语境下出版业知识服务努力以主题词表和领域主体的方式进行知识体系与内容资源的链接，方便用户快速准确地导航、检索和解决问题，但这两种方式在出版业知识服务的应用仍不太常见。

真正的知识服务是以用户需求为出发点，形成知识链，根据用户的搜索从各种显性和隐性的资源中按照用户的需求有针对性地提炼知识或信息内容，快速构建知识网络，为用户提供知识内容或解决方案。但目前出版业的知识资源结构单一，尝试做知识服务的出版机构在某一个领域能够做到内容深耕，但打破出版机构之间的壁垒并形成知识链仍较为困难。由于面前的知识服务平台大多由出版机构自主开发，分散且没有共识机制，如果构建知识链，在性能、生态、安全、监管等方面都存在问题。

（二）知识服务产品盈利模式单一，价值开发不足

目前出版业的知识服务产品商业模式单一，当下出版业一般以广告、软文、知识服务收费等模式进行盈利，知识服务收费主要以数据库收费、App 会员收费、问答类收费等模式进行盈利，在短期有效，但是在流量红利消退后，整个知识服务行业将会重建格局，越来越多的用户为订阅付费、为内容付费，出版业应该善用自身资源为受众提供深度、优质的内容，解决内容产出和内容呈现平台收益不对等的问题，打造新的盈利模式。互联网数字经济的浪潮下，实现从硬知识付费向软知识变现是制约出版业向知识服务转型的瓶颈，出版业需对已有的知识服务产品进行更加深入的价值开发，重视用户的服务体验与多元化的个性需求，为知识服务产品的盈利模式开辟更多可能。

（三）用户的数据存在风险，安全保障不足

在大数据时代，用户的数据存在网络安全问题，无论是软件还是硬件都容易造成信息泄露，严重威胁个人的隐私和安全，利用数据发掘、关联、分析，能够从普通数据中提取大量具有统计意义的信息。出版知识服务集聚大量数据，涉及个人隐私、财务信息等敏感信息，但安全保障却不足。

（四）出版业知识服务模式单一，创新活力不足

出版业知识服务主要由出版机构或互联网公司作为主体，目前的知识服务模式主要是"用户搜索—资源提供"，但是想要做到真正的知识服务，必须要站在用户的角度，真正帮助用户解决他们所关注的问题。首先要确定谁是知识服务的核心用户，他们会在什么场景下需要知识支撑，如何使用这些知识，当前的知识服务能否满足其需求等，然后再整合出版资源组织知识内容。但是，目前出版业的知识服务对用户需求的精准分析不足，知识服务模式较为单一，创新活力不足。具体原因如下，一是知识服务时代的来临，并没有引起出版业足够的重视；二是由于体制机制的限制，没有足够的条件和动力紧随时代潮流；三是对于传统出版利益的依赖，不愿涉足知识服务领域。

（五）版权及所有权不够健全，司法解释不足

数字经济与实体经济结合，使物理世界映射到数字世界，中间可能存在着鸿沟。例如，我们可以把出版物做成链上 NFT 进行流转，用户购买了 NFT 出版物就拥有了该出版物的唯一所有权，但是在实际中仍存在版权及所有权等相关问题。数字世界与物理世界的融合，需要在现实规则和法律框架下进行系统化设计。在这个系统化设计中，政府、法院等部门不能缺位，这样才能保证权益在物理世界中得到保障。

四、智能化语境下出版业知识服务发展策略

（一）完善智能化语境下出版业知识链的资源积累

完善智能化语境下出版业知识链的资源积累可以从以下几个方面入手。第一，打造术语库，建立术语统一体系及术语映射关系，术语是各学科的专门用语，可以是词，也可以是词组，用来描述技术、科学、社会生活、艺术等领域中的事物、现象、特征、关系和过程，出版业在多年的发展进程中，积累了众多文本材料，可以建立梯形标准，从国家标准到行业标准，建立相关术语的映射关系。第二，基于知识内容的提取规则，形成规则库，规则库是知识和技术结合的直接数据支撑，规则库需要将知识进一步碎片化、规则化，将每个字段都进行量化，就必要字段设置触发条件，一旦被检测，则触

发相应规则。第三，构建知识图谱，知识图谱是实体、实体属性及实体与实体之间的关系，出版业应基于已有的数据资源构建不同行业的应用型知识图谱，建设不同类型的知识库，各知识库的字段又能构建成更高阶段的知识图谱，便于知识库的层次化构建。

（二）推动智能化语境下出版业知识服务数字经济价值开发

从工业经济时代提供的图书出版商品到数字经济时代提供的全方位知识服务，均属于不同时期市场主导技术体系对行业价值增值模式进行重塑的产物。因此，数字经济时代下数字技术赋能出版业价值链重构是弥合技术变革与消费需求供需两端的有效选择。出版业数字经济的价值开发，仅依靠出版业是难以实现的，移动场景下的知识服务需要内容、技术、产业多方共同作用。大数据、云计算、人工智能等技术在知识服务中的作用不断增强，出版产业链上的终端应各自依托优势，打造面向行业应用场景的知识服务价值链，增加知识服务驱动内核，转变经营管理模式，开拓新的知识服务盈利点，为受众提供全方位的知识服务商业模式，创新出版业新生态。同时强化出版业产业链节点之间的有机链接，形成出版业知识服务网络生态，以保证数字经济的价值开发。

（三）从技术、监管等层面加强知识服务数据的安全性能

技术层面的数据安全应该从基础技术、核心关键技术进行研发攻关，如建立"云安全监控中心"，以云安全运维监控团队为核心，整合相关安全产品，管理平台资源，为用户提供实时、实用的网络安全解决方案。增强全民对数据安全的意识，提升公民的个人数据安全意识和数据使用规范，定期对计算机系统进行杀毒，提升对虚假信息、钓鱼网站的甄别能力，做好网络隔离控制等。

从监管方面，工业和信息化部已组织中国信息通信研究院、电信终端产业协会，以及多家终端厂商、互联网企业，有针对性地制定了《App用户权益保护测评规范》和《App收集使用用户个人信息最小必要评估规范》，并组建了全国App技术检测平台，连续三年组织开展App侵害用户权益专项整治行动。相关部门应以此为经验借鉴，加强知识服务平台监管，建立知识服

务监管体系，逐步形成技术监管与人工审核结合的机制，保护知识服务平台使用的用户数据的安全，使知识服务平台在合法依规的条件下为用户提供服务。

参考文献

[1] 史安斌，叶倩. 区块链技术与新闻业变革：理念与路径[J]. 青年记者，2019(16): 75-78.

[2] 吴咏蓓. NFT在图书出版领域的应用探索[J]. 出版与印刷，2021(5): 42-48.

[3] 杨晓新，杨海平. 人工智能背景下的出版业知识服务模式研究[J]. 科技与出版，2019(11): 61-65.

[4] 陶飞，刘蔚然，刘检华，等. 数字孪生及其应用探索[J]. 计算机集成制造系统，2018(1): 1-18.

[5] 郭亚军. 大数据环境下的数字出版知识服务[M]. 北京：国家图书馆出版社，2020.

[6] 张新新. 出版机构知识服务转型的思考与构想[J]. 中国出版，2015(24): 23-26.

[7] 李弘. 面向知识服务的出版融合发展浅析[J]. 科技与出版，2016(12): 12-16.

[8] 高培. 专业出版社如何实现知识服务转型[J]. 出版广角，2017(2): 39-41.

[9] 张棣. 知识服务变现与创新的实战[J]. 出版广角，2018(7): 19-21.

[10] 程立雪，王晓光. 出版社知识服务发展现状与问题[J]. 科技与出版，2019(3): 147-152.

[11] 方卿，王一鸣. 论出版的知识服务属性与出版转型路径[J]. 出版科学，2020，28(1): 22-29.

[12] 贾晓巍. 智能时代场景下知识服务与出版转型思考[J]. 中国编辑，2021(2): 62-65.

[13] 任晓敏. 产品销售、知识服务与价值共创：出版业直播营销模式探析[J]. 编辑之友，2021(8): 40-44.

[14] 谢红焰,肖洋. 契约·场域·迭代：知识服务视域下出版渠道融合内涵与路径[J]. 中国出版，2021(20): 9-13.

[15] 毛增余,余静宜. 出版业知识服务平台发展前景与创新运营方法[J]. 中国出版，2021(16): 52-54.

[16] 赵树旺. 疫情背景下出版业知识服务的特色、问题与应对[J]. 科技与出版，2020(04): 11-15.

[17] 高钰莹. 基于知识图谱的出版机构知识服务发展研究[D]. 沈阳：辽宁大学，2021.

[18] 陈冠华. 有声书类知识付费品牌传播策略研究——以"樊登读书"为例[D]. 南宁：广西大学，2021.

[19] 陈波,向辉. 虚拟文化空间用户参与方式：基于知乎话题用户的分析[J]. 深圳大学学报（人文社会科学版），2021(11): 42-51.

[20] 冯思然,唐贾军,张传静. 大数据语境下的出版业知识服务模式[J]. 出版参考，2021(7): 34-36.

[21] 吴浩强,刘慧岭. 数字技术赋能出版企业价值链重构研究[J]. 科技与出版，2021(10): 61-70.

[22] 冷晓彦. 大数据时代的信息安全策略研究[J]. 情报科学，2019，37(12): 105-109.

[23] 凌霞. 安全价值优先：大数据时代个人信息保护的法律路径[J]. 湖南社会科学，2021，208(6): 83-91.

第四章 区块链与版权保护

王亮，张佳倩，杨青松[*]

摘要： 数字出版市场已经初具规模，但数字出版领域版权问题频现，数字内容版权保护面临困境，区块链技术为数字版权保护提供了新的解决方案。本报告旨在研究版权存证、传播溯源、内容版权交易、数字出版物发行、区块链版权应用，并给出对应的解决思路和应用场景。

关键词： 区块链；数字版权；版权保护。

一、绪论

（一）研究背景

近年来，随着电子信息技术的快速发展，互联网时代的数字内容呈现爆炸式增长，并且不再局限于单纯的互联网行业，而已经渗透到整个社会的各行各业，形成"互联网+"的新业态。虽然数字出版市场已经初具规模，但由于数字内容的特殊性，在互联网中传播的数字作品很容易受到不法分子的侵权。近年来，我国数字出版领域的纠纷案件频出，如中文在线诉讼诺亚舟侵权案、盛大文学诉讼百度侵权案、QQ音乐和网易云音乐的数字音乐版权纠纷案等。

我国文化产业在不断发展的过程中，如何对文化产业的版权问题进行有效管理也成为当前的工作重点。传统的版权保护模式因其成本高、效率低等弊病在数字出版时代已经无法适用，并且随着需要保护的数字出版物种类的不断增加，大量的文章、图片、网络原创短视频等版权保护问题也不断增加，

---

[*] 王亮，北京印刷学院经济管理学院教授、副院长，研究方向为数字版权管理；张佳倩，河北传媒学院教师，研究方向为传媒信息资源管理；杨青松，山东电视台编辑，研究方向为数字媒体技术。

另外，我国在数字版权保护方面的机制尚不完善，确权、用权、维权的整体流程出现断层，这些都是数字出版时代我国出版业面临的实际问题。

区块链技术是比特币的底层技术，是一种分布式数据库，通过去中心化、共识信任的方式进行集体维护。"去中心化"是指整个网络不存在中心管理机构，各节点间权利义务对等，任意节点的损坏都不会威胁整个系统的正常运作；"共识信任"是指整个系统遵循公开透明的运行规则，所有数据的记录与传递使用非对称加密和哈希算法来确保真实、不被篡改，从而促成系统各节点间达成一致信任；"集体维护"是指系统中的数据块由系统所有节点共同维护，运用分布式数据库技术方便每个参与节点都能及时获得一份完整数据拷贝。正是基于区块链的这种特性和优势，其应用在数字出版中将会大大提高数字出版内容管理的效率和力度。

（二）研究意义

1. 理论意义

近年来，版权问题越来越成为社会关注的焦点问题。在政策法规方面，传统的版权法基本难以适应飞速变化的数字出版环境，从法律上不能有效地遏制侵权盗版行为；在技术方面，数字出版内容本身的特性导致了其在网络传播中的版权很容易被不法分子侵害。面对如此复杂且难以控制的内、外部环境，数字内容的版权管理成为出版业新的痛点。虽然在政策法规上很难有效跟进数字内容版权的保护，但在技术层面，本文针对目前我国数字内容版权管理存在的问题，将区块链技术应用到数字内容的版权管理中，既拓展了我国数字内容版权管理的方法理论，又是对区块链技术在出版业应用前景的理论延伸。

2. 现实价值

根据版权管理的规律和流程，结合区块链自身的优势，可从确权、用权、维权三个维度发力。第一，确权即版权登记环节。当作品产生之后，创作者通过将作品信息录入区块链中，经过各节点参与认证记账，生成数字版权信息，从而在源头扎紧版权保护牢笼。第二，用权即版权交易环节。版权信息产生后，当发起版权交易需求时，各节点将版权流向、交易详情记录下来，并加盖时间戳，以便日后产生版权纠纷时方便查验。第三，维权即版权保护环节。当没有发生侵权行为时，各节点对区块链中的版权信息进行日常维护、更新，由于区块链技术上的信息无法被任意篡改，因此不易发生黑客攻击行为，数据具有高度安全性。当发生侵权行为时，节点通过追踪、调出版权信息，可以确认侵权责任，帮助作者维权。这样可以实现在确权、用权、维权整个流程的数字版权管理，为出版商在版权管理方面提供了新的技术支持，同时使区块链这种底层技术的应用前景扩展到出版业，无论从这项技术本身还是从上游企业，都非常具有现实价值。

二、数字内容版权保护面临的困境

随着信息的数字化、网络化限度不断加深，内容产品的载体由传统的纸质稿件、实物作品逐步转变为各种类型的数字化作品。数字化作品传播速度快，可复制限度高，加之移动互联网时代下，信息资源呈网状传播、信息体量巨大，集中化的管理十分困难，使数字版权侵权事件层出不穷，数字版权保护问题日益严峻。目前我国版权保护面临以下问题。

（一）版权保护体系不健全

1. 版权登记制度效力不足、流程复杂

版权登记制度是确定版权归属的可行方式。每一位创作者将已完成的作品提交至各地版权保护中心完成登记，实现版权信息在公信力机关的备案，这就让创作者的作品版权归属有据可依。《著作权质权登记办法》中规定了版权登记的效力。版权登记是著作权质权生效的必要条件。然而这一规定存在以下弊端：首先，易造成对私法自治的过度干涉，在一定限度上破坏版权的私法性质。在此规定中，版权的设立、变更及转让等须进行强制性登记，然而版权具有人身权属性，在实际中应尊重当事人的意愿，防止权力的过度干预。其次，阻碍版权交易的进程，影响双方交易效率。在进行版权交易的过程中，如果不进行登记，版权将不能生效，会阻碍版权交易双方交易进程，增加交易双方的经济负担。有些交易方碍于相对较高的登记成本甚至放弃交易，从而影响交易的效率。

在申请作品的版权登记时须缴纳相关费用，版权登记后，若进行版权信息查询也需要缴纳相应费用。但是我国现行法律对于收费的标准并没有做出统一规定，各地的收费标准一般依据当地的经济发展水平制定。我国现行法律对版权登记所需提交的材料未做出明确规定。因此，各地版权局在实际工作中都相应制定了自己的版权登记模式，以致版权登记程序十分混乱。正是由于法律规定的不完善，导致各地版权主管机关裁量权过大，不利于对版权登记人利益的保护，甚至损害版权登记制度的权威性。版权登记的登记流程复杂、周期冗长，而当今传播渠道多样化，传播速度高效化，数字作品数量巨大且种类繁多，这种版权保护方式显得力不从心。不少侵权者利用创作者对版权保护流程的消极抵触心理，肆无忌惮地侵害创作者的权益，使创作者面临侵权时被动且无力，从而走向"侵权不期而遇，维权不了了之"的境地。

2. "避风港原则"与版权保护的矛盾

在版权保护中，以保护善意网络服务商为主的"避风港原则"在实际运用中引发诸多争议，成为许多知识产权案例中的矛盾关键所在，"避风港原则"在实际运用上的细节与规范成为值得关注的问题。"避风港原则"起源于美国《千禧年数字版权法》，是指在发生著作权侵权案件时，当ISP（网络服务提供商）只提供空间服务，并不制作网页内容时，如果ISP被告知侵权，则有删除的义务，否则就被视为侵权。"避风港原则"的目的在于在有效保护版权的同时，促进互联网企业的健康发展。但在实际操作中，却存在着互联网企业"不通知、不删除"的被动状态。现实中，大部分视频分享网站侵权案件的赔偿数额为2万~5万元，对比权利人难以估量的经济损失和高额的维权成本，维权所获得的经济补偿显得微乎其微，被侵害人所受损失与所得补偿不对等的情况可能会使被侵权人丧失维权的信心。

在存在"避风港原则"争议的网络侵权案件中，平台方虽然没有直接侵权行为，但是网站的盈利来自网页点击数所产生的流量及视频前所附加的广告费用，平台方可以认定为受益人，而平台方所获得的经济利益与权利人所遭受的损害之间有因果关系，所以属于不当得利的范畴，原则上平台方有义务将已得的不当利益返还给被侵权人，但是按照"避风港原则"，在平台方接到通知并删除侵权作品后，就可以免于侵权责任。这样一来，权利人通过"不当得利"原则追回损失的渠道就被堵塞，间接增加了权利人的维权难度。部分互联网平台把"避风港原则"当作"护身符"的做法，使"避风港原则"

与版权保护之间的矛盾日益突出。

3. 数字版权法律保护体系不完备

对于数字版权来说，其最大的特征或其适用性的主要体现便是要适应数字环境下的版权保护需要。从世界范围来看，版权保护并非新鲜事物，其在西方的司法实践已非常成熟。版权保护在我国相关的立法工作中相对而言滞后于发达国家，且版权保护法律体系并不完备。尤其是当本来就仍需完备的版权法律保护体系面对网络数字环境下开放、虚拟和共享的诸多特征时，其不适用性就越发突出。尽管 21 世纪以来，我国针对数字出版物也曾出台过相关法律，然而数字出版业发展十分迅速，相关法律的出台更新难以跟上其发展速度。可见，版权法律保护体系的不完备是当前我国数字版权保护面临的棘手问题。

21 世纪以来，我国数字出版业的发展速度虽快于立法速度，然而版权保护并非完全无法可依。《知识产权法》《民法》中的相关条款以及我国针对数字版权保护出台的专业法律都在一定限度上为数字版权保护提供法律依据。然而问题在于，即便在有法可依的情形下，在实际中对于很多版权侵权案件，也往往在司法层面存在证据认定难和取证成本过高等问题。在司法物证认证方面，数字环境下的版权侵权问题往往只能保存电子记录，如聊天记录、微博留言以及电子邮箱信件等，然而因以上电子记录存在易于修改等问题，故对其证据效力的认定多持保留态度而一般不予采信。同时，电子记录在网络空间的存在还往往有固定的保存期限，一旦自己删除或由系统删除，在现有技术水平条件下一般不容易恢复或恢复成本过高。同时，在数字版权司法保护层面，我国技术装备水平也相对落后并缺乏专业技术人才，对电子记录的取证成为制约版权保护司法的又一瓶颈。

（二）传统数字版权管理缺陷

数字版权管理指的是出版者用来控制被保护对象的使用权的一些技术，用以保护数字内容及硬件，处理数字化产品的某个实例的使用限制。早期的数字版权管理系统主要是利用数字签名、数据加密、数字水印以及版权保护等技术方法来解决数字产品的非法拷贝等问题。随着系统功能的扩展，现在的数字版权管理系统包含对数字内容进行描述、使用者身份认证、数字作品交易以及记录追踪等多项内容。DRM 技术的工作原理：首先建立数字节目授权中心。利用密钥（Key）对编码压缩后的数字节目内容进行加密保护（lock），加密后的数字节目头部存放着密钥标识符（KeyID）和节目授权中心的统一资源定位系统（URL）。用户在点播时，根据节目头部的 KeyID 和 URL 信息，就可以通过数字节目授权中心的验证，授权后送出相关的解密密钥（unlock），节目方可播放。

随着互联网数据的爆炸性增长，当前由单一中心组织构建数据管理系统的方式正受到越来越多的挑战。服务方不得不持续追加投资构建大型数据中心，不仅带来计算、存储等的效率问题，不断推升的系统规模和复杂度也带来愈加严峻的可靠性问题。传统业务体系中高度中心化的数据管理系统在数据可信、网络安全方面的短板已经受到人们的关注。普通用户无法确定自己的数据是否被服务商窃取或篡改，在受到黑客攻击或产生安全泄露时更无能为力，为了应对这些问题，人们不断增加额外的管理机制或技术，这种情况进一步推高了传统业务系统的维护成本、降低了商业行为的运行效率。

当前，大多数数字版权管理系统只针对传统的 C/S 架构，将重点放在数字内容的传输安全和存放安全，以及解密密钥的传输和存放安全这些问题上，虽然在很大限度上有效防止了网络入侵和黑客攻击，却不能很好地阻止一些不良授权用户在得到使用权后对数字内容进行肆意拷贝和非法传播，甚至获得不正当的利益。

在 C/S 架构下，内容提供者首先将数字内容上传到网站上，用户再在这些网站上下载相应的数字内容。当在一个服务器上同时下载的用户数量非常多时，服务器性能需要满足所有用户的下载请求。随着用户数量的增加，需不断提高服务器性能来满足用户的下载需求，如果服务器的性能跟不上，不仅会给服务器带来极大的负担，造成网络信息传播的堵塞，还不便于网络内容的传送，这已成为数字版权管理发展的一个瓶颈。

三、面向不同视角的区块链版权应用研究

（一）区块链与版权存证

1. 版权存证痛点

我国现行版权登记制度效力不足且版权登记需要复杂的登记流程与冗

第四章 区块链与版权保护

长的周期,面对当今传播渠道的多样化和传播速度的高效化,数字作品数量巨大且种类繁多,这种版权保护方式显得力不从心。版权自作品创作完成之时起自动产生,但是通常情况下,处于未完成状态下的作品雏形同样具有相当高的价值,其所蕴含的创作理念在一定限度上可以反映完整作品的形态。对这些材料的忽视,导致在面临侵权问题时难以提供有效的创作证据,从而给创作人带来难以弥补的损失。版权确权问题是进行版权保护的关键环节。

2. 基于区块链的解决思路

利用以区块链技术为核心的分布式账本对数字作品进行版权确权,相当于为该数字作品创建了无法篡改、永久有效且独一无二的身份凭证。这种版权确权方式极大简化了版权确权的流程,加之区块链本身就具有一定的公开性,因此通过区块链进行版权确权使版权所有者对其原创作品权利的拥有和变更情况变得公开透明。基于区块链的版权存证系统流程如图 4-1 所示。

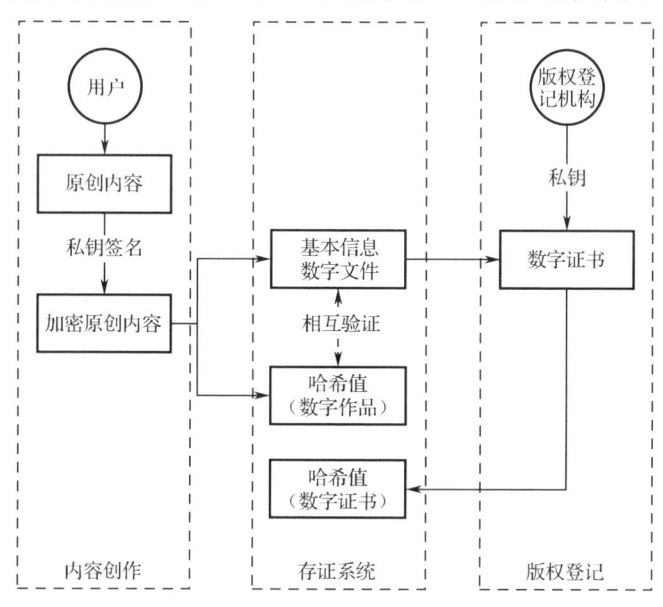

图 4-1 基于区块链的版权存证系统流程

运用区块链技术,为数字作品创立无法篡改的有效证明,这种数字证明可与现有的应用实现无缝整合,为每一个文字、图片、音频、视频加盖唯一的时间戳,交叉配合人工智能监控识别技术,保证数据的完整一致,在侵权纠纷中提供具有权威性的举证凭据,降低纠纷事件消耗的人力与时间成本,有效保护知识产权。

3. 应用场景——数字作品版权存证

在版权存证场景上，基于区块链的版权存证系统首先可创建含有相关基本信息的数字文件，然后使用用户的私钥对原创数字化作品进行签名。依赖于创建的哈希值，可以验证原创作品内容是否被篡改。最后，再用私钥在区块链上创建一条数字记录，保证用户信息和原创作品内容的一致性。版权登记机构利用自己的私钥签署一份具有完整信息记录的数字证书，将其哈希值存储在区块链中，在每一次发放和查询时，都会由智能合约触发相应的多重签名校验，确保不会被恶意查询，交易输出将数字证书分配给平台用户。

（二）区块链与传播溯源

1. 传播溯源痛点

移动互联网环境下信息体量大，信息传播的过程中存在浅显阅读、跟风评论、裂变传播等现象，导致虚假新闻出现碎片化态势并呈现高度的媒体融合特征。数字作品在海量信息量以及一系列惯性行为之下，传播范围更加广泛。对授权用户的二次非法传播、非授权用户的非法传播难以进行有效的监控，大量的信息内容资源在未被授权许可的情况下就在互联网上被转载传播。传统中心化的版权管理系统存在防御性差、被操纵性强等缺陷，增加了数字版权保护的难度。

2. 基于区块链的解决思路

数字作品一旦在区块链上被确权，其后续交易都会被实时记录，这为司法取证提供了强大的技术支撑和结论性证据。版权服务流程如图4-2所示。

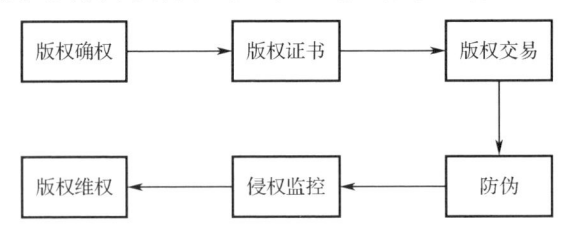

图4-2 版权服务流程

区块链技术将版权登记、版权变更、版权交易等一系列信息进行实时记录,并且全部信息通过交易网能够被检索追踪。利用区块链技术进行版权保护具有很强的实时性,使版权所有人的版权保护能力大大提升。

3. 应用场景——数字作品大数据溯源系统

数据溯源技术是数据引证技术中的关键技术。目前应用最为广泛的是标注法,但不适用于大数据环境,需要引入新的技术来解决这个问题。区块链技术的开放性、自治性、去中心化等特点,非常适合解决分布式大数据溯源的安全性问题。数字溯源技术与区块链技术的关键技术与相互关系如表 4-1 所示。

表 4-1 数字溯源技术与区块链技术

技术手段	关键技术	相互关系
数据溯源技术	元数据与溯源信息管理、数据溯源模型	标识数据生产过程与行为人的元数据、数据溯源标准体系
区块链技术	数据库的分布式存储、去中心化、共同维护、共识机制、安全加密	时间戳、标识数据生产活动、生产者与责任人的元数据、区块链技术标准体系

建立基于区块链的大数据溯源系统,上传数字作品可以用区块链技术生成数字作品永久有效不可篡改的唯一电子身份,将携带数字作品 ID 的数字作品在流通过程中形成的大数据溯源信息保存到云端或者集群服务器,形成携带溯源信息的数据库,通过区块链技术形成首尾相连的数据块,此时便形成携带数据溯源信息的数字作品 ID 大数据溯源数据库,这个过程的逆过程所经历的路径能够实现数据溯源的各种操作(如数据追踪、信息评估、过程重现等),保证其安全性,并完成数字作品溯源的任务。基于区块链的数字作品 ID 大数据溯源模型如图 4-3 所示。

(三)区块链与内容版权交易

1. 内容版权交易痛点

当前信息的传播途径和渠道彻底改变,新媒体行业顺应时代发展的潮流纷纷步入移动互联网营销时代。网络用户普遍缺乏数字版权保护意识,通过复制等方式进行大量传播,传播的方式和渠道多种多样且难以监控,从而引发了各种各样的侵权问题,版权问题逐渐成为社会的热点问题。然而,内容供需双方缺少公平、公正、开放、透明交流的平台。虽然涌现大量的线上版权交易系统，但是大多采用中心化的管理模式，目前传统的中心化的管理模式对数字作品的保护变得滞后且低效。

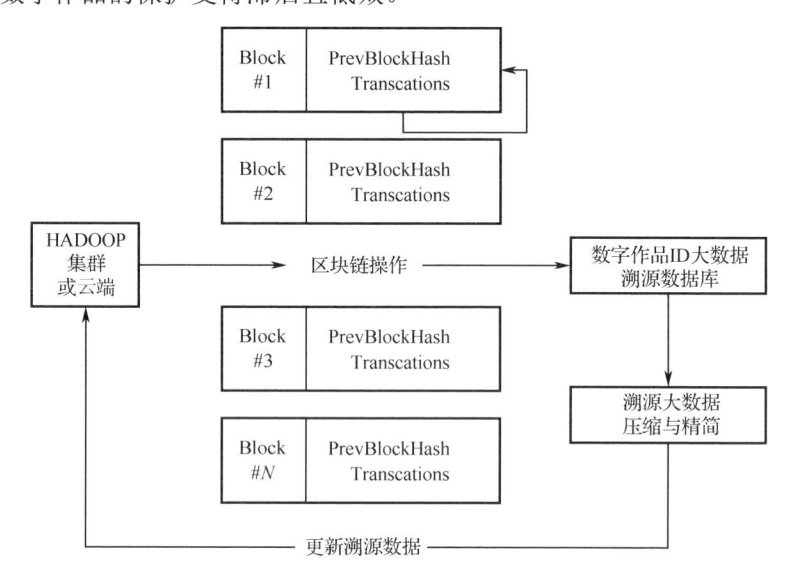

图 4-3 基于区块链的数字作品 ID 大数据溯源模型

2. 基于区块链的解决思路

利用区块链技术实现智能合约式版权交易能够有效完整地记录版权所有者从灵感出现、构建作品到完成作品的全过程，并且在此过程中自动生成一份智能合约，相关原创作品的所有权形式和追溯规范都将通过智能合约进行记录。如此一来，基于区块链技术构建版权数据库时，从版权确权阶段就开始参与，能有效提高版权交易市场的交易效率，实现智能合约式版权交易。

3. 应用场景——数字内容版权交易系统

基于联盟链的新媒体数字内容版权交易系统，该系统有多个节点进行管理，系统的身份准入机制可以将满足要求的其他节点加入系统，多用户的权限分配使参与系统的不同用户拥有对链的不同操作权限。区块链数字内容版权交易系统如图 4-4 所示。该系统采用 Fabric 技术框架，有效降低了交易处理的时间和运营成本，各节点连接稳定，具有很好的可扩展性。

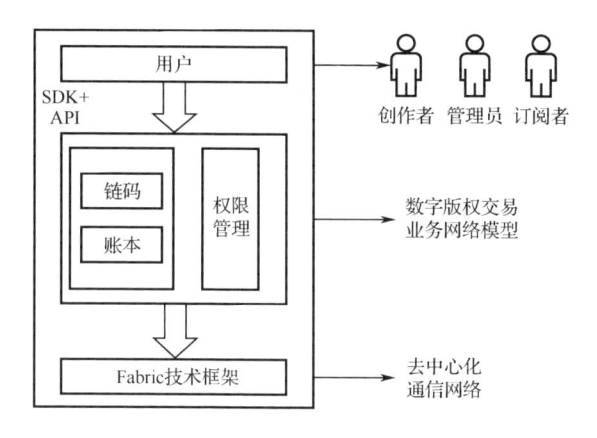

图 4-4 区块链数字内容版权交易系统

在基于联盟链的数字内容版权交易平台上，除对数字作品进行版权存证外，运营者可发起版权交易活动，进行发起议价、提现充值等基础服务功能。该平台不仅能保证版权交易高效进行，并且能对版权交易全过程进行实时监控，同时能解决数字内容的版权归属和追溯问题。

数字版权交易平台能对运营商和创作者的交易进行有效制约和规范。对创作者而言，平台规定运营商在提出版权交易需求时需支付一定比例的保证金，平台作为第三方进行监管，这种方式可有效规避运营商获得数字内容后不向创作者支付相应报酬的风险，保证创作者获得应有利益。对于运营商而言，一旦创作者的内容涉及侵权问题，运营商可提出监测申请，由平台通过区块链技术进行裁定，运营商可追回已付酬金。基于区块链的数字版权交易平台利用技术和规范在很大限度上保证了版权交易双方的利益。

（四）区块链与数字出版物发行

1. 版权交易痛点

随着信息的数字化、网络化限度不断加深，内容产品的载体由传统的纸质稿件、实物作品逐步转变为各种类型的数字化作品。数字出版是互联网时代繁荣文化产业的一次机遇。近年来，随着有声书、知识付费等数字出版产业细分领域的强势崛起，使传统出版机构在数字出版领域求新求变，"从用户需求出发""以市场需求为着力点"，打造数字出版物，开拓数字出版物市场，整个数字出版产业迎来新的经济增长点。但是当前出版机构数字出版物数量庞大且版权资产运营烦琐，版权交易中存在交易市场不健全、交易模式落后等问题。

数字出版物的发行过程通常在线上进行，对于阅读应用平台而言需要联系作品出版方或版权运营方，了解作品的详细信息，当平台方觉得比较满意时，才会提出购买版权的意向。交易双方会就版权价格、使用时间、具体形式进行协定磋商，最终达成一致并签订交易协议。该过程涉及的问题较为烦琐，交易时间较长，一般情况下需要一周甚至更长的时间。

2. 解决思路

区块链是利用分布式技术和共识机制构建的一种无须第三方参与的信任机制。数字出版物利用区块链技术，可以通过时间戳、哈希算法建立相应的数字凭证，进行版权确权存证，有力证明数字出版物的存在性、真实性和唯一性。同时，利用区块链技术的数字出版物的后续交易流转过程也可被实时监控和记录，有利于出版机构对其所拥有的数字资产进行有效管理。

3. 应用场景——区块链数字出版物版权发行平台

从图书出版机构与数字阅读平台的关系来看（见图4-5），二者既存在竞争，又存在合作。一方面，传统图书出版机构为了提高图书销售量和知名度选择与数字阅读平台合作；另一方面，数字阅读平台为了获得更多优质内容，而选择与更多的传统图书出版机构合作。在传统出版时代，图书出版机构凭借自身对内容的挖掘能力形成了与作者良好合作的关系，此外，凭借其强大的发行能力，也使其规模效应显著，是产业链的核心之一；然而在数字阅读时代，数字阅读平台和用户形成更加紧密的关系，对用户需求有更加精确的把握。此外，数字阅读平台是天然的数字图书发行平台，其规模效应更加显著，向下拥有数亿名阅读用户，向上对接出版机构甚至直接对接作者，成为产业链的新核心。图书出版机构是内容和版权的提供方，数字阅读平台是用户渠道的提供方，建立这两者之间的P2P版权交易平台，有利于提高数字出版物版权交易的便捷性，极大节约了时间成本和交易成本，同时便于出版社对其数字资产的管理（见图4-6）。

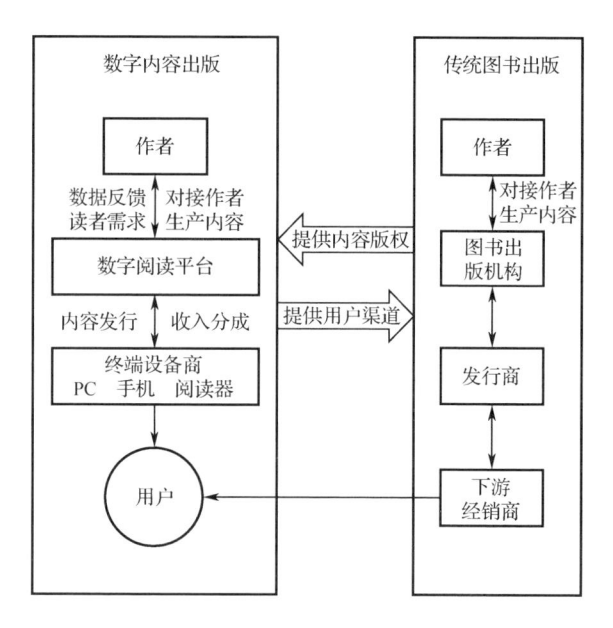

图 4-5　图书出版机构与数字阅读平台的关系

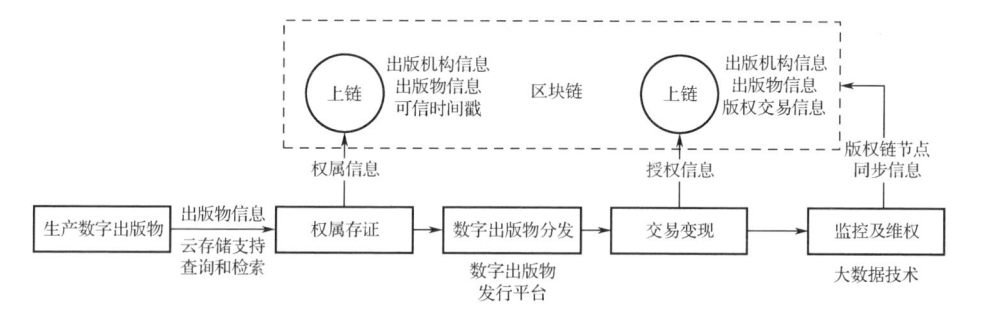

图 4-6　基于区块链技术的数字出版物发行模式

建立区块链数字出版物版权发行平台，就是建立图书出版机构和数字阅读平台间无第三方监管的去中心化信任机制，图书出版机构可以将拥有的数字出版物资源通过区块链技术进行确权存证，同时，图书出版机构将出版物资源的相关信息（包括内容介绍、版权信息、交易信息）发布于平台上，如果数字阅读平台方想要购买数字出版物的版权，可以选择"加入购物车"，通过即时通信工具在线与版权所有方进行议价，双方可以在该平台进行版权交易，通过智能合约将交易过程全程记录，图书出版机构可以对相应数字出版物的流转情况进行监督，有效节省了图书出版机构与数字阅读平台版权交易的时间成本，也使交易变得公开透明（见图 4-7）。同时，利用云存储技术进行版权信息的存储便于检索和查询，利用大数据进行监控并实现信息同步（见图4-8）。

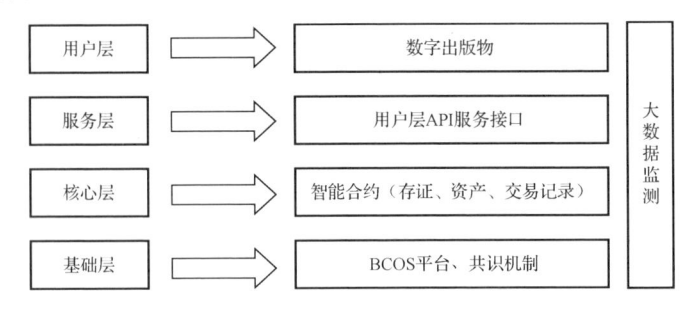

图 4-7　数字出版物版权发行平台层次

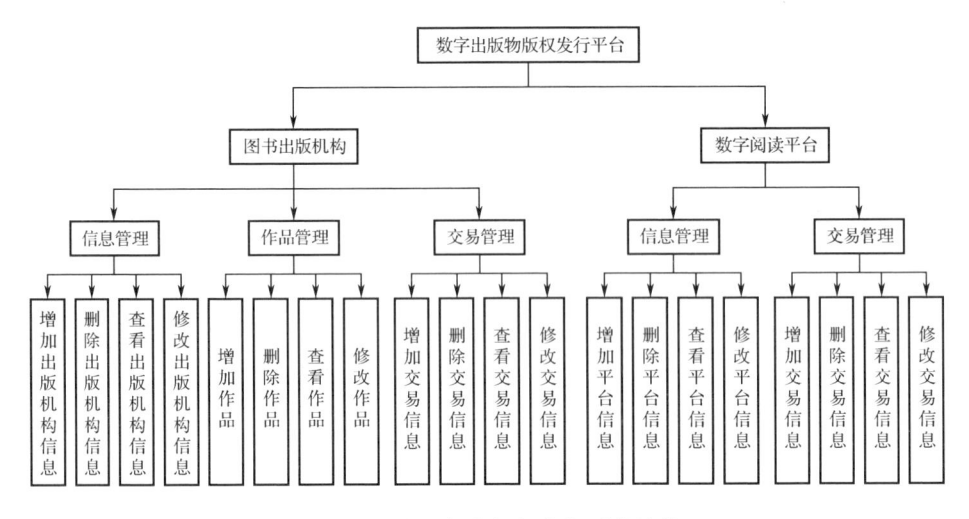

图 4-8　数字出版物版权发行系统结构

四、总结与展望

区块链技术的出现，为数字版权保护提供了新的解决方案。相比于传统的数字版权管理模式，区块链技术具有不可替代的技术优势。第一，区块链技术是一种节点参与的分布式数据管理技术，无须第三方参与，各节点自我监管有助于提高工作效率，降低工作成本。第二，数据存储在各数据块中，根据交易时间排序组成区块链，当发生版权纠纷或者需要进行侵权认证时，能够做到有据可循。第三，去中心化，安全性高。各节点和服务器对交易过程进行自主验证，存储在数据块的信息无法被篡改。第四，可扩展性强。根据不同的应用需求和环境，区块链技术能够衍生新的版本。

针对出版业版权交易痛点，利用区块链技术并结合出版业的特点，提出建立基于联盟链的数字版权管理方案，该方案可以瞬时完成数字化作品的版权确权，完整记录数字化作品创作的全过程，实现版权实时保护以及线上授权。区块链技术在数字版权管理中的应用使数字版权保护的主体由传统的行政管理监督部门扩展到新媒体时代下的大众。因此，数字版权保护也将实现"集权"到"平权"的转变，有利于全面唤醒社会对数字版权保护的关注，提醒大众增强数字版权保护的意识，线上线下的有序配合能够强化数字版权的监督管理，从而促进互联网时代数字版权保护的转型与发展。

参考文献

[1] 李鹏. 中国数字内容产业的发展与平台生态自我规制研究[D]. 南京：东南大学，2015.8.

[2] 邓倩."避风港原则"与版权保护之间冲突与平衡[J]. 传播与版权，2017(8)：186-187.

[3] 文杰. 我国版权登记制度的现状、问题与完善——从版权"一女多嫁"谈起[J]. 出版发行研究，2011(5)：48-50.

[4] 王文宇，刘玉红. 基于透明加解密的DRM技术的分析与研究[J]. 计算机安全，2011(10)：48-51.

[5] 张莉蔚. 数字环境下版权保护的刑法与民法统合[J]. 中国出版，2018(17)：47-50.

[6] 国家版权局通报20起"剑网2017"专项行动典型案件[J]. 中国出版，2018(3)：2-7.

[7] 刘国龙，魏芳. 数字版权管理模式探析[J]. 知识产权，2015(4)：118-123.

[8] 马昂，郭景峰. 区块链技术基础及应用研究综述[J]. 信息安全研究，2017(11).

[9] 周彦宏. 对数字版权管理模式的探析[J]. 法制博览，2017(29)：172-173.

[10] 徐佳."互联网+"环境下数字版权保护问题研究[J]. 法制博览，2017(31)：80-81.

[11] 牛敏. 基于区块链技术的数字版权管理模式研究[D]. 北京：北京印刷学院，2017.

[12] 刘耀宗，刘云恒. 基于区块链的 RFID 大数据安全溯源模型[J]. 计算机科学，2018(S2): 367-368, 381.

[13] 郝汉. 基于联盟链的新媒体数字内容版权交易系统[J]. 信息技术与标准化，2018(7): 13-15, 24.

第五章 2021年数字互动出版创新发展报告

王武林，张戬，徐菲*

摘要：智媒时代的到来，智能移动设备的广泛推广带动数字出版业发展，传统出版竞争力逐渐落后于数字出版。出版业正在突破单向传播，采用新技术和"互动"理念，数字互动出版模式将与出版业深度融合，强调"互动"的新型数字传播应运而生，成为一种融合媒体时代下的新型出版模式。本报告旨在介绍数字互动出版新形态，分析互动出版存在的问题，对未来互动出版的发展进行预测。

关键词：互动技术；数字出版；场景技术。

一、突破单向传播，着眼数字化互动出版

过去，读者与传统出版物处于一个"你印我读"的单向模式下，在相同的单向模式下，智媒时代的读者倾向于选择便携性更强、更适应碎片化生活的数字阅读。5G 技术的正式商用，使更多技术从理论走向现实，新技术带给人类更多互动体验。从物联网的万物互联，到 AR 技术的现实增强，最后到 VR 技术的沉浸代入，新技术在不断打破行业的边界。

国家新闻出版署要求科学编制和有效实施国家重点出版物中长期出版规划，推动出版业高质量发展，繁荣发展社会主义文化、夯实社会主义文化强国建设之基。为响应"推动出版业高质量发展"的要求，数字互动出版将伴随新技术的不断发展呈现更多崭新的形态，贡献更多优秀的出版作品。国家广播电视总局在 2021 年 4 月 1 日发布了 5G 高新视频系列标准体系，其中便包括互动视频和 VR 视频的标准。标准的制定，是对数字互动出版业的规

---

* 王武林，博士，浙江传媒学院新闻与传播学院副教授，研究方向为新媒体传播、数字出版；张戬，浙江传媒学院新闻与传播专业研究生，研究方向为数字媒体与智能传播；徐菲，浙江传媒学院新闻与传播专业研究生，研究方向为数字媒体与智能传播。

范和引导。数字互动出版是出版业与新技术、新理念融合的产物，在"十四五"建设期间将会给出版业带来更多机遇。

依靠新技术和"互动"理念，数字互动出版应运而生，成为一种融合媒体时代下的新型出版模式，主要强调受众在阅读过程中与出版物的互动，互动形式主要为人书互动和人机互动，以这些互动形式不断衍生和发展多种出版形态。在新模式下，出版业将迎来新的机遇和挑战，把握机遇将迎来技术加持下全新风貌的出版业。

二、数字互动出版新形态分析

数字互动出版主要强调出版物的发行与传播模式是否能够与读者互动，读者能否在阅读数字出版物时发挥一定的能动性。为了实现与读者互动的要求，在传统出版形式与新技术相融的过程中，从对互动感官的不断探究，发展为目前主要的五种数字互动出版形态：在传统视听感官上拓展互动体验的 AR 图书、互动视频和互动 H5，以及全身感官联动进行互动体验的解谜书和 VR 游戏。

（一）拓展：技术助力，形态焕新

当前的"互动"理念改变了单向模式，读者在阅读过程中可以使用新技术对传统出版物进行拓展式互动阅读，增强读者的自主性和阅读的互动性。AR 技术、路径选择、多媒介要素叠加等带给传统出版物新机遇，衍生 AR 图书、互动视频和互动 H5 等具有互动属性的出版新形态。

1. AR 图书：三维技术，辅助阅读

AR 技术是一种将虚拟信息和真实世界巧妙融合的新型技术，为各行业的创新升级提供了技术上的支撑。AR 技术在出版领域的应用早已有之，2013 年，中国矿业大学出版社在江苏书展上展示图书《采掘机械与液压传动》，称其是国内首部采用 AR 纸数互动移动阅读技术的图书，但直到 2016 年，AR 技术才进入爆发阶段。大家普遍认为 2016 年是"AR/VR 元年"，在资本的助推下，许多行业都掀起了 AR/VR 发展浪潮，试图通过新技术推动产业革命，出版业也不例外，仅 2016 年就出版 AR 图书约 200 种。随着 5G 通信技术的普及，移动网络的带宽大大增加，此前许多 AR 技术在手机端使用体验不流畅的问题也得到缓解，AR 图书的发展前景被再一次拓宽。

AR 图书是一种以纸质载体为基础、辅以 AR 技术的新型读物，其出版流程与传统图书出版类似，只是在制作过程中会同时开发与图书配套的 App，对图书中的 AR 内容进行 3D 建模，制作特效动画和音乐效果，然后再封装到 App 中。读者利用手机、iPad 等移动终端下载与该书相应的 App，再利用该 App 扫描纸质图书内容，即可在屏幕中看到对图书内容的补充，读者也可以与这些虚拟信息进行更高级的互动。这一形式大大增加了阅读的趣味性，并且充分调动了读者的多重感官，将平面的图书内容以立体的形式呈现，使读者进入一种沉浸式阅读的状态。目前，AR 图书仍以儿童科普读物、理工学习教材这两类为主体。

"十四五"规划中强调要促进数字技术与实体经济的深度融合，赋能传统产业转型升级，催生新产业新业态新模式，并将虚拟现实和增强现实列为数字经济重点产业之一。这一政策让 AR 图书的发展得到有力支持。除此之外，随着 AR 硬件设备、软件系统的持续升级，以 AR 图书为代表的一系列 AR 出版物也将在技术上取得飞跃式的进步。

2. 互动视频：多线分支，自主选择

从文字、图片到视频，内容的媒介形态仿佛已经到了暂时无法突破的境地。从"视频+互动"角度出发，从过去单向传播向双向传播突破，提高用户的自主性，互动视频应运而生。

互动视频，又称为"互动影像""互动游戏"，是一种打破传统视频连贯的视频形式，观众通过选择不同的路径获取不同的后续视频，看到不同的剧情走向。该视频形式最早起源于 1967 年蒙特利尔世博会上的互动电影《Kinoautomat：One Man and His House》，当剧情发展到特定节点时会有分支选项，观众通过桌椅上的红蓝按钮进行选择，该节点会按多数人的选择进行播放。

国家广播电视总局在 2021 年 4 月 1 日发布了 5G 高新视频系列标准体系，将互动视频分为时间域、空间域和事件型互动三种，本报告中的互动视频都为事件型互动视频。

传统的视频从单向传播不断往用户互动角度发展，"弹幕"这样的形式增强了用户互动的空间，但是用户的互动仅仅停留在留言和视频解读层面，并不能改变视频内容。互动视频具有更高的观众自主性、剧情丰富性和角色代入性。观众的不同选择将干预剧情走向，在重复观看时可能会因为不同的选择而产生各异的结局，视频的整体内容呈现全凭观众自主性选择，观众也在选择参与的过程中感受到普通视频所体验不到的沉浸感。

有学者指出互动视频的沉浸感与互动性是相悖的存在：互动时需要观众进行思考选择，同时视频中的选择按钮使观众从观影体验中脱离。这是因为目前互动视频的模式大多数都是基于最初的互动电影"按钮+推流"的形式，5G 技术的推广，加快了互动视频的传输速度，当用户按下分支按钮时视频的推流速度也将更快，极大缩小传输延时，极大提高互动视频的连贯性，使用户在观看视频时的沉浸体验得到较好的改善。

3. 互动 H5：创意内容，多面传播

H5 即 HTML5，意为"超级文本标记语言"，目前几乎所有的网站都是基于 HTML 开发的。H5 的设计目的是在移动设备上支持多媒体，融合图片、文字、音频、视频、图表、动画、VR 全景等多媒体形式进行内容表达。H5 技术优化了移动互联网的用户体验，并以低门槛、可视化、互动性等特征带来了一股 H5 设计的热潮，这股热潮也相应地推动了出版业的创新与发展。

尽管 H5 技术目前在传统出版领域的应用还较为少见，但 H5 为移动媒体融合提供了全面的技术支持，让数字内容的呈现方式变得更加多样，也为数字出版内容的交互方式变革提供了更广阔的创新空间。H5 产品充分利用技术特色，将多媒体形式进行创意性的融合，以强化该产品在传播时的互动性。

在行业内，网易新闻旗下的知名创意工作室"网易哒哒"已然是 H5 制作公司当中的翘楚，这个主攻 H5 和长条漫的创意团队凭借其优良的制作及贴近年轻人想法的各种创意，在 2020 年与《人民日报》、快手、兴业银行、还呗等在不同领域达成多次合作，创造了多个爆款 H5 产品。

（二）联动：场景搭建，沉浸互动

传统出版物的阅读场景大多固定于单一现实场景中，互动出版物根据阅读场景的不同，增加读者更多感官上的互动体验——感官、肢体都被联动。技术不断促进互动出版新形式的优化与更新，5G 技术的商用化极大缩短了"互动"过程中的延时，也使人类的感官和肢体可以通过 AR、VR 等技术获取信息。通过搭建场景和多感官、肢体的联动，由此产生了依托现实场景的解谜书和依托虚拟场景的 VR 游戏等形式。

1. 解谜书：人、书、景，多元互动

解谜书依托于图书的内容，附带解谜要素和解谜道具引发读者互动，读者能够在解谜的过程中参与到解谜书的剧情之中，这样的互动阅读模式增大了读者的阅读兴趣和购买欲望。

解谜书最初的形式其实是一种单人或多人单线剧情的桌面游戏，在发展过程中解谜书的剧情容量水平不断提高，剧情书应运而生。在智能设备大量普及的智媒时代，读者也可以利用解谜书自带的 App 或者 H5 中观看剧情或者进行解谜，《谜宫·如意琳琅图籍》做到了传统图书联动数字场景，将实体书籍与线上数字解谜相结合，形成了传统阅读与数字阅读的融合，扩展互动阅读模式的应用场景。解谜书《地下游戏》将解谜环节拓展到真实的城市场景中，现实场景解谜+图书剧情+线上引导，实现了"人—书—景"的多元互动。

解谜书阅读主要需要搭建一个阅读场景，道具是重要的辅助工具，读者利用道具搭建解谜环境，沉浸至解谜过程中，实现沉浸式传播。有别于一维空间中基于视觉感官的平面阅读和二维空间中基于 H5 的融媒体视听体验，三维空间的沉浸阅读与立体阅读更能够使读者享受阅读。在沉浸传播中，人不仅是传播的主客体，更可以成为媒介本身。

自 2018 年底，故宫与奥秘之家推出故宫文创首款互动解谜书《谜宫·如意琳琅图籍》后，解谜书市场呈现逐年递增的繁荣景象。《谜宫·如意琳琅图籍》在 38 天的众筹预售期内，售出 12.2 万册，预售金额达 2020 万元，成为现象级解谜书众筹案例。以摩点众筹平台为例，2019 年解谜书众筹项目达 18 项，2020 年达 30 项，近乎翻了一番。解谜书打破了传统的阅读模式，互动阅读模式与传统图书的融合，或许成为未来传统图书的发展方向。

2. VR 游戏：沉浸代入，仿真体验

从 2014 年 VR 头盔公司 Oculus 被 Facebook 收购开始，VR 技术开始驶入发展高速通道。从 2016 年 VR 元年至今，VR 技术已经得到初步开发，衍生产业不断扩展，涉及教育、医疗、军事、娱乐等领域，而 2018 年在国内上映的电影《头号玩家》更引发了 VR 游戏热潮。

VR 游戏即用户穿戴 VR 设备在 VR 技术构建的虚拟世界中进行游戏。与传统游戏相比，VR 游戏大多数是第一视角，并且直接从 VR 穿戴设备中将虚拟世界的画面传递给用户，更具沉浸感的游戏体验成为众多游戏玩家追捧的核心。

市面上主要分为三类 VR 设备：手机盒子、头戴一体机和 PC 连接类 VR 设备，主要研发厂家为 Oculus、HTC 等。VR 游戏设备获取方式主要分为场馆体验、自行购买家用设备两种。提供 VR 游戏的游戏平台目前主要为 Steam VR、Viveport、Oculus Store 等平台。

2019 年第五代移动通信技术在国内正式发放牌照，5G 技术的不断发展将促使构建虚拟世界的运算建模能力和数据传输速率得到极大提升，云游戏的实现可能会使 VR 游戏迎来又一春。GPU 计算能力、图形渲染能力、数据传输能力将得到大幅提升，适用于 AR/VR 游戏的装置也会更加轻便化。5G 网络将使 AR/VR 再次流行。

三、互动出版现存问题分析

当新技术进入大众视野，所带来的改变会影响诸多领域，出版业也不例外。作为出版业的一次大胆尝试与创新，互动出版始终承载着人们的期待与担忧，技术的光环之下实则暗存了许多内容及盈利模式上的问题。本报告仅站在拥抱技术的立场上探讨数字互动出版模式，通过案例分析其模式现存问题，以期助力互动出版向良性方向发展。

（一）内容局限，缺乏高质量出圈产品

出于对消费者注意力的争夺，互动性已经成为内容生产行业的利器。互动性是技术发展的必然结果，互动出版因其技术特色的限制导致题材的窄化，成为学界认识中的短板，这一短板引发了作品内容同质化严重、缺乏高质量出圈作品等问题。以 AR 图书为例，目前，AR 图书主要的出版领域为少儿早教类、科普教育类以及科学技术类，对于众多读者而言，AR 图书的选题范围明显过"窄"；此外，H5 产品也呈现制作不精良、内容同质化等问题，受众面如此之广的 H5 产品仅以 H5 新闻和 H5 互动测试两种作为主要输出，导致大量受众对 H5 产品的认知流于表面；尽管 VR 游戏通过线下场馆

已经得到很好的普及，但始终没有一款足以出圈的 VR 游戏为受众所知悉；同时，重游戏、轻内容正在成为互动解谜游戏书的一大问题，虽然以《忒修斯之船》为首的解谜书曾引发热议，但后续发力不足，且本身的阅读体验并不佳，最终让解谜书丧失了阅读意义。题材的窄化导致这些互动出版物在整个出版市场的体量无法提升，高质量内容的缺乏也足以导致读者对此类互动出版物内容的不信任，这些都是亟待解决的问题。

（二）推广不力，缺乏成熟的盈利模式

出于出版机构自身的发展需要，互动出版的盈利模式成为产业发展的重点。目前，互动出版普遍存在着缺乏推广、传播渠道单一、没有建立起成熟的盈利模式和售后服务等问题。国内几家头部视频平台尽管上架了一些互动视频，但并未开设互动视频专区，互动视频尚未得到较好的推广。另外，在 AR 图书的销售过程中也缺乏相关的产品推广和完善的服务，出现消费者无法下载 App 或无法扫描的问题，同时也面临着售后服务缺乏的境况。H5 产品只在品牌推广方面起作用，并不存在直接的盈利模式。H5 产品缺乏其他的传播渠道，主要依靠与微信平台的合作实现大范围传播，因此 H5 产品在出版业并未被真正推广。由于家用穿戴设备缺少推广，VR 游戏的发展一直以来被桎梏在 VR 游戏场馆当中，而在 2020 年新冠肺炎疫情的打击之下，实体经济受到不容忽视的重挫，VR 游戏场馆随着实体经济的凋零而愈加不堪重负。互动出版物操作难、定价高、内容少等特点使其受众窄化，这些门槛的存在一方面抛弃了中老年人市场，另一方面也隔绝了下沉市场，在行业内仍然没有建立起成熟的盈利模式和售后服务，因此造成已有客户的流失。

（三）技术杂糅，缺乏深层次互动体验

在当前的数字互动出版物中，我们的确能够看到新技术的身影，但却始终面临着技术该如何恰当使用的难题。互动出版物普遍存在一个问题，即消费者在接触这些出版物时，会有技术与内容剥离的强烈感受。这种感受大多源自技术的不当使用，市面上很多出版物仅仅让消费者体验到其中包含的新技术，而忽视了技术与内容恰当的融合形式，例如，许多不具备互动意义的互动视频、没有游戏体验感的 VR 游戏等。H5 产品对形式的过分注重也一直

为人所诟病，在技术和形式上进行大量杂糅，真正的内容反而被注水稀释。也正是因为大量技术的堆叠，许多 H5 产品在运行时并不顺畅，甚至因为难以操作而流失了相当一批受众。一些 AR 图书只是打着 AR 技术的旗号，简单地将视频、音频等内容堆砌在图书之中，家长作为 AR 图书的实际消费者不免担心"AR 技术部分的内容设计对儿童理解图书所要传达的内容并没有本质上的帮助"，一本售价 70 元的 AR 童书仅有 2 页图片可供扫描，交互内容太少、缺乏深层次互动体验，这种情况在互动出版领域中比较普遍，严重影响互动出版市场。

四、数字互动出版发展建议

数字互动出版物本质上还是内容产品，无论传统产品还是互联网产品都在进行跨界合作。以下将根据互动出版物互动性强、平台建设弱、跨界合作可能性高等特点，从主次辅三个方面给出相关的建议。

（一）作品为主：内容创作出新，互动模式创新

优秀的出版物由众多优秀方面构成，但是优质的内容是其核心竞争力所在。哔哩哔哩上互动视频内容生产处于粗放阶段，内容同质化十分严重，问答类视频占了其平台上互动视频的半壁江山。优质内容将提高互动出版物的口碑，从而得到更好的宣传和评价。例如，2019 年人民日报客户端献礼新中国成立 70 周年推出的 H5《复兴大道》，通过静动态结合、环境声人声结合的画卷形式展现了新中国成立 70 周年来的风风雨雨，成为当时社交媒体平台上广为转发的爆款产品。当前包括 H5 产品在内的大部分互动出版物都存在内容低劣的问题。2019 年上市的互动视频《隐形守护者》以其高质量的内容广受好评，在豆瓣上评分高达 9.6，内容为王仍是当今出版物应该关注的重点，互动出版更要把握住传统出版所缺乏的"互动"这个特点，但是目前各种数字互动出版物的互动模式都相对比较固定。从 5G 正式商用开始，各种新技术应用逐渐成为可能，互动出版更要把握这个机遇，互动 H5、解谜书等可以融入 AR/VR 等内容，以此来提升作品质量，获得竞争力。

（二）平台为次：整合资源推广，受众圈层扩展

优秀的互动出版物散布在各大平台中，当用户想寻找优秀互动出版物

时，不知从何种平台获取产品信息和产品比对。社交化其实也是互动阅读需要扩大影响力的一个重要方式，大部分解谜书没有在线上产品中实现社交功能，缺乏社交方式，导致参与者转向其他社交平台，"漂移"的社交化体验环节值得改善。建设互动出版物平台对于整合资源推广、巩固用户黏性和打造产品品牌有重大的意义。在整合平台的过程中，打造品牌和构建粉丝交流群体，利用多样化的营销手段，拓展平台知名度，实现破圈，对于小众互动出版物的推广和大众化有所帮助。

（三）联动为辅：场馆联合宣传，旅游联名创作

当今跨界合作的营销手段成为一种潮流。"十四五"时期，要繁荣发展文化事业和文化产业，提高国家文化软实力，提升公共文化服务水平。互动出版物与公共文化场馆联合宣传推广，不仅能够丰富公共文化场馆提供的文化种类，而且也能让更多人体验和了解互动出版物，扩大互动出版物的知名度。例如，在科技馆内设置科技 AR 图书快闪店，进馆的游客可以体验阅读 AR 图书；在历史馆内设置互动视频或 VR 游戏体验厅，游客做出不同的选择，可以沉浸式体会不同的历史结局。VR 皮影游戏《田忌赛马》于 2019 年正式亮相国内多个展会，非遗文化与 VR 技术的结合，使博物馆展览内容的互动表达方式与新技术相结合，展览内容的呈现更具现代性和亲和力。互动出版物常常会打破虚拟世界与现实世界的壁垒，例如，解谜书和 VR 游戏常常以现实场景作为故事（游戏）背景，因此与旅游业联名创作也是一种双赢的创作营销模式。

五、互动出版未来展望

新技术的加入、互动性的提升不仅是传播技术发展到一定阶段的集中表现，更是人们对信息交流升级的渴望。随着科技发展的成果逐渐浸入消费者的生活，新技术在生活方方面面的运用便无法倒退或者停滞，同时国家一直强调数字技术与实体经济的深度融合，高度重视数字经济产业并予以政策支持，在经济快速发展、人民生活水平日益提高的当下，以新技术加持的互动出版在未来仍有较为明朗的发展空间。

随着近十几年来传播方式的巨大改变，互动性成为出版业创新发展的基础。互动性最吸引人的地方是它带来的游戏体验感，无论是传统出版物还是

数字出版物，互动性的加入吸引了年轻受众的目光，这主要源于年轻受众对于新技术的好奇和对游戏体验感的留恋。

同时，值得进一步深入思考的是，目前常见的一些互动出版物仍是一种体验式的互动，而不是真正能够让受众参与到出版物内容创作中的互动，这种出版模式仍旧没有突破传受双方的界限。互动本身就是双方获取更多信息的一种传播方式，现在看来，在所谓的"互动"过程中，出版物本身并不能通过这种互动得到更多的反馈和成长。从这一点出发，也许可以对未来全民创作、全民出版的局面展开一定想象，利用科技力量开启出版业新篇章。

参考文献

[1] 王扬. "出版+AR/VR"：出版业的新机遇——AR/VR技术在出版业中的运用综述[J]. 出版广角，2018(3): 28-31.

[2] 李俊. AR图书出版的困境与突破[J]. 出版发行研究，2020(10): 49-54, 35.

[3] 王扬，尚烨，邓杨. 中国"出版+VR/AR"融合发展研究报告[J]. 中国传媒科技，2018(11): 21-24.

[4] 吴硙. AR出版的应用现状及发展趋势探析[J]. 出版广角，2017(22): 71-73.

[5] 战怡凯. 数字出版时代AR图书的应用与优化[J]. 出版广角，2021(9): 58-60.

[6] 万新娜. 增强现实技术在儿童出版物应用的困局与突破路径[J]. 编辑之友，2020(5): 15-19.

[7] 陶钰，王超群. 互动剧市场中的芒果TV差异化战略[J]. 视听界，2021(3): 53-58.

[8] 孙晶茹. 互动视频的表达方式与发展挑战[J]. 影视制作，2019, 25(10): 84-87.

[9] 李戈. 新形态教材中H5产品特点与设计趋势分析[J]. 中国编辑，2018(5): 68-72.

[10] 王雅君. 基于H5技术的可视新闻研究——以2016年人民日报微信公众号两会报道为例[J]. 传媒，2016(10): 73-75.

[11] 王志. H5与融媒体内容创新[J]. 传媒，2018(17): 24-26.

[12] 杨超，朱小阳. 多维场景视域下移动数字出版的后现代性思索——以《谜宫·如意琳琅图籍》为例[J]. 出版科学，2019，27(5): 99-102.

[13] 亢姿爽. 媒介融合背景下互动解谜游戏书的出版研究[J]. 出版广角，2020(20): 39-41.

[14] 郭巧敏，青芳宇，刘雯雨，等. 5G赋能：AR/VR游戏传播困境与破解[J]. 传播与版权，2021(1): 52-54.

[15] 郭丽芳，郭朝峰. 5G东风催化VR/AR行业应用快速发展与落地[J]. 中国电信业，2019，(4): 58-61.

[16] 佘世红，黎春樱. 我国AR图书出版业可持续发展策略[J]. 中国出版，2019(16): 18-21.

[17] 王学鹏. 互动解谜游戏书的出版现状与提升策略[J]. 出版广角，2021(7): 38-40.

[18] 刘晓晔，孙璐. 增强现实技术应用于科普童书的优势与挑战[J]. 科普研究，2016(6): 78-83.

[19] 上官大堰. 内容为本 科技赋能：AR科普童书出版与发展策略[J]. 中国出版，2021(13): 76-79.

[20] 陈秋璇. 融媒时代移动数字出版游戏化论析——以《谜宫·如意琳琅图籍》为例[J]. 新闻世界，2020(3): 69-74.

第六章 人工智能在出版业的应用现状及发展趋势研究报告

赵磊[*]

摘要： 随着人工智能的不断成熟，人工智能已被应用于多个领域和行业，出版业也不例外。人工智能在出版领域的选题策划、内容生产、用户体验等流程发挥了重要的作用，出版业正从"互联网+"向"人工智能+"过渡，毋庸置疑，人工智能的应用，将成为出版业转型升级的重要驱动力。本报告旨在通过对近期人工智能在出版业的应用现状和情况进行解读和分析，总结当下人工智能等技术促进出版业改革创新的具体路径，并对人工智能在出版业的发展趋势进行预测。

关键词： 人工智能；出版业；智能出版；内容生产；用户体验。

一、人工智能及在出版业应用的近期进展

（一）人工智能概述

人工智能（Artificial Intelligence，AI）是近年来学者研究的热点，被应用于医疗健康、汽车驾驶运输、文化教育、新闻出版等领域。人工智能作为一门新兴的交叉融合学科，不同学者和专家对其的定义存在不同之处。20世纪40年代初，人类就开始了对人工智能技术的研究，明斯基等人制造出第一台神经网络计算机。1956年，麦卡锡（John McCarthy）正式提出人工智能概念，认为人工智能就是要让机器的行为看起来与人所表现出的智能行为一样。20世纪80年代初，专家系统和BP神经网络等重要研究成果纷纷出现。

---

[*] 赵磊，博士，副教授，硕士生导师，主要研究方向为新媒体传播、数字出版和数字内容编创教学改革等。

第六章　人工智能在出版业的应用现状及发展趋势研究报告

2006年，Hinton等人提出深度学习算法，人工智能乘上了大数据的东风，获得了新的发展机会。2016年，谷歌公司开发的人工智能AlphaGo在围棋比赛中击败人类围棋冠军，使人工智能受到了更为广泛的关注。

杨勇将人工智能的研究途径归纳为两条：一是以"专家系统"为典型代表的应用计算机程序实现类似人类智能行为活动；二是以"人工神经网络"为研究对象的应用生物学知识研究大脑的智能活动。田书帆认为人工智能技术是模拟人类的生产活动，使计算机可以像人类一样自主完成很多工作，具备从感知外界世界到记忆、思维能力，再到学习和适应的能力。李程指出，人工智能的优势和价值主要体现在感知价值、处理机制、决策价值、安全价值、监管价值五个方面。

（二）出版领域人工智能技术概述

出版领域在国家政策引导、学科构建、学者投身研究、企业积极推动数字化转型等方面都发挥着重要作用。自改革开放以来，我国出版业发展经历了三个阶段：一是传统出版阶段（1978—1990年），1979年12月，在长沙举办的全国出版工作会议，拉开了我国图书出版业改革的序幕。十四大以来，我国不断对出版业进行法治建设和市场规范，与此同时，随着科学技术的发展，我国图书出版印刷逐步迈向现代化。许多出版社已基本淘汰铅字印刷术，建立起激光照排系统或桌面彩色出版系统，极大地提高了出版效率。二是电子出版阶段（1990—2000年），报社、出版社、印刷厂在印前工艺方面迅速转型，以方正"书版""维思""飞腾"等为代表的新一代数字化印前出版系统形成。出版物除纸质化呈现方式外，原始数据以可擦写的软磁盘与CD光盘存储，部分产品以电子形式或制作成CD光盘等形态出售。三是互联网出版阶段（2000—2005年），随着互联网的诞生和逐渐普及，出版业进入一个全新的发展阶段，该阶段传统出版物网络出版化十分普遍，各大刊物建立自己的网站，出版成本低、存储空间大，该阶段随着当当网等网络销售平台的构建，摆脱了出版物销售的时间与空间限制，销售效率得到很大的提升。四是数字出版阶段（2005年至今），2005年，首届中国数字出版博览会的召开为数字出版业发展打开了新的局面，从此数字出版这一概念正式开始使用。随着智能手机和平板电脑等移动终端的逐渐普及，电子阅读日益风靡，数字出版融合了多媒体出版形式，将文字、图像、动画、视频等多种形式相结合，给用户带来全方位立体化的体验，从内容生产至分发传播、销售购买、终端阅读，数字出版的产业链逐渐完善。

随着互联网、大数据和人工智能等技术的逐渐成熟，人工智能逐步被应用于出版领域，就出版业而言，人工智能是推动其转型升级的重要契机。出版业通过广泛应用人工智能技术，将逐渐减少出版流程中重复性强、创造性弱的人力劳动，有效提升出版工作效率，满足读者多样化、个性化的阅读需求，充分发挥出版业的文化传播效力。我国出版业目前正在数字出版阶段向智能出版阶段过渡，智能出版广泛应用的时代即将到来。《2018年中国出版融合发展报告》指出出版智能化将进入快速发展阶段，是未来中国出版融合发展的十大趋势之一。

随着人工智能技术的迅猛发展，人工智能+出版的研究与应用逐渐成为研究热点。目前，已有的智能出版研究主要集中在如下三个层面：一是业态层面，主要讨论人工智能对出版业发展可能带来的改变；二是从业者层面，关注人工智能对从业者工作环境的潜在影响；三是技术层面，分析现有智能出版软件的准确性与适用性。

二、出版业人工智能的应用现状及分析

《步入高质量发展的中国数字出版——2019—2020年中国数字出版产业年度报告》指出，人工智能、区块链、物联网等技术应用场景加速落地，推动出版业迈向高质量发展阶段。当前人工智能已被广泛应用于出版业选题策划、内容生产、印刷流程、内容分发和营销、提升用户体验、优化内容版权管理等方面，出版业融合发展逐步深入。

（一）人工智能在出版业选题策划中的应用

选题策划是出版流程中的前置重要环节，对于出版物的内容起着关键作用，不仅需要满足广大读者群体的精神文化需求，还需要兼顾出版单位的社会效益、经济效益与作品的社会影响力。

传统的出版选题策划一般由编辑依靠文化素养、工作经验以及对市场的了解进行偏主观的判断，或是对于读者市场进行调研以确定大概的选题方向，而后进行构思和撰写选题策划书，最后进入提交相关部门审核与批准环

第六章 人工智能在出版业的应用现状及发展趋势研究报告

节,上述流程的关键环节都是依靠个人判断,难免会受到诸如编辑个人经验、知识储备、职业素养、调研受众有限等不稳定因素的影响,对于市场需求变化很难有较为及时、全面且精准的把握,易导致出版内容与读者群体的实际需求脱节,在一定限度上造成人财物的大量浪费。

韦克等在《预见未来:人工智能如何赋能图书出版》中指出数据是人工智能的燃料,数据不仅使人工智能变得更加智能,而且还提高了其准确性。步入智能时代,人工智能、机器学习、深度学习以及大数据挖掘与分析技术在此环节的应用可以在很大限度上解决上述传统流程的问题。首先,出版单位可对现有可获取的各平台数据进行全方面地大数据挖掘与分析,从中对用户市场进行分层和分类处理,精练出不同层次和类型用户圈层的阅读需求与偏好;其次,搭建合适的选题策划算法模型,并对数据进行进一步处理,从而提供较为精准、高效的选题策略,亦可通过数据信息搭建的知识图谱形成销售预测模型,协助编辑进行选题策划,通过大数据对选题进行科学化布局。

简而言之,人工智能技术实现了智能化选题策划,将用户需求、市场分析等海量数据通过算法以精准数据化状态呈现,基于多源数据精练化形成的知识图谱体系可以让选题策划过程得到技术赋能,提高选题策划的准确性和稳定性。

(二)人工智能在出版业内容生产中的应用

内容是出版的核心价值所在,内容创作是出版物的生命线,直接决定了出版物的销量和口碑。

在传统出版流程中,作者是内容的唯一生产者,内容创作周期往往较长,随着图书市场需求的不断增长以及图书出版速度的持续增快,写作力量越发局促。当下人工智能技术的入局使这一局面得到缓解,随着自然语言处理、深度学习、图像识别、语音录入、文本生成等新兴技术的不断发展,出版业迎来了基于人机协同技术的智能编辑、智能翻译和智能编校应用时代。

1. 智能编辑

所谓智能编辑,指的是在人工智能基于大数据、云计算以及深度学习等技术,对海量数据进行挖掘与分析,创建和丰富相应的语料库,搭建不同内容创作的算法模型,最后依据相应需求自动生成文本。如百度的百家号、语音搜索、语音对话等皆为典型的文本生成产品。2017年5月，湛庐文化和微软合作推出的《诗集阳光失了玻璃窗》，就是由微软智能机器人小冰通过100多个小时对500多位中国现代诗人的作品进行"学习"，经过10000多次迭代修改，最终创作了数万首诗歌，之后由编辑挑选139首，汇编成书。

智能编辑在出版业的表现亦可总结为数据生成内容DGC）模式：在对大数据进行挖掘、处理与分析的基础上，通过不断地"自我学习"，自动生成相应文本内容。随着人工智能技术不断向前发展，该模式在数字内容产品生产中的应用将逐渐普遍化，从而在一定限度上压缩数字内容生产周期，以满足读者不断更新升级的阅读需求，同时也可以将作者从一些机械性劳动中解放出来，投入更多创新性的内容创作活动。

2020年5月30日，微软宣布用人工智能写作取代其新闻网站的编辑团队。标志着人工智能取代人工编辑写作的时代已经来临。

2. 智能翻译

当下全球化发展日新月异，为了促进世界文化交流与传播，人工智能应用于翻译出版领域，形成智能翻译技术。

人工智能翻译的应用主要为机器翻译和语音识别，其中，机器翻译指在无须人工参与的前提下自动将一门语言翻译成另一门语言，语音识别指的则是将音频内容自动转换为文本。

2018年，全球首本由AI机器完成翻译、人工审校的图书《极简区块链》中文版面世，这无疑是"人工智能+出版"领域的一个里程碑。

我国科大讯飞股份有限公司一直专注于智能语音和人工智能技术，处于行业领先水平，其研发的讯飞翻译机3.0和双屏翻译机支持60种外语与中文在线互译，覆盖全球近200个国家和地区，支持包括英语、日语、韩语、俄语在内的16种语言离线翻译，32种语言拍照翻译。同时，还人性化地考虑到外语口音的识别翻译优化，支持15种外语口音优化，确保用户不被口音问题困扰，专注于解决智能翻译领域的痛点问题。

3. 智能编校

编校是出版流程中较为机械、枯燥的一项工作，但同时也是至关重要的一个环节，是直接影响图书出版质量的重要因素之一。

第六章　人工智能在出版业的应用现状及发展趋势研究报告

在传统出版流程中，编校工作单调、僵化且繁重，但又具有一定的专业性，因此占据了编校人员大量的时间，在确保图书出版内容质量的前提下重造编校流程和提高编校效率一直是出版业重点关注的问题之一。

随着人工智能、深度学习技术的不断拓展，智能编校技术应运而生。智能编校是指利用自然语言分析、图文识别、机器学习、数据挖掘处理等技术，通过设定检查程序，快速开展校对工作，对错字、漏字、标点符号等错误显示了较高的识别度，并能对出版物中出现的剽窃、社会敏感问题等内容进行挖掘和审查。该技术实现了开放式知识库、内容智能审校、原稿留痕、智能排版等功能，不仅提高了图书编校流程的工作效率，也将大量人力从烦琐的编校流程中释放出来。

2019年8月14日，我国自主研发的"中知编校"智能图书编校系统上线，该系统将编辑修改内容在原稿界面同步留痕，无须人工誊录，减去"校异同"环节，利用智能算法对敏感词、错别字给出修改建议，对标点符号、参考文献使用不规范问题给出定位提示，极大减轻了编辑和校对人员的工作量，该系统的智能化编校功能同样适用于学术期刊。此外，由方正电子研发的"智能辅助编校系统"也可以帮助编校人员对出版内容进行更加快速而准确的编校。

（三）人工智能在出版业印刷流程中的应用

出版印刷经历了金石、简牍、丝帛、纸张等不同阶段，印刷技术一直处于不断演进与发展中。在当前的传统出版模式下，出版物印刷工序人力成本高、重复性强、附加值低，且由于操作失误导致的纸张浪费和人力损失等问题难以避免。同时，制定合理的印刷量也是一个需严格把控的关键环节，印量过高，会造成出版物库存积压；印量不足，则单位成本会升高。据《2020年全国新闻出版业基本情况》显示，全国出版、印刷和发行服务实现营业收入18896.1亿元（不含数字出版），较2018年增长1.1%；利润总额1268.0亿元，降低2.2%。可见，平衡市场供需关系是当务之急。不能准确预测目标消费群体的消费偏好，因而装帧设计效果古板单一，缺乏新颖性。此外，出版物载体受限于编辑日常经营惯性，会选择熟悉的纸质载体或者数字载体，这样容易导致目标消费群体对出版物载体的消费偏好不能有效实现，并且导致出版物装帧设计、载体与消费群体三者之间不能形成良性的互动。

在智能出版时代，生产印刷流程实现再造，达到出版内容制作智能化、按需化的目标。人工智能与按需印刷技术相结合，智能化、快速化控制、管理印刷生产流程，实现按需定产、按需印刷、即时印刷、绿色印刷，能有效实现供需平衡，降低库存，达到供给侧结构性改革的目标。例如，2020年8月14日，虎彩首条"5G智能产线"成功上线，实现了个性化订单批量柔性制造。同时，人工智能通过海量数据搜集与分析，得出消费者群体的消费偏好，以此来帮助编辑或设计者确定最受消费者喜爱的装帧设计风格和出版物载体，形成出版物装帧设计、载体以及目标消费群体之间的良性互动。

随着人工智能的不断深化应用，"人工智能+印刷"应运而生并表现出较好的发展势头，在硬件层面，人工智能生产和优化智能印刷设备，从而实现周期更短、成本更低的自动化印刷流水线；在软件方面，人工智能可依据大数据分析知识体系，从而满足个性化按需印刷。当然，我国智能印刷发展步伐虽然较快，但仍处于起步阶段，当下尚存在很多发展难题亟待解决，期待在人工智能的持续赋能下我国印刷行业能够得到进一步优化与发展。

（四）人工智能在出版业发行营销中的应用

内容发行与营销是出版的重要环节，直接关系着出版物的经济效益、社会效益能否实现。

人工智能在该环节的应用主要体现在运用区块链技术，将印前定稿的私链内部版权数据与外部版权联盟链进行融合，实现数据互通互融、跨链合作交易，高效快速达成版权交易。此外，利用算法技术挖掘用户的搜索和阅读习惯数据，从性别、年龄、文化限度、民族、阅读偏好等不同方面绘制用户画像，并对用户群体打上相应标签、编入相应分组，通过智能标签识别用户对内容的个性化需求，从而实现出版物精准化触达用户和精准发行与营销。

（五）人工智能在用户场景化体验中的应用

人工智能的不断发展为人们创建了万物互联的智慧生活方式，也为智能化、沉浸式、感官融合的阅读场景再造提供了更多可能。

智媒时代的数字出版物融合多媒体、全息投影、语音阅读、虚拟人物视

第六章 人工智能在出版业的应用现状及发展趋势研究报告

像等技术，利用 VR、AR 等更具沉浸感的新兴技术进行出版内容再创作，催生出全新的内容形式和传播模式，实现信息推送与用户特定场景的多元化精准适配，为用户带来可视化和高度交互性的直观呈现形式，可以满足用户的信息智能化体验、沉浸式体验和人机互动体验等多样化需求，并不断提升用户的阅读体验。

VR、AR 等技术与科普、旅游等类目图书的融合，可以为读者带来身临其境般的沉浸式阅读体验，颠覆了传统的阅读模式。例如在北京《奇遇》的旅行图书发布会上，读者戴上 VR 眼镜进行阅读，犹如置身于希腊、西班牙、荷兰等不同国家的旅游胜地中，现场的沉浸感与在场感有效提升了读者的阅读体验。再比如 2016 年上市的《科学跑出来》系列少儿科普 AR 图书，其融合 AR 技术和科学知识，让知识"跃然纸上"与小朋友读者进行互动，能够激发儿童阅读兴趣，在短短半年销量即突破 50 万册，成为一款现象级图书产品。

（六）人工智能在出版业版权管理中的应用

出版内容版权管理保护一直是出版业的一个重要问题。在传统出版时代，版权管理与保护主要依靠法律法规体系的建立健全以及付诸大量人力成本的监督工作。在数字出版领域，人工智能技术可通过搭建数据库，利用大数据和区块链技术协同合作形成数字出版物版权保护新体系。

一方面，人工智能技术可通过对不同作者撰文风格进行深度学习，形成对于特定作者出版物整体行文风格的把握，在这种把握中对于可能出现的抄袭、洗稿等侵权行为进行实时监测。同时也能通过及时触发的数据抓取动作进行取证，为后续的协商以及诉讼环节提供证据层面的支持。这是建立在人工智能独有的深度学习以及数据抓取功能基础上对版权管理及保护的一种重构。另一方面，通过区块链与人工智能技术的协同可构建版权保护与管理专属数据库，区块链技术具有去中心化、可追溯以及不可篡改这三大特征，利用区块链的底层架构来完成数据库和侵权检测系统的整体打造，可推动侵权识别效率的提升。

此外，还可以在人工智能主导下加强智能化版权交易平台建设，搭建网络内容创作者、版权服务商等各方之间的桥梁，使各方能够在内容生产的全过程当中进行参与，提升交易的实际效率。同时在整个流程当中，人工智能都以其侵权检测服务提供切实可靠的依据，提供侵权行为预警、证据留存以及智能信息提醒及维权、信息参考等服务，从而使版权管理当中的管理成本及维权成本进一步降低。

当然，对于人工智能参与出版内容生产环节所产出作品的版权归属，一直存在较大的争议，人工智能技术发展至今，人工神经网络已具备深度学习的功能，可模拟人类大脑的思维活动，使其能够高效地产出内容作品，但其作品的版权归属是开发者、操作者，还是其本身，该版权归属问题仍亟待解决。

三、人工智能在出版业应用的发展趋势

（一）技术深耕：人工智能与出版业融合共创新价值

5G 技术的快速发展，带动数字化、人工智能、物联网等相关技术的突破发展，智慧化时代特征逐步突显。出版在技术赋能下也将实现从数字出版、出版融合到智能出版、智慧出版的升级，实现出版流程的数据化、自动化、智能化，生产创作的分众化、精准化，服务的定制化、场景化。不仅将突破原有市场化水平低、盈利能力弱、产品结构模式单一的局限，还将实现更加多维、立体的发展。未来人工智能在出版业的应用将持续深耕，人工智能与出版业的深度融合仍是发展的大方向。随着出版业设备的智能化水平不断提高，将有更多的企业和单位实现出版的智能化改造，更加普遍地融入智能化转型进程，随着智能家居、智能车载等终端的成熟，出版业内容服务将更趋向于场景化。

2020 年我国数字出版产业整体收入规模超过万亿元，达 11781.67 亿元，比上一年增长 19.23%，实现逆势上扬态势。2020 年互联网期刊、电子图书、数字报纸的总收入为 94.03 亿元，相较于 2019 年增长 5.56%，高于 2019 年 4%的增长幅度，更高于 2018 年 3.6%的增长幅度。未来人工智能与出版业将继续深度融合，创造出更多的新价值。

（二）迭代变革：盘活行业与重构生产方式

在传统出版时代，内容出版从选题策划、内容生产到分发销售等流程都

第六章 人工智能在出版业的应用现状及发展趋势研究报告

需要人力资源的投入，而随着人工智能在出版业的应用，出版流程中各环节所需时间将会缩短，出版流程将被颠覆及重造。在内容策划环节中，传统出版业内容策划需要人为搜集筛选信息及数据，而人工智能可利用机器和大数据挖掘方法对于数据进行检索和挖掘，自动抓取到为更多人关注的热点主题，从而减少传统选题中的工作量，从而提高出版效率。在内容审核环节中，机器可根据人为预先设定对敏感词汇进行筛选与纠正，减少校对的工作量。

出版业在迎来人工智能应用带来的机遇的同时，也将受到人工智能带来的影响与冲击，人工智能的应用可替代部分机械性人力工作，从业人员也将通过更多的知识与实践技能学习与适应人工智能在出版业的应用，企业或单位需将人力资源集中于机器所不能替代的工作职位，对于出版从业人员的信息素养水平和应用新型技术的能力要求将会提高，最终会造成整个行业内部的人员精简与重编，出版社将有更多的精力开拓新的业务。

国家也会更加注重人工智能与出版业交叉学科人才的培育，加强出版从业人员人工智能知识的学习，提高个人信息化素养水平。具备融合思维和出版知识的人才队伍将愈加完善，不仅停留在内容生产上，还能够掌握渠道、技术、营销、管理等技能，完成从"图书内容生产"到"知识服务提供"的转型。

（三）万物互联：协助用户与内容间的智能场景化连接

智能媒体时代下，用户有着更为个性化的需求，传统出版模式已无法满足，随着人工智能、5G 技术、物联网与大数据等科学技术的成熟，出版业内容及形式将会以更多新形式和新载体呈现，AR、VR 技术将会更为广泛的应用，用户能够获得更为沉浸立体的体验，智能技术的应用能够打破出版机构与用户之间的壁垒，搭建智能沟通社群及平台，出版业内容生产者与用户、用户与用户之间、用户与内容之间距离进一步拉近，从而更为精确地把握用户需求。

学者们论证了人工智能在数字出版中的创新应用，提出以用户需求为驱动、以数据为纽带，与数字出版业进行融合，提供"数字资源—人—机"三者双向多元信息互动的数字出版智能服务平台，改善数字出版生态环境，为用户提供个性化解决方案。

（四）智能营销：构建"智能出版+服务"新商业模式

在后疫情时代，人工智能能够促进整个出版业态的整合重塑，出版产业将形成新的商业模式。人工智能等技术的应用可以加强出版业对于用户画像分析的精准性和满足用户的个性化需求服务，出版物及其相关内容的营销与传播效果将会增强。首先，在资源检索中，借助人工智能技术可以帮助用户更快地检索到需要的内容，信息浏览及获取更为便利，通过智能客服可迅速解答用户问题，减少人力客服成本，优化用户体验，增强用户黏性；其次，借助人工智能技术和智能机器人，可以预测用户的阅读偏好，按个体需要架构内容表达框架，组织内容结构，变更叙事风格，实施按人按需定制内容；将人工智能与大数据技术应用于营销之中，根据用户的线上购买偏好向用户推送其喜爱的内容，在线下实体店中将较为受欢迎的书籍摆放在显眼的位置促进销售。智能化销售策略能够帮助销售方降低成本，去库存。维尔萨（Vearsa）公司致力于为电子书出版商提供基于大数据的营销解决方案，为出版商处理电子书监测、存储、发布、追踪、销售和计费等工作，为此提供相应的智能化专业服务，并将决策信息及时报告给出版商，以便其及时调整营销策略。最后，在版权方面，可运用区块链技术将印前定稿的私链内部版权数据与外部版权联盟链进行融合，实现数据互通互融、跨链合作交易，高效快速达成版权交易。

（五）产业融合：资源共享需求促使数字出版产业跨界融合

产业集群化建设是数字出版业应对市场浪潮的必行之路，人工智能技术的应用将会加强传统出版单位、出版企业与实体书店、图书电商的合作，共建出版数据库，实现资源共享。

同时，人工智能与出版业的结合也能够带动相关产业的发展，2020年新冠肺炎疫情防控期间，依托于人工智能与教育出版的加速结合，"云教育""云课堂"等教育模式不断创新，数字教育出版内容呈现方式愈加多样，在线教育硬件不断成熟。人工智能成为教育出版单位打造教育产品的关键技术引擎，人工智能+教育的发展模式日渐清晰，涵盖课前、课中、课后、课外、教、学、管、练、测、考等场景的智慧教育产品体系逐步构建。随着"双减"政策落地，数字教育加速调整，传统教育出版单位因具有较高的权威性、专业性、规范性,将迎来重要发展机遇。

出版业可以与家居、交通、医疗等其他产业融合,通过可穿戴设备、智能家居、汽车智能系统、智能诊疗系统等载体将内容服务渗透不同场景,融入用户的日常生活中,通过智慧知识服务为用户打造智慧生活方式,构建覆盖用户全部生活的出版价值创造网络,创造更多出版价值。

(六)法律健全:制度规范及政策法规得到进一步完善

版权问题一直以来都是出版业关注的热点问题,随着智能化的普及,出版业对用户的数据进行来源追踪、信息存储与传输共享等操作时均可能造成隐私泄露的风险,通过大数据检测用户行为次数,分析出用户对某出版商和某类出版物具有较高忠诚度,用户被"大数据杀熟"的问题也时常发生。

推动数字经济和实体经济深度融合,打造具有国际竞争力的数字产业集群。加强数字社会、数字政府建设,提升公共服务、社会治理等数字化智能化水平。建立数据资源产权、交易流通、跨境传输和安全保护等基础制度和标准规范,推动数据资源开发利用。未来数字出版将作为出版实施数字化战略的重要抓手,对于出版业高质量发展将发挥更大作用。随着人工智能及大数据等技术在出版业的广泛应用,相关法律和制度规范也将愈加完善,以此促进出版业健康良性发展。

四、结语

人工智能、云计算、大数据等技术带来了新的出版业态,未来人工智能与出版业的深度交叉融合是必然,出版人承担着知识守门人的职责,与人的成长、民族精神的塑造以及国家文化软实力的提升不可分割,应积极进行变革创新,加强自身技能与知识学习,坚守初心与社会责任感,消除对于人工智能的认知壁垒,各出版单位不断加强合作,共享出版物信息,丰富和完善现有体系,与此同时,数字出版物营销也应跟上智能传播时代的步伐,让出版业在共文化服务体系当中发挥越来越多的作用。

参考文献

[1] 杨震,杨宁,徐敏捷. 面向物联网应用的人工智能相关技术研究[J].

电信技术, 2016, 8(5): 16-19.

[2] 杨勇. 智能化综合评价理论与方法研究[D]. 杭州：浙江工商大学, 2014.

[3] 田书帆. 人工智能的概念及应用探讨[J]. 数字通信世界, 2018(2): 136.

[4] 李程. 基于人工智能技术的新型出版智库建设浅析[J]. 出版广角, 2020(4): 6-10.

[5] 代周阳. 我国图书出版产业结构状况研究[J]. 北京印刷学院学报, 2013(5): 8-13.

[6] 冯小桐. 当前智能出版研究的现状、困境与出路[J]. 科技与出版, 2021(8): 58-63.

[7] 韦克, 樊文, 赵依雪, 等. 预见未来：人工智能如何赋能图书出版[N]. 国际出版周报, 2019-12-16(7).

[8] 范军, 陈川. AI出版：新一代人工智能在出版业的融合创新[J]. 中国编辑, 2019(5): 64-71.

[9] 向飒. 人工智能对学术出版流程的再造及知识服务提升[J]. 中国科技期刊研究, 2018, 29(11): 1091-1096.

[10] 张莉婧, 张新新. 基于人工智能技术的出版流程智能再造——智能出版研究述略[J]. 出版与印刷, 2020(03): 1-11.

[11] 朱晓雨. 试论人工智能在出版传媒业中的应用[J]. 农场经济管理, 2021(3): 58-60.

[12] 顾心宇. 人工智能翻译的应用与发展[J]. 科技传播, 2019, 11(5): 111-112.

[13] 孔薇. 人工智能环境下学术期刊的出版融合：热点主题、维度特征和发展路径[J]. 中国编辑, 2021(4): 39-44.

[14] 张新新. 区块链技术在新闻出版业的应用原理与场景展望[J]. 中国传媒科技, 2020(5): 7-13.

[15] 王飙. 数字出版呈现五大发展趋势[N]. 中国新闻出版广电报, 2021-06-21(008).

[16] 王卉, 张瑞静. 人工智能技术在数字出版中的应用现状与发展趋势[J]. 出版发行研究, 2018(2): 45-49.

[17] 沈珉. 人工智能技术再造出版生态[J]. 出版广角，2018(1).

[18] 何珊，徐丽芳. Vearsa：数据驱动的电子书解决方案供应商[J]. 出版参考，2019(1): 20-23.

[19] 郭军峰. 数字出版产业集群的创新发展[J]. 出版广角，2014(18): 40-42.

[20] 刘锦宏，宋明珍. 人工智能技术驱动下的出版价值创新战略研究[J]. 出版广角，2021(13): 33-37.

第七章 中国图书直播发展报告

刘祥[*]

摘要：新冠肺炎疫情导致线下"停摆"的各行各业纷纷转战直播"带货"。作为传统知识服务行业的出版业正通过多元化的直播活动积极转型，迎来图书营销的大变革。本报告旨在研究中国图书直播的背景、历史与现状，图书直播的问题与优势，图书直播的运营方式，以及未来发展趋势。

关键词：电商直播；图书直播。

新冠肺炎疫情导致线下"停摆"的各行各业纷纷转战直播"带货"。继多家实体书店开启直播模式后，不少出版机构也纷纷转战线上，从编辑、营销、发行到出版社的社长、总编辑，也都纷纷变身带货主播。从一周一次到一周多次，从单一介绍到多方展示，从单人演讲到嘉宾读者互动交流，作为传统知识服务行业的出版业正通过多元化的直播活动积极转型，迎来图书营销的大变革。图书出版是一个成熟行业，有着较长的发展历史，直播是一个新兴的技术工具与形态，它的兴起不仅是图书销售的新渠道，它对整个图书出版产业链上各环节都产生了连锁影响，更在多方面影响了图书出版业的发展格局、态势以及未来趋势。

一、图书直播的背景、历史与现状

图书直播是网络直播与出版业相互融合的产物，是指图书出版业相关机构利用网络直播平台，通过主播视频讲述等方式，和用户进行在线语音、视频、数据的全方位交流与互动，从而起到图书推广、知识传播、文化服务等作用。图书直播通常由一位或数位主播主讲，播出时长在 1～3 小时，注重

---

[*] 刘祥，中国传媒大学博士，浙江传媒学院教师，研究领域为直播电商、互联网产品、数字营销等。

与受众的实时互动,讲求直播内容的丰富、立体和故事性表达。

(一)图书直播的发展背景

图书直播的出现,根本在于受众需求的变化。移动互联网时代,受众对信息的接受偏向直观化,图书出版机构应当满足受众信息获取方式的需求。视频结合视听,可充分调动感官,有助于受众对内容的理解。网络直播不仅直观,还能与受众进行互动,及时反馈信息,受众可在第一时间提出自己的感想;同时,通过读者相互间的意见交换,还可满足其社交的需求。

1. 受众阅读方式的改变

随着阅读载体的数字化、移动化与便捷化,人们从传统的纸张阅读转向数字化阅读。读图时代,人们在阅读时不再仅仅满足于文字阅读,而是更倾向于接受以图、表、视频方式呈现的内容。人们获取信息的方式也从纸媒变成新媒体端,通过观看图书直播讲解可以获取最新的图书资讯,网络直播的形式符合更多受众的需求,出版方也能取得更好的图书推广效果。

2. 受众阅读时间的改变

上班族白天空闲时间有限,很难静下心来阅读,因此更多的读者习惯在睡前阅读,而阅读的过程往往会促使读者消费需求的增长。根据统计数据,2020年世界读书日晚间客流量比往常多了一倍。根据近几年图书网络销售统计数据,晚上是大部分图书销售的黄金时间,而网络图书直播就可以很好地克服线下开店时间与顾客购买时间不对等的问题。

3. 受众购买方式的改变

在2020年初的疫情防控期间,足不出户的人们选择在家"充电"。在此期间,电子阅读和线上付费成为多数读者的阅读方式和消费习惯。图书出版机构和销售平台须抓住用户需求,实行新的销售模式。图书直播通过讲解图书内容、印刷质量、阅读价值等内容,让读者了解图书产品,消除读者对产品质量的顾虑,只要读者的满意限度高,后期就可以强化其网络购买行为。

(二)图书直播的历史

图书直播发展至今仅有5年的时间,但大体可分为三个阶段:起步阶段、初步发展阶段和蓬勃发展阶段。2015年至2016年是起步阶段。2017年至2018年是初步发展阶段。2019年至2020年迎来蓬勃发展阶段。

1. 起步阶段

当时有前瞻意识的图书出版机构敏锐地意识到直播营销所蕴含的能量，开始尝试直播营销售书。当时采取的直播形式比较单一，没有编辑当主播，仅仅是将新书上市、重点书营销等落地活动同步在线上直播。多数图书出版机构大多持试探和观望的谨慎态度，多是接受电商平台的邀请，较少主动出击。

在起步阶段参与图书直播活动的出版机构还比较少，直播内容也更多的是把线下的讲座、发布会等活动搬到线上，或者侧重于直播者的内容展示，与观看者的互动性不强。2015年，人民文学出版社在三联书店举办《一生里的某一刻》读者沙龙，为使未到场的读者也能参与进来，首次将网络直播引入新书发布会，当时在线观看的人数达5000多次。2016年，华东师范大学出版社、电子工业出版社、浙江大学出版社、人民出版社、生活书店出版有限公司等出版单位策划、举办了各种主题的图书直播活动，并取得良好的推广营销效果。如电子工业出版社出版的亲子类图书《接纳力》采用百群同步直播的方式推广，半个月内进行了4场大型线上分享活动，辐射数十万名粉丝，上市仅一周该书首印的6000册即销售一空。

2. 初步发展阶段

在初步发展阶段涉足直播领域的图书出版机构注重提升直播内容质量和吸引力的同时，更加注重提升直播视觉效果、增强互动性。2017年3月，东方出版社策划了新书《圆明园三百年祭》"春风十里，走进圆明园"的图书直播活动，由作者带领观众欣赏风景、讲授历史知识、分享创作经验，直播主持人现场抛出事先准备好的3个问题与收看者互动，整个活动达2个多小时，吸引了近16.5万名受众观看。2017年6月，机械工业出版社主办的北京大学陈春花教授的微课直播活动，当晚就吸引了超过5万名受众收看。

3. 蓬勃发展阶段

自2019年以来尤其是新冠肺炎疫情暴发以来，数字经济、线上消费得到快速发展，图书直播也迎来了蓬勃发展的新阶段。在这一阶段，图书直播在注重深度挖掘产品知识内涵和创新直播方式的同时，更加注重受众的现场感、参与性与互动性。

（三）图书直播的现状

1. 总体规模增长强劲

根据《2020中国图书零售市场报告》显示，网店渠道同比增长7.27%，码洋规模为767.2亿元；实体店渠道受疫情影响明显，和前几年相比下降幅度进一步扩大，同比下降33.8%，码洋规模为203.6亿元。受疫情影响，2020年线上渠道规模占比进一步加大，占比达79%。在网店规模扩大的背后，折扣依然起到了很大的作用。2020年整体网店渠道售价折扣为6折，但是满减活动和促销活动几乎覆盖全年。而实体书店渠道售价折扣为9折，两种渠道仍存在较大差异。童书、中小学教辅、亲子/家教类图书的顾客量明显增加。近年来，公务员考试热度持续上升，因此公务员考试图书销量明显上升。

2. 品类结构集中度高

品类GMV居于前列。受益于平台、出版机构、作者等各方的参与，图书成为直播带货受益最大的商品品类之一。根据阿里研究院发布的《2020淘宝直播新经济报告》数据显示，淘宝直播成交金额增速Top10行业中，图书音像位列第三，仅次于汽车和大家电。

品类结构不均衡，教辅类独大。根据2021年淘宝直播相关数据，直播热度总排行榜整体来看，教材教辅、少儿图书和大众图书是直播带货的主力军，而学术图书则受到冷遇。主打少儿图书的直播间主要以编辑分享、图书讲解为主，少儿类图书直播多以套装书为主，类型上主打绘本或者立体书等这种能够带来直观演示感受的产品。教辅类图书直播中，热度在前面的多是图书公司。这些图书公司的直播大都围绕着考研、考公务员，以及注册会计师和教师资格证等成人考试的工具用书。2020年至2021年，教育出版是图书直播的热点。受"停课不停学""全员上网课"等政策影响，根据新榜数据微信公众号提及相关关键词的文章数达2134篇，阅读量超1249万人，同期增长56倍。但由于受到"双减"政策的影响，教育类尤其是教辅类图书出版会出现预期性下滑。在教材教辅直播中，中小学教材教辅直播热度较低。一方面，淘宝直播用户的年龄层分布特征决定了观看职业教育相关直播的人数较多；另一方面，中小学教材教辅图书的购买往往由教师主导。在教材教辅直播中，相关公司以图书为媒介，在直播中将图书与其他教育产品捆绑销售（如讲解课程、教育App会员等），真题讲解也是教材教辅直播中较为常见的方式。

整体上看，图书直播吸引用户观看的主要方式与其他品类商品基本一致，通过优惠和抽奖来推高热度，再结合几次电商平台的大促，多数直播热度排名前列的机构都推出了相应的优惠活动。

3. 直播主体的数量激增

越来越多的图书出版机构加入图书直播的行列，出版社、图书出版公司、书店、图书馆、图书电商平台等都开启了直播模式，更多传统的出版社尝试进行直播，如2020年世界读书日期间上海世纪出版集团旗下的译文社、上海古籍出版社、少年儿童出版社、上海文艺出版社等出版机构，都推出了与作家或直播平台合作的直播活动。一些书店也开始试水直播。淘宝在2020年1月上线了直播App"书籍乐器"板块，并在疫情防控期间分出图书文教门类，为图书直播划出专门的"赛道"，吸引了钟书阁、志达书店、麦家理想谷、中信书店、蒲蒲兰绘本馆等200多家知名书店在淘宝直播间进行直播。据相关行业数据显示，开通淘宝直播的书店数量同比增长超过5倍，图书直播场次增长近10倍。京东图书、当当网等图书电商平台也更多地布局直播。京东图书于2019年10月开始重点发力直播，今年2月下旬又推出"直播星计划2.0——商家星主播打造计划"，吸引了出版社、图书出版公司、经销商等1000多家报名参加，不到2个月的时间里，直播开播账号数提升235%，开播场数提升226%，结合京东的物流优势，在"带货"转化方面实现了340%的提升。

4. 直播的常态化

各图书出版机构的直播频次日益增加，图书直播日益成为常态化的方式。如人民文学出版社自2020年3月初到4月底进行了20多场直播，平均每周直播2~3场；华东师范大学出版社组织社里的年轻编辑组成"大夏主播团"，每周进行2~3场直播；中信出版集团则在疫情防控期间以平均每天2~3场的频率开展图书直播，内容涵盖财经、科学、人文、生活等多个方面。

5. 直播主体与形式的多元化

直播主体（主播）更多元，图书直播的主播不再仅限于知名作者、作家、出版社图书编辑，一些主播达人、出版社社长、相关领域专家学者、书店员工等也加入进来。如上海译文出版社社长韩卫东上线直播间向读者介绍《枪炮、病菌与钢铁》《世纪的哭泣》《血疫》等书籍，资深观鸟者朱敬恩被上海科学技术出版社邀请作为主播向受众多角度讲解鸟类世界，中信书店由书店选品师和店面的员工做主播带领读者"云逛书店"。直播形式更多元，如建投书局在疫情防控期间创新推出"空巢局君生存记录""局君的睡前阅读"等陪伴式直播，"从书店出发·阅读城市计划"的外出走访式直播，"星涌人文直播学堂"的深度观点讲解式直播等直播形式。

6. 直播效果的显现

图书直播的效果主要体现在拉动图书销售、扩大受众覆盖范围、打造出版品牌影响力等方面。在拉动图书销售方面，著名历史学家阎崇年 4 月 23 日直播推荐其新书《故宫六百年》，开播后 10 分钟内实现销售 1000 多册，最终实现跳转销售额 110 万元；悦悦图书 2021 年 3 月起一周一次的"云游出版社"直播，对上海的 6 家出版社的特点以及主打书、新书进行了呈现，带动了近 40 万册图书的销售，成交额超过 85 万元，与 2020 年同期相比增长了 62%。在扩大受众覆盖范围方面，中信出版社在疫情防控期间，邀请《薄世宁医学通识讲义》一书作者、北京大学第三医院医生薄世宁进入直播间，解答网友关于新冠肺炎疫情的各类问题，吸引了 3000 多万人在线观看。在打造出版品牌影响力方面，乐乐趣童书的图书编辑变身主播，在直播中扮演图书里的人物演绎小品，生动的情节打动了不少小读者，加深了受众对品牌的印象。

二、图书直播的问题与优势

直播进入图书出版业以来，既呈现出一些相较于传统销售渠道的优势，也带来了相应的问题。

（一）存在的问题

1. 先天不足

尽管直播如火如荼，但是对于出版机构而言这条路并不好走。直播带货有三个基本特征：单品介绍时间短、社交关系扁平化、用户决策行为快。一本书的内容很难在几分钟内介绍清楚，想要用户快速做出买书决定是十分困难。新榜研究院发布的一则报告中将直播品类从单价和线上化限度两个维度划分为四象限，图书处于"较难发展直播"的第二象限。

2. 受限于网红主播

图书出版机构不乏在电商直播中与头部主播合作的先例，但绝大多数网红主播都是以低价来获取流量与销量。网红主播对于选品要求极为严格，往往只有头部产品才能进入直播间。因此，图书进入网红主播直播间实际是让主播利用自身知名度来做一次大型促销。这种"冲销量"虽然一时间可以获得巨大流量，对于图书出版机构自身流量增益并不明显，且网红主播大多独立性强，无法保证直播效果，多数情况下直播的图书最终还是被淹没在海量的商品名录之中，不仅达不到预期的推广效果，很有可能会增加商业成本。

流量、收益与商业资源过度向头部主播集中是直播赛道的主要市场特征，图书直播仍然遵循这一规律。

3. 总体操盘水平较差

对于直播，多数出版机构仍属于"摸着石头过河"，从疫情之后才开始第一次尝试，缺乏成熟的经验，也未形成固定的开播时间。一些出版机构抱有"玩票""尝鲜"的不良心态，缺乏基本的耐心与毅力，在一两场不成功的直播之后便偃旗息鼓。一些出版机构虽然坚持直播，但缺少统筹安排，开播日期安排混乱，直播密度小，效果始终也不理想，而直播时间的固定、直播密度都对直播效果有着直接的影响。

据统计，目前 137 家出版机构的直播间中仅有果麦文化、粉笔图书、中信出版社、学而思、金童星图书、四川少年儿童出版社、乐乐趣七家出版机构场均直播观看人数超过 1000 人，其他 95% 的直播间收看人数不足千人，排名末尾的店铺直播间甚至出现了个位数收看的情况。

4. 缺乏专业人才

专业人才缺乏是图书直播的一大痛点。主播就像一栏节目的主持人，是极其重要的岗位，但当前出版机构的直播中，多数都是本社编辑在担当主播，有些人并未受过系统的培训，缺少专业技巧，亲和力、耐力、销售技巧均不达标，都让直播效果大打折扣。

图书出版机构受限于体制因素，无法实现对从事图书直播业务的员工进行有效激励，员工从事直播业务的动力与积极性不足，导致即使搭建了专业团队也徒有其表、无法实现真正驱动直播业务发展。

目前图书出版业在直播领域取得不错成绩的机构数量仍然寥寥无几，果麦、磨铁等商业化机构走在行业前列，但其模式复制门槛较高，大多数图书出版机构的直播运营水平总体上仍然居于较低水平。

5. 价格过低与定价权转移

据相关行业数据显示，2021年1月到9月，网店渠道折扣为5.7折（不含满减、用券），短视频电商折扣为4.0折，占比最大的少儿类折扣水平低至3.3折。进入直播间的图书定价，不论是大主播还是出版机构自营，为了吸引流量大都会采用大幅优惠或折扣的方式。这种方式实际上把图书在用户消费端的心理锚价降到了一个极低的限度。

图书出版机构不论是与传统的电商平台合作还是与网红主播的合作，都很难摆脱自身对于图书定价权丧失的尴尬现实。由于不具备对流量的导引能力，因此图书出版机构在直播卖书时往往受合作方的条款限制。

（二）既有优势

直播的直观性、互动性、场景化特点是其他媒体无法替代的，图书直播充分利用了直播本身的优势，形成了自身特有的优势。

1. 强社交场景

直播平台可以聚集全国各地各行各业的读者，读者可以利用留言、弹幕、评论的方式在直播平台相互交流读书感悟，形成一个共同的社交场景，在直播间里受到外部环境的干扰较少。读者、作者、编辑、出版机构、卖家都在同一平台，可实现多方对话，平台赋予了读者话语权，转变了以往出版社的主导地位。通过对话平台可以扩展读者群，将具有相同阅读兴趣和相同消费目标的读者聚集起来，为日后有效开展精准营销做准备。相同的文化场域缩短了多方的距离感，增强了受众的黏合度，激发了读者的购买欲望。

2. 实时反馈

图书直播可及时、高效地传播信息，并及时反馈问题，对后期出版机构工作的调整具有指导性作用。相较于平面和短视频宣传，直播是一种跨越空间，与用户时间同步的交流，根据用户需求高效地为其解答疑虑，直播中的留言也能及时反馈直播的效果，高效的沟通让销售行为公开透明，极大地降低了用户对产品的不确定性。作者可以通过读者所询问的图书信息，明确读者的阅读需求，及时掌握市场需求，调整图书投放策略，根据活动反馈提前预测销售额。

3. 精准触达

图书直播的形式有平台、出版社、企业自己开设直播；专门负责直播项目的人员开设直播；平台邀请知名作家做客直播室，开展粉丝线上见面会；网红带货等。不同的形式吸引的观众不同，各主播通过直播累积庞大的粉丝群，根据粉丝特点进行目标销售人群划分，针对特定目标消费者进行产品精准投放。2020年4月23日的世界读书日，青岛书城通过细分读者群，策划了不同主题的直播，做相关主题书目的推荐。

4. 沉浸式体验

在直播间，用户会形成第一人称视角，与主播形成虚拟的面对面关系，从而构建沉浸式体验环境。沉浸式体验环境可以打破观众和主播的社交壁垒，使交流更加流畅、自然。在开展主题图书直播时让主题更加突出，使观众的代入感更强。在营造沉浸式场景中进行品牌宣传和产品推广，使消费者更容易接受，专业的直播配置也会使消费者对该品牌的印象更深刻。

三、图书直播的运营方式

经过多年的摸索，图书出版机构在直播方面已经形成了一些有效的打法与运营手段，并且涌现出一批具有较强市场竞争力的图书直播经营机构。

1. 直播流量的导引

直播并非仅是拓展营销渠道的方式，更是一种创新知识服务的手段。注重服务读者的深度需求，实现从抢夺用户的碎片化时间到真正通过直播流量带货的转变，就必须遵循直播营销发展的逻辑，运用互联网思维，打造一条能引流、导流，最终引爆流量的产业链。

从直播引流的角度来看，除非是非常知名的作家，一般的作家、出版社编辑甚至是出版社的领导，本身都不具备可转化的直播流量。因此，图书出版机构可以邀请能带货的网红和明星来参与直播，将这些网红和明星的流量导入出版社自身的流量池中，先积累起流量基础，然后打造行业内的主播编辑。

图书直播在直播领域中是一个小类别与细分市场，需要更强的专业性，比起其他商品而言更需要积攒读者口碑。直播营销销量较大的商品几乎全是食品、保健品等消耗快、复购率高的商品，图书的复购率较低，用户群体的年龄窗口较窄，因此需要更精准的定位。所以图书直播的定位应更加精准和细分，不能像其他直播一样一味追求观看人数。图书直播应朝小而精的方向推广，在目标群体中进行专项推广，以树立主播和出版机构的专业口碑，通过知名度带动新书品种的销售。

2. 直播场景的营造

当前图书直播的形式较为单一，大多是在渠道商的平台上，由编辑坐在桌子前介绍各种图书。由于编辑本身不具备流量，同时一套图书可能会在多个渠道商的平台反复直播，易造成较大的内耗。因此一些图书出版机构尝试营造更多的直播场景，例如在书展现场或者发布会现场进行直播。书展和发布会具有较强的地域性，能在活动举办地产生较大的影响力，但对其他城市的读者而言，影响力几乎为零。一方面，直播不仅可以弥补外地读者流量损失，还可以宣传书展和发布会；另一方面，落地活动的强内容性可赋能直播，让读者看到与平日推书不同的内容，丰富直播的主题，提升读者的体验和参与感。

除了书展和发布会，阅读主题直播周也是直播场景营造的惯常手法。2020年5月30日至6月5日，上海市委宣传部、上海市文旅局等单位联合云朵书院旗舰店、上海外文书店、新华传媒、博库书城等51家书店和出版机构，举办"五五购物节·品质生活直播周"活动。该活动的主题是"阅读的力量"，活动主办方通过直播联动线上线下，以品质文化助力消费，打造"品质生活直播周"。

3. 直播内容的泛生活化氛围

泛生活化是直播内容的主要特征，比起仅仅传递知识的说教式直播，当下的观众更需要贴心的陪伴式、聊天式直播。例如，小红书等二类电商通过生活化、场景化的方式，让营销与生活融为一体，不突出宣传商品本身的特点，而是告诉消费者拥有了这个商品后将能享受到怎样的品质生活。随着抖音、快手等短视频平台开通直播营销板块后，与生活结合的直播远比像上课一样介绍产品的直播形式更受用户欢迎，吸引用户长时间观看并关注主播本人。直播的社交功能强化了书籍陶冶情操、慰藉心灵的作用，让业界更加专注于图书直播在内容和形式两方面的"日常化"。所以，编辑的主播人设是将自己打造成"通过阅读使生活变得更加有品质"的文艺青年，倡导阅读生活化，再将用户下单买书的购买行为转变为提升生活品质的行为，从而实现高效的转化。

2020 年世界读书日抖音平台联合北京出版集团、人民东方出版社、北京大学出版社、中信出版集团等 23 家出版社参与直播售书。抖音邀请了单霁翔、阎崇年、杨澜、马未都等文化大咖助阵，倡导阅读生活化，同时集中了各出版机构的优势资源，实现直播的带货效应。同年江苏凤凰科学技术出版社也开展了以"野生动物保护""保护生命健康""少儿科普阅读"等为主题的直播活动，直播持续时间一个月。除了专家讲座，每场直播还设置了在线展示、多人对话、观众教学等多方面联动环节，销售业绩与舆论反响较好。

4. 直播新技术与工具的应用

随着 5G 和 AI 技术的普及，未来将有更多深互动的新直播模式出现，将大幅提升直播体验，给受众带来更强的参与感和更好的互动感。直播最明显的特点是互动性，它弥补了其他营销形式信息单向传播的不足。除了通过直播宣传图书的卖点，出版社还可以打造网红编辑，专门负责图书的直播带货及宣传阅读理念。甚至可以按照综艺的形式将直播拓展为延伸产业，打造以阅读为主题的直播网综，通过贩卖直播的大内容，带动推广图书的小内容。目前图书出版领域的直播还未普及 AI 技术应用，但比起娱乐性较强的直播，主打知识服务的讲座类直播，以及深阅读、深互动、干货多的直播开始受到读者的喜爱。例如，江苏人民出版社策划的《司马懿家族与魏晋历史》《诸葛武侯与三国时代》等直播活动，每场都吸引数千"铁粉"在线观看；华东师大出版社策划的《宅家期间的儿童和青少年运动指南》直播在 11 个平台同步进行，浏览量超 10 万次。在技术领域，相关图书出版机构加大投入力度，升级硬件，以应对日益增长的直播需求。二十一世纪出版社集团为了呈现更好的效果，投资近 100 万元装修改建专业的摄影摄像拍摄室，同时搭建主题直播间，配备专业摄像机、专业编导设备与人员等以提升直播画面与内容的质量。

四、图书直播的未来发展趋势

总的来看，图书直播市场未来仍然有较大的增长空间，且呈现明显的多维发展趋势。

1. 潜在增长可期

图书直播蓬勃发展，未来仍有着广阔的发展空间。从用户阅读习惯来看，移动端的读书内容推荐越来越受到广大读者的关注，这将推进出版直播的进一步发展。有关数据显示，截至 2021 年 2 月底，抖音上的读书短视频数量达到近 2 亿个，累计播放量超 4000 亿次；今日头条上的读书内容为 3600 万条，总阅读量超 7200 亿次。据有关行业调查数据，36%的用户在选书时看重他人推荐，其中，作家和名人的"带书能力"最强，成为许多读者的购书参考。

从图书直播的特征来看，图书直播有着产品展示更为直观立体、互动性强、代入感强等特点，图书产品的装帧、设计、版式、内容等方面的优势和特点能更好地展示出来，主播通过回答读者现场提出的问题，与读者的实时互动，也能满足广大读者的参与感和了解更多相关信息的需求，同时，通过主播对图书的讲解、品读、比较等也能让广大读者产生较强的代入感，容易引发读者和主播的共情，进而增强图书产品的吸引力。

从直播技术发展方面来看，5G 技术将给视频直播带来更大的流量带宽，进而为图书直播带来更流畅的直播速度和更好的画面呈现效果，推动图书直播朝着更为常态化的方向发展。

2. 产品形态融合

媒介融合是媒体发展的必然规律，传统媒体与新媒体的融合，新媒体之间的互相融合，这些融合汇在一起构成了图书直播产品形态融合的基本外部环境，同时也为图书直播的未来发展提供了更多选择的可能。

图书出版机构与图书直播机构利用数字技术开发多种出版形式，丰富读者阅读体验，目前已经出现"纸质书+电子书+有声书+短视频+AI+VR"的多媒体传播形态，这种融合并不仅仅是新技术与新产品形态的应用，而是以用户需求为中心，提升对用户需求满足效率与质量的进展。

3. 数字化转型

移动互联网带来的数字化浪潮，对于图书出版机构来说不只是一个新的生产力工具，更是思维、体制、管理与组织架构等多方面进行变革的驱动力。面对直播这一新赛道，为什么有些图书出版机构干得好，而有些至今仍摸不到头脑。从表面上看，是对新技术的认知落后与行为迟滞，但从本质看则是对于数字化转型的认识不够高、不够深。

传统主题出版在图书库存、读者留存、售卖方式上面临越来越大的压力，数字化转型是主题出版多元经营、持续盈利、高质量发展的必然要求。数字经济将构建多维的知识产品体系，图书出版只能加速数字化。

4. 虚拟体验

以元宇宙为代表的虚拟体验发展迅猛，极大地提高了用户虚拟体验的感官刺激。线上网络世界与线下现实世界的衔接，为图书直播提供了更为广阔的商业想象空间与发展可能。利用5G技术，结合AR、VR、MR，实现从文字到"身临其境"的阅读体验。

5. 内容IP化

图书是具有悠久历史的内容产品，是天然的优质内容源。图书出版机构要以更为广阔和更富有商业想象力的视角与思维去看待内容产品，实现图书作品的电影、舞台剧、广播剧改编，多形态推广主题内容。图书出版盈利模式逐渐多元化，以IP为中心，图书与影视剧、动漫、音视频产品等衍生品同步开发，不断尝试线上直播、短视频推广等营销方式。

6. 机构的MCN化

图书出版机构与图书直播机构不仅仅是内容生产者，还是内容运营者，更是内容经纪人。

要从原有的内容生产者视角跳出来，转向更为广阔的内容生产与协作链条上。从一个内容的生产者、审核者逐渐变成内容的管家、伴随式保姆，这种转变需要图书出版机构除了原有的内容生产能力之外，还需要建立跨界的伴随服务能力、强大的商业资源谈判与对接能力等。

Ⅲ 产业篇

第八章 中国主题出版物的价值追求报告
——基于五届中国出版政府奖的数据分析

崔波，肖谦，潘秋艳[*]

摘要：2007年至今，代表了中国新闻出版业最高政府奖项的中国出版政府奖已进行了15年，获奖出版物折射我国主题出版的价值追求，已成为各大出版集团，甚至是中国出版业努力的风向标。以五届中国出版政府奖数据，分析出版物的选题价值追求、生产价值追求和传播价值追求三个侧面，提出出版社实现上述三大价值的建议方案。

关键词：主题出版物；中国出版政府奖；价值追求。

中国出版政府奖是我国新闻出版领域的最高政府奖项，获奖图书可以很好地映射主题出版物的价值追求。该奖项于2007年首次开评，每三年一次，旨在表彰和奖励我国新闻出版业的优秀出版物、出版单位和个人，目前已评选五届。具体奖项分为正式奖和提名奖，细分奖项包括图书奖、期刊奖、音像电子网络奖、印刷复制奖、装帧设计奖、先进出版单位奖和优秀出版人物奖等七大项。从整体上来看，中国出版政府奖自成立以来，总体奖项数量呈增长趋势，各细分奖项数量设置基本稳定。评奖标准的六条标准对应出版物的选题、生产和传播三个层面，研究中国出版政府奖折射的选题价值追求、生产价值追求和传播价值追求，在一定限度能引导出版社的发展。本报告选取五届中国出版政府奖的图书奖，从获奖图书中探究出版业的价值偏好，凝练具体可行的努力方向，提出可供参考的建议。

---

[*] 崔波，浙江传媒学院新闻与传播学院教授，硕士生导师；肖谦，浙江传媒学院新闻与传播学院硕士研究生；潘秋艳，浙江传媒学院新闻与传播学院硕士研究生。

第八章 中国主题出版物的价值追求报告——基于五届中国出版政府奖的数据分析

一、中国出版政府奖整体概况

随着时代的发展，出版政府奖奖项也在不断微调，每届子奖项的具体数量略有不同。其中，期刊奖从第二届开始设立，优秀出版人物从第二届开始细分为优秀人物和优秀编辑，图书奖从第三届开始公布获奖图书责任编辑。历届中国出版政府奖奖项设置情况对比（正式奖）如表8-1所示，历届中国出版政府奖奖项设置情况对比（提名奖）如表8-2所示。

表8-1 历届中国出版政府奖奖项设置情况对比（正式奖）

		第一届（项）	第二届（项）	第三届（项）	第四届（项）	第五届（项）
图书奖		60	60	56	57	60
期刊奖	科技类	未设立	10	10	10	10
	社科类		10	10	10	10
音像电子网络奖	音像	12	8	9	8	13
	电子	5	5	4	4	-
	网络	3	7	7	7	7
印刷复制奖	印刷	5	6	6	8	9
	复制	5	4	4	2	1
装帧设计奖		10	10	10	10	10
先进出版单位奖		50	50	50	50	50
优秀出版人物奖（优秀编辑）	优秀人物	50	44	45	44	26
	优秀编辑	未设立	26	25	23	44

表8-2 历届中国出版政府奖奖项设置情况对比（提名奖）

		第一届（项）	第二届（项）	第三届（项）	第四届（项）	第五届（项）
图书奖		120	119	109	119	120
期刊奖	科技类	未设立	19	20	20	20
	社科类		20	20	20	20
音像电子网络奖	音像	20	16	18	17	18
	电子	15	10	8	8	8
	网络	5	14	14	14	11

续表

		第一届（项）	第二届（项）	第三届（项）	第四届（项）	第五届（项）
印刷复制奖	印刷	10	11	12	16	19
	复制	10	9	8	4	1
装帧设计奖		20	20	20	20	20

从整体上来看，中国出版政府奖自成立以来，正式奖与提名奖总体奖项数量呈增长趋势，各细分奖项数量设置基本稳定。其中，图书奖、先进出版单位奖、优秀出版人物奖的奖项设置数量较多，是中国出版政府奖中较为重要的奖项。此外，历届中国出版政府奖一个较为明显的变化是电子出版奖项逐渐减少，而网络出版奖项逐届增多，这与出版业整体数字化发展的趋势是一致的。与正式奖相比，中国出版政府奖（提名奖）的奖项数量基本上是正式奖的两倍，并且提名奖不设置先进出版单位和优秀出版人物奖。

二、选题的价值追求

（一）侧重社科类选题，反映国家新成果

在所有奖项中，图书奖占比最高，是中国出版政府奖最重要的奖项之一，也是最受出版业关注的奖项。目前图书奖按照类别分为社科类、科技类、文学类、艺术类、古籍类、少儿类、辞书类、民族类八类。

其中，社科类和科技类累计为164项，占据每届图书奖总数的一半以上，达56%；比例最小的则是辞书类，5年仅获奖16项，占比5%。从涨幅来看，与第一届相比，社科类涨幅4.8%，成为出版政府奖青睐的选题方向，五届图书奖类别分析如表8-3所示。

尤其是在科技创新、党政建设的背景下，社科类和科技类能够直接反映新时代中国特色社会主义的发展成果。政治经济的新变化、科学研究的新发现、文学创作的新成就都为出版提供了新的素材，在科技类中，物理学和生物学占据一半的比例，展现了中国现有的研究成果。例如，科学出版社出版的《生物的起源、辐射与多样性演变——华夏化石记录的启示》获得第一届图书奖；《基于特征模型的智能自适应控制》获第二届图书奖；《干涉型光纤传感用光电子器件技术》获第三届图书奖，很好地展现了中国的强大力量。

■第八章 中国主题出版物的价值追求报告——基于五届中国出版政府奖的数据分析■

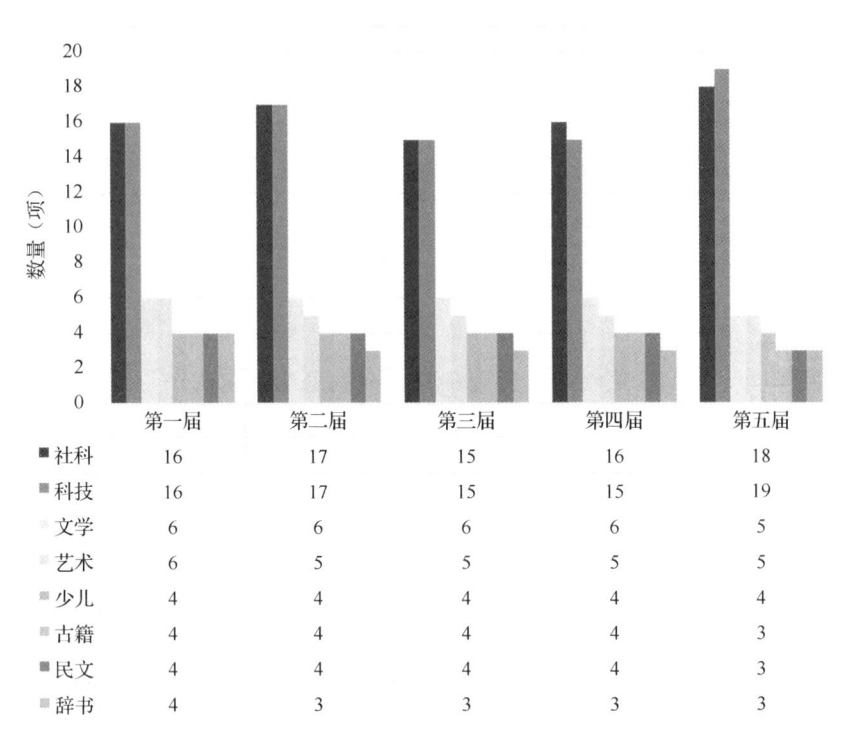

表 8-3 五届图书奖类别分析

	第一届	第二届	第三届	第四届	第五届
社科	16	17	15	16	18
科技	16	17	15	15	19
文学	6	6	6	6	5
艺术	6	5	5	5	5
少儿	4	4	4	4	4
古籍	4	4	4	4	3
民文	4	4	4	4	3
辞书	4	3	3	3	3

2020年我国图书销售市场略有下滑，但社科图书出版逆势上扬，成为少有的增长品类，中国政府出版奖中的社科类获奖数量也在增加。在社科类中又可以细分成五大类，历史类和党政类占比较高，其次是社会类、经济类和法律类，这些也分别体现了改革开放、依法治国的成效，第五届党政类获奖数目汇总如表8-4所示。

表 8-4 第五届党政类获奖数目汇总

获 奖 书 名	出 版 社
习近平新时代中国特色社会主义思想学习纲要	学习出版社、人民出版社
马克思主义大辞典	崇文书局
习近平的七年知青岁月	中共中央党校出版社
新中国70年	当代中国出版社
伟大历程 辉煌成就——庆祝中华人民共和国成立70周年大型成就展（全三册）	中国市场出版社
毛泽东读书笔记精讲（全四册）	广西人民出版社

续表

获奖书名	出版社
中国人民解放军战史丛书（14册）	解放军出版社
李大钊年谱（上、下册）	云南教育出版社
贯彻落实习近平新时代中国特色社会主义思想在改革发展中攻坚克难案例（7册）	党建读物出版社
党员干部家风建设读本（2册）	中国方正出版社

在第五届图书奖中党政类的获奖图书有 11 本，超过历史类图书。2021年是建党百年，要展现百年风貌，红色的主题出版物必不可少。党政类的书目中，可以找到一些共性：追根溯源宣传党的思想、路线、方针政策；立典型明党性，弘扬主旋律，彰显时代特征，而这也是《中国出版政府奖评奖章程》中的第二章第八条所强调的。

（二）侧重民族特色，传承优秀中华文化

中国拥有 56 个民族、34 个省级行政区，每一个民族、省级行政区都有其独特的文化特征，出版社要深度挖掘当地文化的特色资源、提炼出版价值要素。建设优秀传统文化传承体系，弘扬中华优秀传统文化"是党的十八大提出的重要任务，是"五位一体"总布局中"文化建设"的重要内容，地方出版社要把握本地资源，建立核心竞争力，充分落实贯彻国家出版指导方针，可以对当地或地缘相近地区具有特色的历史文化资源进行深度挖掘，尤其是一些少数民族地区出版社，如西藏、新疆、内蒙古等可以对反映当地民俗特色的文化资源进行"科普"图书策划，坚守民族使命；突出民族语言文字和地域文化特色，以满足少数民族群众的阅读需求为出发点，深入挖掘和整理少数民族文化精髓，推动少数民族文化繁荣发展。例如，云南教育出版社对当地特有的民间传统工艺品斑铜从青铜到生斑、熟斑的发展过程进行详细介绍，已出版《云南斑铜》。另外，陕西三秦出版社策划出版的《陕西金文集成》，山东教育出版社策划出版的《孔府珍藏》，湖南科技出版社策划出版的《湖南动物志》都属于此类选题资源。

在民族类的图书中，获奖单位大多集中在西藏、新疆、内蒙古、四川、青海等少数民族较多的省级行政区，这些少数民族有着自己的文化符号，是中华文化的瑰宝，因此，民族符号显著的书籍在民族类的赛道中更容易

获奖，如民族音乐、民族传说故事、民族英雄等，体现了中华文化的包容性和多元性。

在文化类、艺术类的图书中，同样也有很多民族特色的内容选题，如《昆曲艺术大典》《中华人物故事汇（109册）》《江南丝竹音乐大成（共2卷）》《梅兰芳访美京剧图谱（画册）》《中国传统器具设计研究（共2卷）》等。民族的就是世界的，事实上，民族出版资源的开发不仅会影响出版业的兴衰，还关乎整个民族精神文明的指数以及对民族的理解与认同。这类选题不仅能够推动文化交融，也能帮助读者树立民族自信，传播中国文化，使传统文化有人知晓、有人延续，其社会价值不言而喻。因此，垂直深耕，挖掘少数民族文化、本地文化成为西部地区和地方性出版社最强有力的核心竞争力。

（三）学术图书重作者，顶尖学者助出版

在中国出版政府奖中有很多高校学者撰写的书籍获奖，如北京大学的汤一介教授撰写的《中国儒学史》、中南财经大学校长吴汉东的《知识产权基本问题研究》、北京大学朝鲜文化研究所编的《中国朝鲜民族文化史大系——文学史、思想史、宗教史、医疗保健史、科学技术史（朝鲜文版）（共11卷）》等，都依托学科内的专业人士完成编著。专业学术选题资源需要持续跟踪各学科细分领域的学术动态，借助各专业领域的学者型作者，做好出版项目的作者储备。这类选题需要既能反映作者的创新性学术成果，同时要注重基础理论与社会实践相结合，实用性和科学性相结合。例如，东南大学出版社策划出版的《建筑遗产保护学》，作者朱光亚先生及其带领的团队参与过大量的建筑遗产保护项目，在20多年的实践中和10多年的写作与反复修改中，逐渐提炼出本书所想呈现出的知识和经验要点。因此该书和目前已有的多数遗产保护类的书籍不同，这本书中包含有大量的实践体会，也有关于西方建筑遗产保护理论在中国的适用性的讨论。中南大学出版社出版的《精细冶金》，作者唐谟堂教授是中南大学"精细冶金"课程的负责人，长期致力于有色金属冶金的教学和科研工作，擅长清洁冶金、精细冶金和非传统资源的有效利用。学术出版让优秀的学术著作走出书斋与象牙塔，进入社会公众的视野；让学者的科研成果与思想成果助力经济、文化的发展，文化思想不断碰撞发展，给出版业带来了极大的资源，推动学术出版发展。

三、生产的价值追求

（一）国家出版基金赋能，助力优质出版物

从 2007 年首届中国出版政府奖开始，五届中国出版政府奖共产生 293 项图书奖，其中有 53 项图书奖获得资助，占所有正式奖项的 18.1%，提名奖中共有 152 项图书获得资助，占所有提名奖项的 25.9%。第四届中国出版政府奖中获国家出版基金资助的数量最多，高达 80 项。从数据整理中发现有一些有趣的现象，在获得国家出版基金的图书中，绝大部分（151 种）先获得国家出版基金资助，而后获得中国出版政府奖，仅有少数图书（4 种）先获得中国出版政府奖，后又获得国家出版基金资助。浙版集团旗下浙江科学技术出版社策划出版的《整形美容外科学全书》连续两个年度获得出版基金资助，并获得第四届中国出版政府奖图书奖提名奖。尤其值得一提的是，湖南教育出版社策划出版的《20 世纪中国科学口述史丛书》先于 2010 年获得第二届中国出版政府奖图书奖提名奖，后续在 2016/2017 两个年度连续获得两次国家出版基金资助。

能入选国家出版基金项目的出版项目和选题内容，所体现的是国家出版规划发展大局的需要，代表的是国家出版水平。无论是项目导向、选题价值，还是内容质量都代表了国家层面对出版内容的认可，本身就具有非常强的社会价值，因此受到资助的项目也成为黑马。

1. 存量资源再生产，既有选题再开发

在同时获得国家出版基金资助和中国出版政府奖的图书中，有一类选题属于对出版社内既有选题资源进行不同版本、不同角度的再开发、再利用，尤其是对过去曾经获得过中国出版政府奖的图书进行再生产。虽然从数据上来看大多数同时获得国家出版基金资助和中国出版政府奖的选题一般都先获得资助，再获得奖项，但反过来，对曾经获得过奖项的图书进行再开发利用，也会增加获得基金资助的机会，两者是双向互惠的关系。例如，军事科学出版社在获得第一届出版政府奖图书奖提名的《中国工农红军长征全史》的基础上，策划出版了该书系的简化版，简化版获得了 2017 年度国家出版基金资助。无独有偶，上海人民美术出版社获得第一届中国出版政府奖图书

第八章　中国主题出版物的价值追求报告——基于五届中国出版政府奖的数据分析

奖提名的《贺友直画三百六十行》，也作为存量优质选题资源再开发为《贺友直全集》一书，并获得 2017 年度国家出版基金资助。

2. 实现优势互补，联合出版出精品

在历届图书奖获奖（正式奖）作品中，共有 18 种获奖图书属于合作出版图书，提名奖中有 10 种图书属于合作出版图书。从具体合作情况看，一些面向民族地区的出版物、面向少儿群体的出版物，以及一些自然科学学术著作比较适合开发合作出版物。例如，《中华人物故事汇（109 册）》是一套旨在加强对全社会特别是青少年的爱国主义教育，中国特色社会主义教育，以及中华优秀传统文化、革命文化、社会主义先进文化教育的读物，由党建读物出版社、接力出版社、学习出版社、中华书局共同合作出版。

四、传播的价值追求

（一）体现用户思维，扩大出版物双效

获奖的出版物中，不乏喜闻乐见的精品、体现用户思维及高购买率的图书。例如，中国少年儿童新闻出版总社策划出版的"伟人也要有人懂"系列，以独特的视角策划出版面向少儿群体的主题出版物，其中，《伟大也要有人懂——中国共产党一路走来》获 2018 年度国家出版基金资助，《伟大也要有人懂：一起来读毛泽东》获中国出版政府奖第四届图书奖（正式奖）。重庆出版集团策划出版的《马克思画传》《恩格斯画传》《列宁画传》系列图书则是以图像叙事为主要表现形式的图书，以全新视角诠释马克思等主题人物，这套书分别获得 2011 年度国家出版基金和 2019 年度国家出版基金资助，并获得第五届出版政府奖提名。新角度、增创意才是主题出版物的发展路径，也是出版业应该追求的价值。

（二）经典文化引流，优秀图书再传播

经典文化需要转化语言风格后才能被大众读者更好地理解，因此对于经典图书的二次出版也成为出版业的风向标。经典图书能够得以流传，说明其本身是具有人民性、深度性、思辨性的，经典图书的出版可以很好地填补精神上的空缺，刷新读者的思想维度。在中国出版政府奖项中，有很多对经典

著作的解读出版，如郁贤皓先生通过实证研究，对李白的全部诗文重新整理编辑，删除伪作，补入遗诗逸文，并进行校勘、注释、评笺，推出了全新的《李太白全集校注》；再如上海教育出版社重印《古文字诂林》，投入大量的人力，最终使这项传世的大型文化积累工程圆满结束。出版机构把经典图书作为发力点，激活经典作品的内生价值与社会效能，为我国的出版事业、文化事业以及精神文明建设带来勃勃生机。

（三）知名作者加持，深化出版影响力

知名作者是出版物质量的保证，也是出版影响力的重要影响因素。一些地方出版社之所以能在中国出版政府奖脱颖而出，其中一个非常重要的原因就是选择头部作者创作图书。例如，《中国历代著名文学家评传（9卷）》的作者是山东大学的教授，同时邀请了文学界的领军人物王元化当顾问。湖南科技出版社的历届获奖作品，有袁隆平主编的《超级杂交水稻育种栽培学》、蔡光先主编的《湖南药物志》、马继兴的《针灸学通史》等。这些执笔作者在学界乃至业界都享有盛誉，是出版物影响力的保证。

五、结语

打造一部高质量、高标准的出版物实属不易，从策划选题到项目申报，再到项目实施，直到最后的项目结项，通常需要历经三四年的时间。这要求出版社认真研读国家政策，做好中长期发展规划，结合自身优势和特长，找准选题方向和定位，并做好内容储备。结合历届政府奖获奖图书的选题特征，应当着重关注以下选题方向：推动习近平新时代中国特色社会主义思想深入人心的优秀出版项目；"纪录小康工程"，讲好当代中国故事的优秀出版项目；立足创造性转化、创新性发展，弘扬中华优秀传统文化的优秀出版项目；服务国家科技发展战略需要的优秀出版项目；总结建党百年光辉历程和辉煌成就的优秀出版项目；加强少数民族文化研究和多民族文化认同的优质出版项目等。

国家重点出版物出版规划、国家出版基金项目、中国出版政府奖三者具有承上启下、互利互惠的关系，因此，各出版社的选题项目应当是可持续发展的中长期出版物，对选题资源需要持续挖掘、跟踪和整理。

获奖出版物的最后一关是经得起读者的检验，而优质作者是检验出版物

影响力的重要砝码，一些在中国政府出版奖脱颖而出的黑马，正是凭借对优质作者的挖掘，促进了出版物的成功传播。特别是科技类、专业性学术选题项目，更要挖掘各专业领域的重量级作者。一些大部头的专业学术丛书通常有多个分册，编委众多，这要求主编需要具有较高的学术地位与广泛的影响力，要具有较强的团队领导力和沟通协调能力，能够迅速组织作者队伍，并引起社会高度关注。

参考文献

[1] 黄先蓉，陈馨怡. 建党百年我国出版业高质量发展成效与展望[J]. 中国编辑，2021(6): 12-17.

[2] 王鹏飞，刘麦. 2020年我国社科图书出版的六个主题词[J]. 科技与出版，2021(3): 45-52.

[3] 吴志海. 引领出版导向，铸就时代精品——"十三五"国家重点图书选题特点分析与启示[J]. 编辑之友，2021(1): 21-27.

[4] 王伟超. 民族出版资源开发问题探析[J]. 出版广角，2019(14): 38-39.

[5] 王焰. 新时代学术著作的价值坚守与出版创新[J]. 现代出版，2021(5): 81-84.

[6] 温明，吴春娥. 历久弥新：再议经典图书出版的价值、问题与路径[J]. 科技与出版，2021(10): 84-87.

第九章　智慧教辅与教育出版业态革命

高兆强，王勇安*

摘要：人工智能、大数据、云计算等技术为智慧教辅的诞生奠定了基础，本文认为智慧教辅应从知识导引系统、例题—习题系统、评价系统、互动系统、学习管理系统、营销系统等子系统的建设着手构建。当下教育出版只从技术、内容、产品、运营等层面做了增量创新，不能适应当下智慧教育的需求，应以出版社为主导，协同在线教育机构和终端设备制造商利用智慧教辅进行系统创新，实现教育出版业态的革命性变革。

关键词：智慧教辅；教育出版；数字出版；出版业态。

一、研究背景

教辅出版是重要的教育出版活动，为基础教育提供了必不可少的教育媒体，但其迎合应试教育的畸形发展，大量同质的教辅读物为题海战术提供"武器"，成为学生学业负担的实际载体也是不争的事实。尽管多年来各出版社从优化教辅内容结构、提高内容质量、创新内容呈现形式等方面着手积极改革，但是由于纸质教育出版媒介本身的限制和替代性产品的功能缺失，以及市场的旺盛需求，难以有突破性的进展。

2021年7月24日，中共中央、国务院印发的《关于进一步减轻义务教育阶段学生作业负担和校外培训负担的意见》（简称"双减"政策）引发社会广泛讨论。"双减"政策的出台充分体现了国家对教育科学性和公平性的重视，彰显了国家对教育改革的决心。施行"双减"的直接目的在于减轻学生作业负担和校外培训负担，根本目的在于提高学校教育教学质量，构建教

---

* 高兆强，陕西师范大学新闻与传播学院硕士研究生，专业方向为出版产业研究；王勇安，通信作者，陕西师范大学新闻与传播学院教授，博士生导师，研究方向为数字出版与出版管理。

育良好生态。以服务教育为宗旨的教育出版,必然要遵从教育发展的方向和规律,通过重构业态实现产业转型。作为新的教育出版业态,智慧教辅再一次引发业界和学界的关注。

但是,由于难以摆脱纸质教辅出版思维的限制,业界普遍认为智慧教辅只是传统教辅数字化后叠加信息化功能的数字产品或纸质书补充产品,仍以补充课堂知识和进行习题训练为目的进行形态设计,且缺乏智能要素的充分嵌入。关于智慧教辅的价值,尽管有学者注意到其对教辅出版物功能的完善和拓展,但忽略了其自成平台和渠道、社群化营销模式的商业价值。总的来看,目前的研究没有准确认识到教育出版业态将被智慧教辅全面改造,对于智慧教辅对教育出版的革命性意义理解不深,窄化了智慧教辅的概念、功能以及发展路径,仍处于研究的初级阶段。因此,当前出版社、在线教育机构、终端设备制造商所做的智慧教辅出版探索,或市场化不足,或不能保证质量,或缺乏内容生产能力,均陷入不同困局之中。有鉴于此,我们需要在对教育出版业态重塑的视角中重新审视智慧教辅,辨析智慧教辅的概念,总结智慧教辅建设过程中的经验教训,深入研究智慧教辅的功能拓展、系统创新与教育之间的关系,预判其对教育出版业态革命的意义和作用,以协同创新方式将智慧教辅推上一个新的高度。

二、智慧教辅的概念与系统构成

作品被编辑加工后经复制向公众发行即为出版,此定义深刻影响着人们的出版认识,最突出的表现就是出版的产品观念,即出版业要以产品服务社会,实现价值。对教育出版来说,就是出版教育图书,提供教育媒体。随着出版融合发展成为定局,教育出版物的形态更加丰富,电子书、数据库、客户端、在线课程、知识社区等数字化产品和产品组合不断出新,每一类产品都具有各自独特且强大的功能。但是,这些数字教育出版物在实际应用中,一是不能和学生学习场景充分契合,学生自主性难以调动;二是没有将学生、家长和教师置于产品服务范围,老师和家长难以管理和监督学生学习,产品有效性得不到学生、家长和教师的共同检验和认可。究其原因,是产品设计者忽视了教育出版与教育的产业边界已在技术边界和市场边界的融合中同步消融的事实。之所以提出智慧教辅的概念,就是要以更多智能要素全面连接教育和教育出版,从根本上解决问题。因此,我们必须要深刻把握智慧教辅的概念，明确智慧教辅的定位和对其的认识，以完善其现实建构路径。

目前业界学界对智慧教辅的定义尚未统一。李婷婷认为，智慧教辅不只是再现教学内容，梳理重难点知识，提供习题巩固所学，而应是结构化的、立体的资源集合，并拥有交互功能，能与使用者进行良好互动，做到按需输出、智能应用。陈东锋、张艺琼则在李婷婷的研究基础上提出智慧教辅还应该具备与传统纸质教辅"线上+线下"深度融合、符合学生认知规律与学习行为习惯、提供个性化精准辅导方案、满足教学与考试使用场景等特点。综合来看，学者对智慧教辅形成了以下几点共识：一是应用人工智能、大数据、云计算等技术，具备高度智慧化的特点；二是具备个性化学习的功能，形成自适应学习平台；三是具备强交互性，形成学习交流社区；四是高度嵌入教育活动中，为教育提供学习、管理、评价工具群；五是内容多样完备，形成数字资源管理平台；六是内容组织便利，形成自出版平台。综合以上，智慧教辅可定义为：以学生个性化学习为核心，贯穿教育"教、学、测、评、管"全流程的多功能智慧学习系统。

系统科学认为，系统是由一定数量的相互联系的要素所组成的、具有特定结构和功能的有机整体。从系统的观点分析目前市面上出版的教辅图书，其内核都可以归纳为知识导引系统和例题—习题系统两大系统。在目前教育模式转变和课程改革的大背景下，传统形式的知识导引系统和例题—习题系统难以满足教、学、管的需求，教辅图书表现出明显的功能缺失。智慧教辅，是基于多功能智慧学习系统实现全时空化自主学习而重构教辅价值的突破口。智慧教辅系统包括以多样完备的数字课程资源为基础的，以按学习目标标记的导引方案组成的知识导引系统，以智能组卷、智能测评、智能批改为基础的题目数据库组成的例题—习题系统，以学习过程为核心的多元评价体系组成的评价系统，实现师生、生生互动的互动系统，服务学校、教师、家长和学生的学习管理系统，以及可以镶嵌在其他子系统中也可以独立运营的营销系统等六个子系统。这六个子系统作为智慧教辅系统的六个要素，破解了实时学习的难题，通过自主学习和实时评价实现了因材施教，重塑了教辅出版价值，在为智慧教育构建学习环境的同时，也为智慧教辅出版物营销构建了良性的出版生态。

三、智慧教辅出版的业态变革考察

业态是产业活动的存在形式、类型、状态,是从企业和企业生态,到产业和产业生态的多维概念,涵盖了企业的研发、生产、营销等全部环节,覆盖全部产业过程。从产业链的角度看,业态主要分为研发业态、生产业态和营销业态。智慧教辅重塑了整个教育出版产业链,使研发业态由组稿向技术、内容研发转向,生产业态由编印向学习过程评价、多方互动、立体化学习管理转向,营销业态由"出版社—代理商—读者"的单向发行模式向多媒体营销、重视自有流量转化转向。

(一)研发业态变革——技术、资源与数据库建设并重

在传统教育出版业态中,研发业态是产业链发展的基石,对业态发展的走向起着至关重要的作用,主要是选题策划活动和组稿。出版者作为主导,通过观察、思考和系统研究学生学习和教师教学的需求,通过对教育出版市场的理解进行选题设计、论证和优化。组稿是实践并深化选题计划目标的过程,组稿时选择的作者一般为一线教师,内容质量主要依赖于其教育教学水平和写作能力。

智慧教辅系统的研发业态迥异于传统教育出版。在智慧教辅系统中,研发业态包含两方面的内容,分别是技术研发和内容研发。技术研发主要是对支撑智慧教辅系统正常运转和提供服务所需的技术进行迭代创新。各类教辅是否称得上"智慧"主要就取决于在系统中各类数据收集、处理、分析和应用的智慧化限度,一系列智能技术是智慧教辅系统存在的基础,主要包括人工智能、大数据、云计算等,具体而言,模式识别技术、自然语言理解与语义分析技术、学习分析技术、3R 技术这四种技术,可以智能化完成智慧教辅系统的各项服务和功能拓展。伴随着用户量的积累对计算能力的更高要求以及对更加多样的功能的需求,必须要保证不间断地进行技术研发升级。

智慧教辅的内容研发主要是指数字课程资源和题库建设两个方面,也就是重构传统知识导引系统和例题—习题系统。两个系统根据学科成长逻辑、学科教育发展逻辑对课程和教材的诠释以及练习题目的安排发挥知识导引和巩固升华的作用。在这两个系统中,要将课程标准规定的学习目标、教材内容、拓展知识、题目进行语义标引,给文本、音频、视频等不同形态的内

容进行标签化处理并做逻辑链接。知识元数据库是整个系统的内容基础，是智慧教辅最重要的基础设施，出版单位除了利用已有数字内容资源充实两个子系统之外，还可以利用智能抓取技术和内容识别技术源源不断地从互联网等渠道获得数字内容（在不侵犯版权的前提下）。在内容研发阶段，出版单位即可安排专门的内容审核人员结合智能审校工具对内容数据库进行审核，将各种错误消灭在源头，便于后期的循环重复利用，也能达到节省成本的目的。

（二）生产业态的变革——多元评价、交流社区与学习管理同步进行

传统业态下，教育出版的生产业态主要表现为审稿、编校和复制印刷活动。该业态是典型的单维线性运作，导致产品形态单一，各产品间的关系相对独立、缺乏互相嵌入和衍生的多元组合。相比于传统业态，智慧教辅系统中的内容编校工作更加独立，只要未向用户发布，编校工作随时可进行，具有立体、实时、多维操作的特点。编校人员以多种媒体技术为支撑，依据不同媒体的质量标准，对内容进行全媒体、全时空的立体化编校加工，产品形态因此更加丰富，并为传统出版与新兴出版内容、技术应用、平台终端和人才队伍的共享融通奠定了组织结构、传播体系和管理机制的基础。

智慧教辅系统中的生产业态是依托于研发业态的实时生产活动。评价子系统、交流社区子系统和学习管理子系统构成了智慧教辅理念下教育出版的生产业态。这三个子系统贯穿于学生学习过程的始终，使生产业态具备移动出版、定制出版和按需出版的属性。移动出版属性，表现在满足任何人在任何地点、任何时间、以任何方式获取所需要的教育文本、图像或多媒体内容；定制出版属性，体现在满足用户对学习资源的筛选与学生学习同步的需求；按需出版属性，满足学生对个性化学习方案的需求。评价、交流和学习管理三个子系统总体上以移动出版、定制出版和按需出版的形态出现，以满足用户需求为基础，集中资源进行内容和媒介的整合，通过已有的智慧平台，为客户提供满足移动学习需求的专属学习空间，追求学习效果的最大化。

评价子系统主要有三种功能，一是课程学习过程的评价，学生学习的全过程都可以在智慧教辅系统中进行，在教与学的过程中，教师和学生进行民主互动和协商，评价和教学相互交叉和融合。通过此系统，能全面了解记录学生学情，有利于及时地肯定学生的成绩和发现存在的问题与不足，在当堂或者课后针对学生知识理解的薄弱点进行专门辅导或者给学生定制学习方

案，引导学生的学习和发展方向，以此破解只能通过考试进行终结性评价的难题。二是教学过程的评价，以往的教学过程往往只能评价学生，但是对教学过程的评价难以操作，比如对授课老师课程的进度设置、学习目标的制定等难以评价，但是在智慧教辅和教学活动相融后，这些因素都被纳入智慧教辅中，可以进行分析和改进。三是改善应试评价体系，科大讯飞承担的国家发改委大数据专项"基础教育大数据研发与应用示范工程"项目，通过35亿次答题记录数据分析发现，学生作业中超60%的题目为无效重复练习，利用人工智能、大数据技术，用户可以根据对自己学习的评估勾选知识点和不同难度的题目自行组卷进行测验，而自然语言理解与语义分析技术能够在线打分，用户可以得到及时反馈。随着数据的积累和技术的发展，整个评价系统会越来越智能，系统推送的内容也会更精确，实现按需出版对用户的准确触达。

交流社区系统是出版融合时代出现的独特交互系统。师生、学生之间的交互是决定学习成效的关键因素。智慧教辅系统的交流学习系统的突破性意义在于突出了受众的主语权。学生既能在交流社区中实现一定限度的社会化，还可以跟老师、同学共同研讨，交流分享学习经验，智慧化的交流社区系统可以将各种功能拓展，用户可以在社区中共享学习资源，系统对优质UGC进行智能推荐，对低质内容进行自动屏蔽或者智能审核，为学生创建一个良好的学习互动平台。除此之外，社区中的智能系统还可以记录交流社区中用户对课程或者学习资源的反馈并生成意见报告，由专业人员进行评估。

学习管理系统是一个相对复杂的综合系统，贯穿整个智慧教辅各系统，主要统摄评价和交流社区子系统，又共同构成生产业态。学习管理系统是各类用户行为数据的集中地，完成了教情、学情的可视化，也是生成各种分析报告并下达各种指令的中央处理器。老师根据学生的学情通过该系统给学生指定学习目标、学习进度和学习资源并进行有针对性的辅导；学生根据系统分析的学情，结合自身现实状况制定具体的学习任务并实现个性化学习和自我学习管理；学校可以监测教学和学习情况。

（三）营销业态变革——与研发和生产业态高度融合

营销是产业链的最后一个环节，也是最具活力和生命力的环节。传统出版营销业态是"出版社—代理商—读者"的单向发行模式，出版社处于发行链条的顶端，下属的发行渠道庞杂分散，缺乏有效整合。出版业数字化转型后的出版营销业态，将电商促销、社交平台裂变传播、直播带货等多渠道、多形式的营销方式进行充分整合，从而促进图书的规模化营销，取得了较好的经济效益。但是以上这些营销模式的读者黏性较差，仍是线性的售卖活动，每次单品的营销都需要重复进行读者发现、渠道拓展等工作。在智慧教辅系统中，营销子系统自成业态的同时与其他子系统高度融合，可以把营销活动分布在智慧教辅系统的其他两个业态中，表现出两大优势。

第一，盈利结构更加稳定。智慧教辅系统提供或链接的课程资源、题库本身即可盈利，而为机构和个人用户提供定制化教育总体解决方案也可以盈利，这是盈利的主要部分，也是营销工作的核心。留存的用户会逐渐积累变成自有流量，随着自有流量池逐渐扩大，就可以拓展业务进行盈利，三者形成三角稳定结构。

第二，盈利渠道更多。六个子系统都具有其特殊的不可替代的价值，每一个系统提供的服务都可以是一条单独的盈利渠道，还可以任意结合其他子系统为用户提供增值服务。例如，学生完成学习任务就能获得虚拟货币，可以拿该货币购买所有系统的服务，或者一些衍生的周边，这样既能鼓励学习，又能增强盈利能力，也有利于出版机构建立自己的特有供应链，打通线上线下的各项业务。

要素、结构和功能，是确立数字教辅产品形态的基础。系统科学的结构与功能原理认为，结构是系统的基本属性，是系统的内部形式，是系统的功能基础；功能则是系统的外部表现，是系统结构的反映和体现。系统结构的有序合理，保证了系统整体上的功能作用。因此，系统结构决定了系统的功能，结构的和谐稳定，才能让系统功能最大化。智慧教辅六个子系统之间正是形成了稳定结构，才能构建一个独特的出版业态。知识导引子系统和例题—习题子系统为智慧教辅提供学习资源，没有这两个子系统，智慧教辅就是"无米之炊"。评价子系统是智慧教辅存在意义的重要体现，也是摆脱教育依赖"终结性评价"的主要抓手。互动系统连接师生、生生，突出教育过程中人的重要性，利用等效交互原理增强多种交互，提升学生的满意度，促进学生的社会化。学习管理子系统智能汇总分析各子系统信息数据来综合协调子系统，学生以自适应学习方式实现教学目标，家长参与学生学习、教学过程协调学校教育和家庭教育，老师可以了解学生学情、上传学习资料安排学习任务，学校总体把控教学情况，学习管理子系统是智慧教辅的核心。智慧教辅以这样的稳定结构，保证各个子系统借助学习信息传递，相互联系、相互影响、相互依存，形成具有自组织和自调节功能的智慧学习系统。而盈利系统则补上了智慧教辅作为新业态产业链中的最后一环，作为一个多功能的生态系统，其他五个子系统均具有各自盈利的能力，盈利系统的作用则是整合其他系统的盈利点的同时进行系统衍生价值的开发培育，并反哺智慧教辅系统，实现一个正向促进的教育出版价值闭环。

四、智慧教辅的系统创新与教育出版业态革命

系统创新理论认为，由若干子系统构成的某一领域创新可以分为增量创新和系统创新。增量创新系统中个别子系统自身的创新属于增量性质，对其他部分没有影响，具有较强的路径依赖性。而系统创新则涉及整个系统，需要对各子系统进行全面调整。教育出版机构在向数字出版转型实践过程中，始终试图以技术赋能教育出版从而改造传统的教育出版业态，如开展数字化内容资源建设、产品向移动终端转化、利用线上平台进行运营改革等。教育出版参与主题结合自身经营特色和市场定位对技术、内容、产品、运营等关键要素分别进行增量创新，但是没有发挥出聚合效能，难以形成合力。

（一）单要素增量创新融合形成系统创新

技术是教育出版发展的基础性要素。互联网和通信等领域技术的发展催生出在线教育出版、数据库出版等新的产业形态。技术赋能的教育出版优势体现在多个方面，如可以实现教育资源快速集聚，有效跨越地域、物质等因素造成的教育资源分配不均，促进教育公平；可以使教育更具针对性；可以改变学习评价方式，使评价更加多元；可以提高人们的学习效率；可以更方便高效地实现功能迭代等。但是，单纯依赖技术推进教育出版变革已经陷入困局。主要体现在两个方面，一是走向技术中心主义。当下，一些从事教育和教育出版工作的技术公司过度重视技术的应用，试图用 AI 完全替代教师，用摄像头和眼动追踪技术监视学生，混淆了教育主体与教学技术之间的关系，存在技术自主性反向压制人类主体性、技术垄断教育管理权力、学生沦为被规训的监视对象的风险。二是技术与人的协作形式还有待探索。如对技

术较为陌生的教师和家长对功能强大的技术产品常常存在适应性问题，不能在教学和辅导学生学习时有效利用技术产品。

内容是教育出版发展的根本性要素。为用户提供学习内容和以内容为基础的服务仍是教育出版的根本。背靠互联网，可以集中大量内容，教育出版机构在题库、知识树、教案库、多媒体资源库等内容建设方面成绩斐然。但很多教育出版主体没有培养专门的内容审核人才，又没有专业出版单位的介入，"三审三校"等内容质量管理制度缺位，同时如在线教育课程、培训机构赠送的随课教材等出版物不属于正式出版物，未被纳入出版行政管理范畴，导致出版内容质量难以提升。

产品是教育出版功能的载体。教育出版如何服务于教育是通过其包含的功能决定的，而功能通过产品表现出来。当前教育出版物从形态上呈现"书网结合，以网为主"。大多数是线上的数字出版物，主要有以下几类：一是资源库。可细分为题库、词典、教学素材库等，题库又可以分为搜题类、测验类。资源库在一定限度上有利于学生自主解决难题、自动进行评价、自觉拓展知识面，有利于老师广泛整合吸收优秀教学素材、创建教学内容、实现教学升级。二是线上课程。即利用课余时间登录培训机构的平台上课。三是智能教育机器人。智能教育机器人是移动学习终端的一种，一般聚拢多种教育出版工具，并且内部包含智能系统和知识系统，学生可以跟人工智能机器人进行简单交互，还可以获得其他内嵌的学习资源。当前市场上的教育资源库产品凸显头部效应，被几家大型在线教育公司垄断，后来者没有能力与头部公司进行市场竞争，而头部公司又因资源存量太大，难以管理。智能教育机器人看起来形成了教、学、测、评、管的学习闭环，但是实际情况不尽如人意，人机互动还在低层次简单交流的阶段，本身提供的内容相比行业头部公司并没有战略优势，甚至还略处劣势，包含的第三方教育出版工具的内容质量难以监督，且于平台本身没有太多盈利点，导致智能教育机器人最终卖的更多是理念，而非优质的内容和服务，也就不能称为好产品。

运营是决定教育出版能否走得通的关键要素。教育出版在考虑社会效益的同时也要兼顾经济效益。在数字经济时代，运营对企业能否成功起着关键性作用。它是一座桥梁，一端连接着内容、产品和服务，一端连接着用户。运营模式决定着教育出版的内在结构和外在形态，决定着产品以什么样的方式触达用户。智能时代教育出版的运营应以丰富的教育出版物为载体、以教育市场为目标，以学生为中心，以社区为手段。特别是社区化学习交流空间的构建是教育出版运营的典型特征。它将互动融入全部学习空间中，塑造了一种流动的互动形态。另外，从营销角度看，这种社区化的运营特征极适合数字赋能下的传播推广。它不同于花钱买流量的推广模式，而是经营自己的流量。当前在线教育出版获客成本居高不下，重要的原因就在于资本引擎拉动下的教育出版为了市场占有率不得不进行大规模的外部广告投放。这是一种被资本催生的强互联网逻辑、弱教育逻辑之路，这种模式最终只能造成教育出版市场一时的虚假繁荣。一些互联网运营公司确实搭建了社区，也带来了较好的流量转化，但是并未以学习为中心，导致社交泛化，追星文化、娱乐内容充斥其间，导向失偏。再加上对内容筛选的漏洞，给学生造成了不良的影响，引起了社会的抵触。

技术、内容、产品、运营的变革在一定限度上促进了教育出版的融合发展，但是仅聚焦于对出版产业链中的某些环节进行创新改造，是为了适应市场需求而"被动改造"，没有抓住技术赋能教育出版的根本——实现个性化学习，也没有使改造后的要素价值在整个产业链中充分释放。这就导致教育出版单位投入了大量人力和物力进行数字化转型，但是转型效果不尽如人意，市场接受度低，盈利能力差，可持续发展能力不足。可见，教育出版已经不是增量性创新能够解决的问题，必须进行系统创新。系统创新的基础是平台型媒体的建设。在媒介融合条件下，与互联网逻辑相吻合的平台型媒体正逐渐成为传统出版业努力演化的主流形式。同时，出版媒体平台化催生了全面开放的出版运营观念以及全新的平台建设方式。平台建设，就是建设一整套以智能为要素，以服务为竞争力的智慧教辅系统，弥补教育出版物或者服务的功能缺失。

（二）以出版社为主导的协同创新推动教育出版业态革命

以智慧教辅为载体进行教育出版业态的系统创新是教育出版变革的必由之路，而智慧教辅的产生更是教育出版业态革命的结果。依据产业经济学理论，业态演变与创新是企业顺应经济发展、环境变化和产业升级变革的适应性活动。当企业为了适应环境变化、满足顾客需求、维持生存和发展，以及实现经营目标,不断用新业态取代旧业态,导致全社会范围内新旧业态之间发生重大主辅更替、换位变化时,就进入业态革命的过程。以此视角观察教育出版的业态革命,我们不难做出教育出版已经进入"革命时代"的判断,而革命的逻辑正是在智慧教辅的发展中展开的。智慧教辅用技术手段将各种教育出版要素以子系统的形式连接起来,是对原有教育出版业态的产品形态、载体形式和行业界限的革命性的超越。对教育出版机构来说,通过智慧教辅,将业态系统的要素、结构、流程及系统与环境之间的关系进行动态、全面地组织,活化了传统教育出版线性衔接的机制,创造了扁平化高效率的教育出版流程,达到了创新资源的合理配置与充分共享,实现了相对稳定的产品结构和低成本的产品更新,构建出开放共享的教、学、管的教育生态系统,完成了保证社会效益前提下多维盈利的产业目标。对学生而言,智慧教辅改变了以往教育出版物对学生进行知识灌输和做题能力培训的机械式学习形式,拓展了学生获取学习资源和提高学习能力的方式和途径,突破了阻碍学生进行个性化学习的种种障碍,实现了学生的多样化、自主化、个性化学习。从学校和老师角度看,在智慧教辅系统本身就创造了一个教学结构,教学主体当前要承担的非教学管理工作被智能系统中的指令语言和智能管理逻辑取代,使教学主体充分解放出来,从事专门的教学和管理工作。综合来讲,智慧教辅在教育出版产业系统范畴内,协调创新对象、创新过程、创新模型和创新系统,建立了多层次影响、多维度交叉、多要素互动的系统创新体系,解决了智能技术背景下教育出版的业态演变路径问题,真正满足了信息化教育虚拟化、场景化、多样化、个性化和自主化的需求,是对以往教育出版业态的革命。

随着智能技术的成熟,教育活动与教育出版活动之间的界限越来越模糊,参与教育出版活动的机构越来越多。面对智慧教辅相比于传统教育的巨大优势,如何抓住机遇抢占智慧教辅出版的制高点,教育出版活动的参与者站在各自的立场上,进行了一系列探索创新。特别是传统出版社、在线教育机构和终端设备制造商,积极创新且取得一定成绩,成为参与智慧教辅建设的主要力量。从当前资本市场及用户市场反应来看,在线教育机构构建的智慧教辅系统表现出明显的优势。究其原因,一是在线教育机构长于对技术的开发和利用,使最新的智能技术能及时地运用于智慧教辅系统中,能够常态化进行已有功能的优化和新功能的快速拓展,放大了教育供给侧满足教育消费需求的能力;二是在线教育机构对教育资源的运用更加灵活、立体,能够快速完成一整套教学资源的组织发布;三是在资本的扶持下,推广力度大,传播效果好;四是在互联网思维运营下,破除了诸多运营中存在的体制机制的藩篱;第五,契合互联网时代下,大众对优质教育的均等性、普遍性和知识传播效率的追求。

然而我们也要看到,当前在线教育机构的智慧教辅系统发展也陷入了困境,一方面,因其资本化过度导致国家政策强力干预其发展,另一方面,逐利本性导致社会普遍存在教育焦虑情绪。同时,该领域知识创新和制度创新也严重不足。终端设备制造商虽然在载体标准的制定上具有较大优势,但是相比于出版社和在线教育机构,其在教育出版领域并不专业,故而在智慧教辅建设中也存在后继无力的问题。

因此,以智慧教辅为核心的教育业态革命必须由出版社主导。一方面,出版社历来作为出版活动的主要组织者,掌控着出版核心知识,且具有政策优势,拥有教育出版奠基性和革命性的创新力量;另一方面,在多年的出版经营活动中,出版社已经形成了成熟的以教育出版活动为核心的制度体系。两者相加,能够使智慧教辅的内容质量有保证,保证了内容质量,也就是保住了教育出版的生命线。而且,出版社多年来与学校和一线教师有密切联系,比较熟悉学校的教育工作,与国家强调教育回归学校的理念是同向的。当然,以出版社为主导,绝不是强调出版社中心主义。出版社在技术应用、运营机制、资本运作等方面具有相当的劣势是事实。所以,出版社需承担主导责任,与在线教育机构、终端设备制造商一起创造立体、灵活、系统的创新体制和协调发展的互动机制,形成以智慧教辅构建为着力点的合力,实现教育出版业态革命。

五、结语

不论是理论还是实践,真正意义上的"智慧教辅"都不再是虚拟构想,它正在快速接近现实。要在构建时全面结合现实学习和教学场景,使智慧教辅成为学生学习的帮手、老师教学的助手、改善教育生态的抓手;要充分考虑使用过程中的教育本位,以教育出版服务教育,教育的本质是"立德树人",教育出版的追求也应如此。有理由相信,随着智慧教辅在理论和实践层面的逐渐成熟，对教育事业发展的正向作用会越发突出，从而实现为学生、教师和家长减负。

参考文献

[1] 曾巍. 教育出版的负向功能及矫治[J]. 现代出版，2014(5): 25-27.

[2] 林雁."双减"政策下教育出版的使命与担当[J]. 编辑学刊，2021(6): 70-76.

[3] 罗紫初. 出版学理论研究述评[J]. 出版科学，2002(3): 4-11.

[4] 李婷婷. 融合技术创造智慧——浅谈"智慧教辅"产品的设计和思考[J]. 出版发行研究，2018(8): 38-41.

[5] 陈东锋, 张艺琼. 智慧型教辅的创新设计与应用模式——以《学法大视野》为例[J]. 中国教育信息化，2020(8): 22-25.

[6] 王勇安, 丁晖. 教辅图书的功能拓展与出版营销模式创新[J]. 中国出版，2007(9): 30-32.

[7] 王国平. 业态与现代经济发展[J]. 科学发展，2012(5): 3-11.

[8] 王勇安, 赵芝. 从"粉丝经济"到"票友经济"——关于融合发展趋势下的出版业态创新的思考[J]. 编辑之友，2017(10): 28-33.

[9] 代杨, 裴永刚. 我国教育出版智能化知识服务转型探析[J]. 出版广角，2020(14): 9-11.

[10] 王勇安, 张弓鸣. 融合发展环境下教育出版业态的系统创新[J]. 出版参考，2019(3): 38-42.

[11] 高凌飚. 关于过程性评价的思考[J]. 课程.教材.教法，2004(10): 15-19.

[12] 邵林. 后疫情时代人工智能如何赋能教育出版[J]. 传媒观察，2020(10): 94-99.

[13] 段鹏, 孔令皓. 出版业态融合与体制机制创新[J]. 现代出版，2017(1): 5-7.

[14] 胡玉衡. 系统论、信息论、控制论原理及应用[M]. 河南：河南人民出版社，1989: 30.

[15] 方新, 余江. 系统性技术创新与价值链重构[J]. 数量经济技术经济

研究，2002(7): 5-8.

[16] 孙田琳子. 人工智能教育中"人—技术"关系博弈与建构——从反向驯化到技术调解[J]. 开放教育研究，2021，27(6): 37-43.

[17] 沈婷."互联网+"背景下的"智慧教辅"——浅谈对中小学教辅出版融合的思考[J]. 传播与版权，2020(6): 68-70.

[18] 李飞. 零售革命[M]. 北京：经济管理出版社，2003.

[19] 陈文玲，刘秉镰，刘维林. 新经济爆发性增长的内在动因——互联网革命与传统业态变革[J]. 全球化，2016(7): 5-21.

第十章　网络文学的群体化创作与版权治理

于文[*]

摘要： 近年来，互联网技术和新媒体发展迅速，网络化群体创作迎来了全新的发展空间。通过对网络化群体创作及运行规律的分析，发现网络化群体创作在数据库消费与细节抄袭、类型化创作与梗的归属方面存在的问题较为突出。因此，版权立法、司法和行政管理等相关部门要探索具体化的网络文学侵权判定标准、创新分类化的版权使用规则，以及建立平台化的正版网络文学写作素材库，从网络文学的生产实践和规律出发，开展更具弹性和针对性的综合版权治理创新。

关键词： 网络文学；群体化创作；版权。

近年来全新的"网络化群体创作"在网络文学中兴起。一方面，网络文学、网络视频、网络游戏中最具 IP 价值的"人物/故事设定""故事类型"是由网络社群成员在长期互动中累积共创而成。这些"世界观设定""人物设定""类型文""萌梗/萌要素"的具体组合，有些已经构成独创性表达，即版权法意义的"作品"，但在社群内创作中却被视为圈内"公有素材"。另一方面，此类具有共创性质的作品因为极具粉丝效应，成为 IP 的主要源头。版权作为一项用于交易和分配的财产权利，其权利源头必须权属明确、边界清晰。

版权制度将作者对作品的"独创"作为权利根基。数字时代，职业和业余创作者、粉丝和受众被互联网实时联系在一起，网络文学的"类型""设定""萌梗"，短视频的"套路""桥段"，同人创作的"角色""宇宙"甚至游戏梗，其中很多都是在密集的情感互动中被"共创"，具有公共属性资料库的性质。这种在古代文学、民间文艺中常见的群体化创作模式在数字时代

---

[*] 于文，博士，华东师范大学传播学院副教授，硕士生导师。

第十章 网络文学的群体化创作与版权治理

得到全新发展,并日益成为数字文化的活力之源。这些文化成果有些已经构成版权法意义的"表达"即版权保护客体,有些则与公共性的"思想"界限模糊、难以分辨,这种不确定的法律风险,不仅阻碍了社群内部网络化集体创作的繁荣,也阻碍了相关文化产业的发展。大力发展网络文艺,首先要研究网络文学创作新规律,破除网络文学发展的体制机制障碍,激发创新活力。但群体化创作引发的文学创作方式多样化的版权冲突已经成为网络文学发展的制度瓶颈。本文拟对网络化群体创作及运行规律进行分析,初步探索更具弹性的综合版权治理方式,以化解不同创作方式的版权冲突,促进基于多元产权模式的文化生产共同繁荣。

一、网络化群体创作的兴起

相对于戏剧、影视等综合艺术,文学作品的创作过程极少依靠合作,属于独立性较强的艺术门类。然而,中国网络文学近十余年来的类型化创作实践却改变了这一点。从2003年"起点中文网"试行VIP收费阅读制度成功,中国网络文学建立自给自足的商业模式以来,文学创作就不再是孤独的书写历程。"网络文学"不只是"数字创作、网络传播"的文学,而是"创作过程"也被深度网络化的文学新物种。一种前所未有的大规模群体化创作实践在中国的网络文学空间中蓬勃生长。

全新的商业模式之下,排行榜单、付费订阅直接决定了一部作品的命运甚至生死,读者因此获得了至高的地位。作者拼命取悦读者,挖掘读者潜意识中的欲望需求。一旦某一种欲望需求以某种故事结构被充分表达出来,就会被粉丝读者在互动讨论中赋予专有的"名称",并被其他写手反复使用和发展。在这个过程中,被网络虚拟社群集结在一起的读者群体在特定的故事类型、设定和人物属性的形成和发展中发挥了极其重要的主体地位,作者的写作反而更像是付费机制下契约式的合作生产。较之前网络时代的共同创作行为,这种新型的群体化创作有许多鲜明的网络性特征。

(一)作为"作品"的类型

传统研究在论述网络文学的参与性时,会将目光聚焦在网络文学创作过程的互动性上。与传统小说的作者孤独地写作意识不同,在线连载的网络文学作者会在写作过程中与追更的粉丝读者通过评论区和论坛等网络空间密切地实时互动。他们既会积极吸取读者的意见,希望故事能够迎合读者对"爽点"的阅读期待,即意料之中,也会在情节发展被读者猜到时及时修改调整,希望结局能在意料之外。读者因此深度参与作者的创作,网络文学的创作过程相对于传统文学具有了较强的群体性。

然而,这种交流式的参与方式与一般意义的共同创作还是较大差距。作品的写作还是由作者独立完成,作者和读者在文本生产中的地位不可相提并论。但如果深入观察作者与读者网络互动的具体内容,我们会发现他们讨论和评价的主要对象是故事的设定、类型或属性,他们使用的许多术语对不了解网络文学的人来说几乎就是天书。这些所谓的宇宙设定、情节设定和人物属性并不是某部作品的独创,而是由特定网络文学类型所凝聚的网络社群在长期的读写互动中形成的共有的"行话"和知识体系。也就是说,当我们将关注点放在单个作者和单部作品时,每部网络文学作品是彼此独立的存在,而当我们将视野扩大,将对网络文学的研究对象提升为"类型"的时候,作品的"超文本性"就凸显出来。某个类型中的所有作品都是基于某个特定故事设定、套路或人设的再创作,这些特定的类型及其故事的设定、套路和故事结构并不是某个人的独创,而是社群在一次次具体的创作实践中共同创造的智力成果。

(二)"数据库式"的创作

网络文学的群体化创作还体现为创作本身的数据库化。日本学者东浩纪在分析日本的ACGN文化时很早就注意到了日本御宅族文化消费的变化,认为用户从消费大叙事转变为消费经由"拟像"形成的萌属性,这些"萌属性"经过粉丝和资本的推动汇聚成庞大的属性资料库。这些萌属性会被后续创作者和粉丝同"人像捏脸"一样持续不断地排列重组,合成新的人物和故事。中国的网络文学也具有类似的数据库结构。网络文学的类型和属性之间具有非常强的结构化特征,本身就是不断分化、迁移和重组的结果,这些数据库式的拟像创造实际上已经成为网络文学依托的新"现实"。

为了迎合这种数据库式的新型文学消费需求,在资本的助力下,海量写手开始了流水线般的模组化数据库式创作,网络文学平台变成了各种类型、设定和属性的试验场。圈里人常常用"玩属性""玩设定"来描述这种带有群体仪式感的试验。粉丝会像点菜下单一样对作者提出具体需求，希望看到某个故事设定和人物设定组合的故事。这在圈内被称为"点梗"。网生一代的读者有着天然的数据化、模组化思维。他们根据标签中的要素来选择自己喜欢的组合方式，而作者也迎合他们的需要，或者在他们的鼓励下尝试新的组合。在这个过程中，他们还会不断地把新故事中的世界设定和人物设定提取出来，纳入类型属性数据库。

创作模式的变化也改变了作品创新性的评价标准。传统小说的创新性主要表现在主题思想、情节构思、写作手法和表达方式上，而网络文学小说的创新性主要体现在类型属性的组合创新上。网络文学世界的小说很少被理解为作者人性的投射，或者某种天才的创造，而更多被理解为一种对既有类型、设定和属性资源的再开发，通过更多的拼装和组合尝试，对社群共同创造的新世界或者人物设定进行拓展。

二、网络化群体创作的版权冲突与困境

随着近年来文娱产业领域 IP 热的兴起，网络文学作品作为 IP 授权最主要的源头，被大量改编成市场价值巨大的影视、游戏作品。一旦进入更大的资本市场，涉及更大的市场收益，围绕源头文学作品的权利纠纷也逐渐增多。许多知名 IP 在开发过程中频频受到抄袭的指控，有关网络文学中的"融梗"问题也成为热议的焦点。但是当我们把视角深入网络文学创作实践中就会发现，网络文学的生产方式与传统文学作品有着许多结构性的差异，是一种基于互联网的新兴文艺实践。因此，网络文学的版权问题变得更加复杂，传统的文学作品纠纷解决机制并不足以应对。某种意义上，网络文学不仅增加了版权纠纷的风险性和判案难度，而且触及了版权制度的深层次结构问题，更因为其多元版权文化的混合性，成了非常棘手而且需要认真对待的问题。

（一）数据库消费与细节抄袭

侵犯复制权是网络文学版权纠纷中较为突出的问题。一般来说，传统文学领域的侵权以实质性相似为主，逐字逐句抄袭的情况相对较少。然而在侵权纠纷中，"抄原文"的现象则较为突出。工业流水线式的写作状态让作者完全没有时间在描写上字斟句酌，但又需要大段程式化的描写文字对作品进行"注水"，加之类型化小说本身在人物、情节上的重复化，作者开始简单

粗暴地直接复制彼此的细节描写部分。后来更是出现了借助人工智能技术的网络文学写作软件。这种软件虽然不能完全替代作者的写作，但只要输入相关的关键词，就能检索出大量有关某类人物、某种场景的描写片段。这对于需要大量填充字数并持续更新的作者来说是如虎添翼的利器，他们一般也不会依赖写作软件来生成核心创意，而是借它们找一些细节内容进行改写，如景物描写、外貌刻画等。而数据库的内容源自网络上的海量作品。写作软件的开发者基本都没有取得这些文字的授权。

（二）类型化创作与梗的归属

除了直接复制外，网络文学的版权纠纷中更复杂更常见的问题是"实质性相似"。中国的网络文学主要是指本土发展出来的类型化小说，大多数作品都是新型群体化创作模式下的产物。这意味着作者个人的创作自由度相对较小，他们主要是根据读者的需求，按照既有的类型、设定和人数属性进行数据库式的写作。而按照现有的法律规定，文学作品中，对特定人物素材和情节素材的选择加工，以及情节的前后衔接、逻辑顺序共同构成的有机整体，被视为著作权法保护的表达。这让很多类型化创作模式生成的作品介于侵权与不侵权之间。这个模糊地带引发的问题在网络文学圈内被称为"融梗"，即将多部作品的构思、情节和桥段通过重新表达融入自己的作品。

三、版权制度的创新与调适

网络文学领域的版权纠纷无论是从数量上还是形式上都已经突破了传统文学的侵权限度。这种发生在不特定群体之间的，从"故事创意"到"内容表达"，再到"传播和再生产"的全程群体化联合生产模式，已经突破了传统意义的合作创作，对版权制度的适用性发起了挑战。版权立法、司法和行政管理部门应该从网络文学的生产实践和规律出发，积极联合平台、作者和读者社群开展更具弹性和针对性的综合版权治理创新，实现多元利益的动态平衡和多元文化生产方式的和谐共融与协同发展。

（一）探索具体化的网络文学侵权判定标准

当基于网络社群的类型化创作成为网络文学创作的基本形式，一个长期存在于法律和艺术实践之间的矛盾也被日渐激化，那就是"思想/表达二分"

的模糊性对艺术创作的限制问题。版权法不保护抽象的思想，只保护以有形形式对思想的具体表达。然而版权法虽然在法律构造上将作品中的"思想"与"表达"一分为二，但在现实中两者并不是对立的存在。在抽象的主题思想和具体的文字表达之间，还包含着故事的情节、结构、叙事顺序，人物的性格、形象及其人物关系等。这些层面的内容属于"思想"还是"表达"，或者说要不要受到版权的保护需要具体分析。

问题的关键在于法律的功能不仅在于对侵权行为进行制裁，更重要的是规范和指导未来的行为，为公民的日常行为提供预期。而究竟哪些情节属于"思想"，哪些情节属于"表达"，并没有一个固定的标准，还是要根据具体情况进行分析。虽然司法界探索出"抽象概括法""整体观察法"等侵权认定规则，但如何判断"非文字性"相似构成的"实质性相似"，对版权理论和司法实践依然是一个巨大的挑战。

网络时代作品的公开使用行为已经嵌入普通人的日常生活，为了使版权继续发挥应有的社会功能，面向普通公众的版权教育与指导便成为政府版权主管部门的重要职责。版权部门应当充分利用网络文学的平台性和社群性，联合网络文学平台和网络文学社群的作者与读者开展有针对性的版权普法，指导网络文学平台开展自治性和自律性的社会化版权治理。为海量的普通网络文学创作者提供具有操作性的指南，为合法创作提供更广阔的空间，真正发挥版权制度促进文化繁荣的终极目标。

（二）创新分类化的版权使用规则

小说大致可以分为追求思想性、艺术性的严肃文学和追求故事性、娱乐性的通俗文学两大类。严肃文学以正统自居，文字精心雕琢，追求突破创新，并刻意与商业化保持距离。而古今中外的通俗文学则难登大雅之堂，基本上采取类型化、模式化的速成创作，以满足读者和市场需求为最高追求。中国网络空间中生成的商业化类型小说就是通俗小说在网络时代下的新形态。在网络环境下，不同欲望需求的读者围绕特定的"爽点""萌点"迅速集结成实时互动的紧密社群，对创作中产生的"梗""设定""类型"进行提炼和固定化，并推动后续创作。虽然按照现行版权法的标准，这个领域的"抄袭"现象已泛滥成灾，但作者之间的诉讼却很少。因为那些号称自己被侵权的"原创"作者要证明自己是完全的独创并不容易。

如何在网络时代既发挥好版权制度在维护市场秩序、保护作者经济权利等方面的重要功能，又保护好通俗类文学特有的创作模式就成了摆在立法、司法和版权管理部门面前的共同问题。但基本原则是保障文学创作方式的多样性，让多元文学产权配置模式能够相互兼容并存，在保护作者收益和资本回报的前提下，促进多元创作方式的共同繁荣。

（三）建立平台化的正版网络文学写作素材库

网络文学以故事为主体的消费模式，让传统严肃文学中最具价值、最体现作者独创性的细节描写、人物塑造等被矮化成了结构化的素材数据。而网络文学平台上的作者规模有数千万人，绝大多数都是并不精通文字描写却爱讲故事的"小白"作者。因此他们开始利用网络文本数据化智能化的特点，频繁地直接挪用别人的表达来填充自己的文本细节以满足读者对故事更新的需求，甚至直接使用一些写作软件作为辅助。因此，版权管理部门应该积极引导写作软件运营商等平台机构从原作者获得合法许可，通过用户会员制的方式来实现写作素材的正版化。与此同时，要加强对文字素材版权平台的监管，避免其利用市场地位对版权资源进行滥用，侵犯本属于共有领域的公共文化资源。

参考文献

[1] 中共中央关于繁荣发展社会主义文艺的意见[N]. 人民日报，2015-10-20(2).

[2] 习近平在文艺工作座谈会的重要讲话[N]. 人民日报，2014-10-16(2).

[3] 林俊敏. 网络小说生产一本书破解网络小说密码[M]. 广州：花城出版社，2020.

[4] 崔宰溶. 中国网络文学研究的困境与突破[D]. 北京：北京大学，2011.

[5] 储卉娟. 说书人与梦工厂[M]. 北京：社科学文献出版社，2019.

[6] 邵燕君. 网络文学的"断代史"与"传统网络文学"的经典化[J]. 中国现代文学研究丛刊，2019(2): 18.

[7] 卢治. 网络文学的"界碑"与"症候"[J]. 文学评论，2019(3): 9.

[8] 王玉玊. 萌要素与数据库写作——网络文艺的"二次元"化[J]. 文化研究，2020(1): 17.

[9] 李强. 从"超文本"到"数据库"：重新想象网络文学的先锋性[J]. 文艺理论与批评，2017(3): 7.

[10] 高寒凝. 网络文学人物塑造手法的新变革——以"清穿文"主人公的"人设化"为例[J]. 当代文坛，2020(6): 55.

第十一章　南方出版传媒二十余年数字出版转型之路

刘晖[*]

摘要： 南方出版传媒的数字出版经过二十余年的发展，主要经历了三个时期，目前已进入全面推进媒介融合建设的攻坚阶段，其在战略策略上主要体现为教育出版集约化、大众出版特色化、报刊新媒体矩阵多元化的发展特色。最后，文章提出可以从建立用户思维，加强服务意识；适应数字营销，探索线上线下融合模式；增强人才培养，充分利用新技术等方面促成媒介融合转型。

关键词： 南方出版传媒；数字出版；转型。

一、发展阶段

南方出版传媒股份有限公司成立于2009年12月，是广东省出版集团公司（1999年成立）的全资子公司，2016年1月上市（简称"南方出版传媒"）。广东省出版集团成立后，即开始着手数字出版的转型，二十余年来可以概括为三个发展阶段。

（一）2000—2008年："传统内容+"时期

广东出版集团公司自成立以来，即顺应互联网技术发展而延伸数字分支业务。2000年3月，时任集团总经理的黄尚立召集"在线出版"业务，组建运营小组，以"企业化管理，商业化经营"的模式运营互联网出版业务。这成为集团传统出版方式转型的开始。然而，当时数字阅读的社会认知度还较小，传统出版业本身也受限于技术、人才、盈利模式等方面，集团的网络出

---

[*] 刘晖，博士，华南师范大学文学院教师。

第十一章 南方出版传媒二十余年数字出版转型之路

版业务开展得比较缓慢，没有打开局面。

随着技术的迅猛发展，数字阅读伴随着数字技术发展普及逐渐被越来越多的人青睐，至2008年数字阅读率已达到24.6%。广东省新闻出版局迅速部署，于2008年1月率先设置数字出版管理处，自觉将数字出版纳入出版管理的轨道。地方政府对数字出版业务的关注，大大促进了出版集团的积极性。集团公司召开大型数字出版工作会议，贯彻落实广东数字出版工作会议精神，规划和部署工作，后来相继下发了《关于加快推进数字出版工作的决定》《广东省出版集团数字出版发展规划（2008—2010年）》《广东省出版集团图书电子文档管理办法》。规划提出数字出版的发展目标为：通过3年的努力，集团的数字出版逐步形成稳定、持续的盈利模式，进入良性循环和规模发展的新阶段，使数字出版成为集团的骨干业务和重要经济增长点。到2010年年底，集团所有的出版物实现数字化处理；完成集团所属出版社的ERP工程，实现出版全流程数字化；数字出版的年销售收入达6000万元以上。集团公司专门于2008年7月成立了新媒体出版中心，负责统一收集、规范管理和综合利用集团所属各出版单位的数字内容资源和版权资源，中心建设集团的数字出版技术平台和营销平台，依托集团原有纸质出版优势，开展电子书、电子杂志、数据库、网络出版物、手机出版物、动漫等新媒体产品的商业化运营。

这一阶段是广东省出版集团公司数字出版的发轫期，经过了长期的观望与准备。除了教育出版外，也开始着手移动阅读业务，如2008年3月与广东移动洽谈合作，共同主办读书频道、手机小说创作大赛、移动书城、网络创业大赛等活动。

（二）2009—2013年："数字产品+"时期

2009年1月24日，由新媒体出版中心改组的广东省出版集团数字出版有限公司正式成立，成为国内第一家直接以"数字出版有限公司"冠名的出版机构，专门从事数字教育、数字阅读业务，它以南方出版传媒在移动互联时代提供转型升级数字化解决方案为使命，进一步加快推进集团的产业升级和转型。

数字出版有限公司成立之后，继续发力教育出版网站。推进数字样书库建设，开发"电子书包"项目；推进"广东新课程网"的建设，创新粤版教材服务模式，抢占未来教材网络推广服务和应用的先机与制高点，关系到集团在教育网络化时代的生存与发展。在第三届中国数字出版博览会（2009年）上重点展示了专业教育服务网站"广东新课程网"和"电子书包"项目。在此次博览会上，集团因大力推进数字出版化进程、积极探索新型出版形态和商业模式所取得的成绩荣获"年度示范企业"称号。广东省高度肯定此次成绩，认为数字出版已成为数字广东建设中的亮点。集团数字出版公司组织申报的"广东教育出版数字化平台项目"列入省科技 2009 年度第二批产业技术研究开发资金计划支持项目。"广东教育出版数字化平台"是以打造创新型广东和"数字广东"为目标，按照教育部新课程标准建设，以教育出版资源库为基础的一站式专业教育服务网站。

（三）2014 年至今："数字平台+"时期

2014 年被称为"媒体融合元年"，媒体融合成为国家战略，无论是政策、资本、资源，还是人才都向新兴媒体产业倾斜靠拢。传统出版人都整装待发，走向网络空间。2014 年 10 月，集团在内部人才培训"从优秀到卓越"研修班上，提出并重点研究出版传媒的融合发展问题，认为融合发展要"立足传统出版，发挥内容优势，应用先进技术，走向网络空间"，提出了资源整合、多媒融合、重点突破、加速转型的指导思想，以时代传媒为主体，重点打造集团综合性、按专业分工的新媒体中心，同时打造内容、出版、渠道三大平台，推出八个重点项目等。

数字出版公司继续围绕数字教育和数字阅读两大领域发力，积极走媒介融合之路，提出三年规划，即用三年时间完成南方云出版、云阅读、云教育（三朵云）三大平台项目，并完成南方出版传媒出版全流程数字化改造，将传统出版的巨大优势转化成线上线下双向互动的运营优势，以多元"产品+服务"快速拉开经营格局，形成有影响力的数字阅读和数字教育品牌。2015年，南方出版传媒在其制定的《媒体融合发展实施方案》中，将"三朵云"扩展到"五朵云"，即南方云媒体、云出版、云阅读、云教育、云终端等五大平台（"五朵云"），投入重金打造，以此为抓手，逐步实现媒体融合目标。

除此之外，在南方出版传媒总部成立职能部门及新媒体中心，承办推进媒体融合发展实施的日常协调与数字资源集聚、数字产品开发、版权资产管理、重点项目运营等管理工作，推动"五朵云"建设顺利实施。

第十一章　南方出版传媒二十余年数字出版转型之路

在建设"五朵云"的过程中，南方出版传媒积极运用先进数字技术推进教育出版物数字化转型与升级。2017年4月7日，国家新闻出版广电总局首批新闻出版业科技与标准重点实验室"AR+教育数字出版联合实验室"在南方传媒揭牌，这是广东省获批的唯一一家跨领域综合性重点实验室。该实验室由南方传媒旗下广东省出版集团数字出版有限公司主要负责。搭建AR数字出版业务平台和AR资源汇集与投送平台，研发基于ISLI国际标准的AR教育复合出版物，推动集团的数字化转型升级，助力出版业深度融合发展。

二、战略布局及特点

南方出版传媒数字化转型过程中，贯彻执行资源整合、多媒融合、重点突破、加速转型的指导思想。

（一）教育出版实现集约化发展

1. 数字出版公司"粤教翔云"平台

南方出版传媒数字出版公司整合广东教育出版社及其他出版单位的数字内容资源和版权资源，牢牢抓住教材教辅编写、出版、发行的核心优势，以"国内领先、具品牌优势的教育和阅读平台运营商"为战略定位，集合人教版、粤版及北师大等版本的数字教育资源，联动研发数字教育产品，全面整合运营数字新媒体业务。

"南方云教育"是数字出版公司开发的拳头产品和标杆项目，围绕智慧教育"课前—课中—课后—课外"四大场景进行产品开发，通过"内容+平台+设备"线上线下联动运营，为教师、学生、家长三类用户提供海量、正版、专业、权威的数字教育内容和高质量的终端应用服务。该平台是南方出版传媒与广东教育厅达成的基础教育信息化战略合作项目，列入广东省教育信息化"十三五"规划，先后荣获"2016年度出版与教育跨界融合品牌"、2017年"教育信息化企业应用创新奖"称号。2018年9月，"粤教翔云数字教材应用平台"上线运行，提供义务教育阶段全学科全版本超过400册的国家课程数字教材，汇聚了优质、专业、正版核心课程数字资源，覆盖广东全省义务教育阶段师生，实现国家课程数字教材全学段、全学科全覆盖。2019年，广东省教育厅通过单一来源采购方式，供广东省义务教育阶段师生免费使用。作为"教育+出版+技术"融合创新成果，入选为国家新闻出版署2020年数字出版精品，被业界誉为"中国教育数字出版的里程碑项目"。

2020年，粤教翔云平台为广东省广大师生实现"停课不停学"发挥了重要作用，它成为全省学生自学或师生在线教与学平台之一，为全省1300多万名师生开启"云上"课程，超1.9万所学校，缓解疫情下师生教学压力，助力消除区域之间、城乡之间的优质教育教学资源差距。平台共上线一至九年级共12个学科的教材278种，包括人教版、粤版、北师大版、外研版等，而且根据义务教育国家课程纸质教材修订、重排等内容变化情况和教学特点，及时完成数字教材资源的更新。2021年10月，该平台获得第11届中国数字出版博览会"2020—2021年度数字出版优秀品牌"。

粤教翔云平台在深入课堂了解教学需求的基础上，开发了智慧教育"云课堂"，提供翻转课堂、问题解决、主题探究等多种创新教学模式。例如，在梳理粤版《物理》学科知识点的基础上，通过自主搭建的"数字资源碎片化实验平台"完成了粤版《物理》（八、九年级）共4本数字教材的资源碎片化实验。同时，还增加主要科目数字教材的习题碎片化开发，教材课后习题内容将解析成碎片化资源，重新加工成可以在课堂教学中直接使用的习题资源等。这套系统获得一线教师的好评，教师可以充分利用该平台中提供的实验视频资源进行授课，提高工作效率；收集学生的课堂小测情况，即时反馈成绩，有重点地突破教学难点等。近两年来，广东省教育厅组建数字教材专家团队，广泛征集具有特色的数字教材优秀应用案例，形成了一批基于"点点用""改改用""创创用"的优秀示范案例，为师生教学提供参考。

目前，粤教翔云平台能提供富媒体资源整合、数字内容交互、学习过程追踪、大数据、知识服务等一系列云端环境下数字教育内容服务，自主研发数字教材生产、发行和应用平台，实现全流程数字出版的技术自主化；同时基于自有平台生产的富媒体、交互式数字教材，充分体现课程内容、目标、结构与技术的深度融合，有效支撑了广大师生在信息化环境下的教学创新，推动实现教育理念重塑、课堂结构重组、活动流程再造、教学模式重建，构建了以学生发展为本的课堂教学新生态。

数字教育出版未来发展态势持续升级，作为未来业绩增长点，南方出版传媒积极推动粤教翔云平台建设，以加强教育产业布局，打造新媒体集群。

2. 广东教育出版社

广东教育出版社是省内唯一的国家一级出版单位,致力于服务广东省基础教育,以配套学生教辅材料为主,与其他类教辅互为补充,在教辅出版方面具有突出的专业优势,拥有14科国标教材,近100种省编教材,400多种教辅列入省编目录。近年来在数字出版、融媒体方面主动投入,积极发展数字教育出版产业,主要体现在3个方面:(1)让教学资源由书本走向线上,围绕多年积累的丰富教学辅助资源开发知识付费服务。自主研发学科网络课程,打造精品100课,努力构建以内容为中心,具有多种媒体形态、多元传播平台、多种传播终端的立体传播体系。广东教育出版社全面实施"中小学书法教育全媒体运营平台"和"基于学习轨迹分析的修改融会贯通智能教学平台",积极开发书法学习平台、学练测平台、虚拟实验室等在线学评测平台;(2)融合发展促转型,逐步从教育出版商向教育服务商转型。全力建设广东省中小学课程资源研发和服务全平台——乐橙空间,整合原有课程(教材)资源,根据主题课程化、课程活动化、活动装备化、装备空间化的"四化"路径,实现课程资源自主研发,实现出版融合和主业转型,同时通过线上选课、线下上课或双师教学模式,提供课程资源的全媒体、全覆盖式服务。(3)开拓研学旅行,让教育出版与实践内容有机结合,自主开发研学旅行标准和研学读本,并逐步整合各学科优质的教育和文旅资源,开展精品研学服务,包括全流程出版研学营、恒大足球研学营、读城少年研学营等精品研学项目。

(二)大众出版特色化发展

南方出版传媒旗下各出版社根据自身资源优势和业务特点,适应媒体融合发展的需求,加快数字化转型。

1. 广东人民出版社

2016年,广东人民出版社开始积极尝试转型融合,先后成立宣传推广部和网络事业部,力图在传统出版与发行上寻求突破。2017年,社长肖风华决定:"我们不要单纯只做传统出版社了,我们要有一部分人转型做互联网公司。""三年时间内再造一个广东人民出版社"成为该社目标,强力往媒体融合迈进。首先自建电商渠道,以电商渠道建设为主线,知识服务为发展方向,市场大数据为依据,自主研发出版新媒体图书,全面打造全新媒体出版融合的生态系统。2016 年成立天猫旗舰店,一年的时间销售额实现了从 0 到 876 万元的突破,2018 年该社财会考试类图书成为"爆款产品",订单激增使发货速度跟不上订单的增长速度,全社员工进入仓库打包发货。2018 年 5 月,为有效整合全社线上线下资源,做大全社电商平台规模,广东人民出版社专门设立电商运营中心。从"互联网+出版+教育"的模式围绕文化、教育主线着手进行跨界运作,例如,2018 年涵盖了多种语言的学习课程"千语街"App、2019 年的 IT 在线教育培训项目"零壹快学"、粤语大词典等。广东人民出版社积极利用与运营社交媒体,在哔哩哔哩、抖音、快手平台也建立了垂直领域的新媒体营销矩阵。入驻社会化媒体不仅可以获取丰富的流量资源,而且可以通过社会化媒体丰富的媒介形态进行提供相应的营销配套服务。2021 年,广东人民出版社针对《全国计算机等级考试高分宝典》《Word Excel PPT:从入门到精通》办公应用类书籍进行促销,同时在哔哩哔哩等平台推配套的办公软件以及计算机等级考试的教学视频,进一步提升用户的购买与使用体验。除了入驻强势平台,广东人民出版社同时注重发展自有平台建设,开通"两微一端一号一抖一平台",专门配置了部门与新媒体营销人员。

2. 花城出版社

花城出版社以"多元融合传播运营平台建设项目"为基础打造"爱花城"文学新媒媒体平台,以"内容+平台"架构而成,由爱花城网站、"爱花城"App、"花城艺测"App、"花生文学"比赛网站、"花城听说"小程序等组成,广泛涉及电子书及有声书的出版、销售、阅读,以及原创作品出版、文学赛事组织及承办、语音直播、线上改稿等,全方位多角度覆盖文学出版业产业链。网站是基于自身品牌资源向数字化转型的一大成果,以花城出版社积淀三十余年的精品内容为基础,打造的文学写作阅读平台。功能区划分明了,付费资源与免费资源相结合,文学作品浏览、音乐教材下载、电子销售系统、客户端链接、投稿小窗口、排行榜等提供了较完善的信息。该平台可为读者作者提供专业的文学服务,作者读者可以在网站、手机上购买电子书刊、阅读免费文本,而且可以进行创作经验分享、参加写作培训、投稿比赛、版权运营等。读者不仅可以在这里看到最新的原创作品,还可以注册成为创作者,

第十一章　南方出版传媒二十余年数字出版转型之路

发表自己的文学作品，平台上有各种文学征文启事，能为各位新锐作家提供投稿渠道，助力创作者成长成名。通过这个平台，读者可以关注喜欢的作者，跟踪作者的创作动态，两者之间形成良好互动。在文学圈这个板块，用户可以随时记录感想、分享图书、发表评论，建立以文学作品为纽带的社交，满足广大读者的互动需求。另外，爱花城的听说功能为大家提供了线上直播和录播的课程，平台方邀请国内知名作家、教授等来分享文学知识，给用户提供更多学习和交流的机会，增强阅读、创作与教育之间的联系。"爱花城"平台将优质内容资源进行延伸，构建全新的内容生产模式。它始终以服务用户为宗旨，通过这一平台解决用户互联网阅读和文学创作等多方面的需求，为开启用户生产内容模式提供良好的契机。另一个平台"花生比赛"则专注于线上文学创作大赛这个领域，主要开设比赛列表、作品展示两大板块。各赛事的时间、要求、奖金等信息均可查询，并且在网站中还会及时更新比赛的动态，便于想参赛或已参赛的用户了解相关资讯。2019年10月，花城出版社的"爱花城文学平台项目"入选国家新闻出版署数字出版精品遴选推荐计划。

3. 广东科技出版社

广东科技出版社作为省内科技专业出版社，积极开发相关数字媒体产品，提供专业化服务。2017年以后，全面推进新媒体运营，开通"两微一端"，开设微店，在京东、天猫铺设线上营销渠道等。2018年，该社打造的权威的数字农业出版平台"金土地"复合出版工程获得该年度省文化繁荣发展专项资金。另外，利用名家工作室品牌效应开展线上传播。如2019年成立"许尤佳工作室"，实行项目制管理，发挥名医效应带动出版发展。合作出版《许尤佳育儿丛书》，联合打造"许尤佳育儿堂"公众平台，推出"许尤佳育儿100问"音频课程等系列产品。2020年"许尤佳育儿堂"公众号粉丝数达10万多人，拓展近10个听书平台推广有声书，总播放量超2500万次。

该社积极尝试打通线上线下营销方式，并取得了显著成绩。2020年1月新冠肺炎疫情暴发。广东科技出版社迅速反应，仅用48小时即出版了全国第一本防疫图书《新型冠状病毒感染防护》。在书稿正在编撰的过程中，营销中心成员展开图书征订工作并在自营店上架书讯。该书出版当天即分别在广州购书中心、广州图书馆、越秀花市医疗点免费派送图书1500册，并采用顺风航空快递给省外读书。在该书印制同时,即将电子书开放转授给各大电子书和新媒体平台,并在广东科技出版社旗下两个公众号上先后免费向公众发布。仅广东科技出版社官方公众号的推文阅读量就已经达到2500万次。通过二维码将纸质内容与融媒视频、公众号延伸内容做了有机链接。该书立体化营销的成功,为该社积累了丰富的渠道资源与线上线下相结合的营销经验。

(三)报刊新媒体矩阵运营多元化发展

南方传媒全资子公司时代传媒集团于2020年11月成立,由广东时代传媒有限公司和新周刊杂志社合并组建而成,以"财经+生活"构建全媒体矩阵的一体两翼,旗下媒体有《时代周报》《葡萄酒》《收藏拍卖》《消费者报道》《时代财经》《新周刊》等杂志。时代传媒集团秉承"记录时代、创造价值"的使命,持续推进全面深化改革,大力推动媒体融合,时代传媒的新媒体矩阵包括:时代在线网站、时代周报App、时代财经App、时代周报"两微"、葡萄酒"两微"、时代数据公众号、时代商学院公众号等。时代财经App下载量超2500万次、新周刊微博粉丝数超2100万人、新周刊微信公众号入围2020年中国微信50强,新媒体集群年度全网流量破10亿次,社会影响力不断增强,经济效益持续向好。2021年11月,时代财经5.0版本全新上线,新版本覆盖商业、地产、大健康、汽车、金融等十大财经领域,并推出《19号售楼处》《消费那些事儿》等六大精彩品牌栏目,联动24小时快讯,发力原创硬核短视频,打造全景式财经资讯平台,构建生态化、沉浸式的财经媒体场域。

时代传媒集团的成立是南方出版传媒贯彻落实中央加快媒体融合发展、深化体制机制创新的重要举措,而且它整合了《新周刊》《时代周报》等优质内容资源,致力于新媒体矩阵的构建与打造,形成了内容多元化、协同互补的良好发展态势。

三、问题及对策

南方出版传媒数字化转型已经形成重点突出、多媒并进的态势,具有一定的规模。对于南方出版传媒来说,已经渡过媒介融合转型初期,然而,怎么才能勇于创新,大胆开拓,进一步推进媒体融合转型,目前主要还存在着

第十一章　南方出版传媒二十余年数字出版转型之路

服务意识不强、数字营销乏力、人才缺乏的问题。本文从全媒体背景下数字出版运营模式的角度提供几点建议。

（一）建立用户思维，加强服务意识

互联网转型为传统新闻出版业设置了全新的游戏规则，而要驾驭这些规则实现自我突破，开辟新天地，传统出版人首先要具备互联网思维，尤其要建立起用户思维为主。据第 48 次中国互联网络发展状况统计报告显示，截至 2021 年 6 月底，我国网民规模达 10.11 亿人，其中，网络购物用户规模达 8.12 亿人，较 2020 年 12 月增长 2965 万人，占网民整体的 80.3%。大众对网络的依赖性日益增强，网络购物成为人们的普遍选择。然而，线上用户群体庞大而易变。数字化出版天然携带着"去中心化"的数字技术基因，为出版运营提出了的新的要求，应以用户为中心，满足用户群体的认知需求、信息、娱乐、社交、群体归属、自我实现等内在的多维需求。

知识服务对于教育出版、专业出版至关重要，需要出版单位在策划、生产、管理等方面发生颠覆性改变。它主要包括专业类知识服务和大众类知识服务，后者主要依托 App、小程序、微信公众号等载体。南方传媒在推进一般图书专业化、特色化、品牌化改革之后，各出版社要充分运用互联网思维，创新营销理念，加强编辑队伍的互联网思维，掌握新媒体技术，深耕新媒体平台，跟踪用户偏好和当前热点话题，发挥新媒体的优势，实现自身营销策略的革新。应积极推进出版转型升级，改变以往传统出版的单一出版物生产和传播机制。对于传统出版社来说，如何实现激活与转化传统内容资源优势，开发新的互联网产品，加强用户黏性，成为摆在出版人面前需要攻克的重大的课题。根据出版社拥有的优势资源，精准定位用户，注重市场关系的深度维护，使深厚内容 IP 积累转化为具有相对优势的数字资源。另外，利用社群将为传统出版开启新型盈利模式。社群经济是基于社群而形成的一种经济思维与模式，它依靠社群成员对社群的归属感和认同感而建立，借由社群内部的横向沟通，发现社群及成员的需求，通过服务这些需求而获得相应的增值，并进一步建立社群内部的生态系统。

"互联网+"时代，出版业营销的一大重点就是深耕用户，通过与用户建立强关系，形成出版企业的社群，从而将用户转化为粉丝，成为出版企业的忠实拥护者。对于新媒体矩阵建设来说，基于互联网思维中的流量思维，它应构建形式多样的信息内容，满足话题选择、互动方式、产品形式、用户创作等多样化功能需求。在大数据技术的支持下，媒介矩阵可以提供目标群体的购买力、群体喜好、参与习惯、互动形式等多维度数据，为准确的内容选取和推送决策提供可靠依据。

（二）适应数字营销，探索线上线下融合模式

当当、京东、淘宝等电商平台以方便快捷、低价实惠的优势迅速挤占实体书店的生存空间，线上销售已经成为图书销售的主要渠道，图书线上营销成为出版人的必争之地。2018年以来，数字化营销实现了平台线上线下融合的模式创新，微信公众号、视频号、App等线上自媒体平台和线下营销活动打通，积极利用公域流量，圈存私域流量，构建大市场营销格局。2019年，京东、淘宝等电商平台进入直播元年，直播销售改变消费者购买行为与方式。抖音、小红书、快手等新型自媒体平台陆续涉足网红带货领域；逻辑思维、樊登读书等成为行业营销"顶流"。互动体验式的图书直播可以突破时间和空间的限制，使图书的著作方、出版方、销售方、使用方能够在直播间实现近距离的沟通和交流，这是网红经济时代带给出版业营销新机遇。对于传统出版业而言，直播带货是一个挑战，但在网红经济兴起的时代，直接带货是助力传统出版社图书营销的重要选择，需要出版社能够适应线上线下融合的营销要求，开辟直播渠道，培养专业直播营销人员。例如，新世纪出版社利用用直播的方式进行线上讲座、作家对谈和新书发布等图书推广活动。直播主要采用"直播+专家"的知识类营销模式展开，如在寒假期间邀请儿童文学作家和学者曹文轩、何腾江、沈石溪、孙海燕在新世纪出版社京东自营店铺进行直播。请作家推荐自己的作品能让观众更加了解图书的创作历程，引起观众和作家的情感共鸣从而产生更强的购买欲望。同时，对于观众来说，除了直播优惠以外还能获得知识收益，也使他们更容易对直播的内容信息进行二次传播，如在朋友圈和社群分享转发等，这样的分享行为又可以进一步扩大图书直播的影响和范围，产生长尾效应，形成良性循环。

（三）增强人才培养，充分利用新技术

随着技术的发展，2019年我国在线教育整体收入规模已突破2000亿元，比2018年增幅超过50%，成为数字出版产业中发展最为强劲的部分。教育

出版更加重视多媒体化、产品与服务一体化、服务个性化三个方面。南方出版传媒多年深植数字教育出版板块，又将教育出版集约化作为重大战略，大力建设粤教翔云平台。因此，在"双减"之后，公司进一步落实《中国教育现代化 2035》《广东省教育发展"十四五"规划》有关要求，进一步发挥粤教翔云平台的核心作用，制定数字教材行业标准、赋能教育教学改革创新、减负提质、提高课堂教学质量、助力基础教育高质量发展、助力教育大数据综合治理、提升教育国际影响力等。然而，人工智能技术越来越多地应用于内容的策划、创作、编辑、出版、传播的各环节，在流量预测、受众分析、精准推荐、交互传播等方面的应用不断深化，特别是在人机语音交互层面具有广阔的前景。粤教翔云平台的建设还任重道远，同时也需要更多掌握新媒体技术与运营的专业人才的参与。

在大众出版方面，除了使用传统的文本、图片、音视频等内容呈现方式外，在"全息媒体"。"元宇宙"等概念风靡的市场环境下，技术的飞速发展为出版物的内容呈现提供了更多可能，VR、AR、5G、4K、二维码、大数据等新技术可以以丰富的手段更新各种内容呈现形式及呈现载体，极大地提升读者的阅读效率，丰富阅读体验，打造多元的阅读场景，使阅读向服务化、智能化、立体化和生活化转向。

然而，南方出版传媒大多数编辑所掌握的新技术比较有限，要实现 5G 时代智慧出版的大转型，专业人才的缺口还很大。因此，建设一支出版融合专业人才队伍成为当务之急。除了引进复合型人才外，还要做好出版社内部人才培养，建立"互联网+"专业人才培养新模式。

参考文献

[1] 魏玉山. 全国国民阅读调查 20 年的回顾与展望[J].编辑学刊,2021.2: 11.

[2] 张懿. 出版数字化转型中的策略选择和困境思考——以"爱花城"平台为例[J]. 新闻研究导刊，2021，12(19): 182-184.

[3] 广东科技出版社. 展现责任与担当，广东出版为国际防疫贡献力量[N]. 国际出版周报，2020-05-11(008).

[4] 杨帆."北人文，南花城"，文学恣肆生长[J]. 出版人，2019(10): 32-34.

[5] 联相新. 论服务型出版[J]. 现代出版，2019.4: 5-13.

[6] 周檬檬. 以广东教育出版社为例讨论如何建设微信公众号[J]. 新闻研究导刊，2016, 7(5): 221-222.

[7] 刘茵. 广东教育出版社教材精品化发展实践[J]. 出版参考，2020(7): 44-46, 56.

[8] 朱燕玲. 新媒体时代纯文学期刊转型探索——以《花城》杂志为例[J]. 扬子江评论，2016(4): 69-74.

[9] 晓雪. 广东《时代周报》《新周刊》合并组建时代传媒集团[N]. 中国出版传媒商报，2020-11-27(6).

[10] 杨如倩. 传统出版社融合发展的创新思考——以广东人民出版社为例[J]. 出版广角，2020(8): 3.

[11] 林小玲. 论内容提供商转型文化服务商的出版融合运营模式——以广东人民出版社出版融合运营为例[J]. 传播与版权，2020(7): 3.

[12] 施勇. 社科类图书产品线运营的实践与思考——以广东人民出版社"万有引力"书系为例[J]. 中国编辑，2021(7): 4.

第十二章 出版类展会的"线上化"变革探究
——以北京国际图书博览会"云书展"为例

金强，曹静[*]

摘要： 在新冠肺炎疫情的持续影响下，"云展览"成为当下一段时期内较为流行的展览新模式。反复无常的疫情形势和国际贸易环境的改变，给国际图书版权贸易和图书博览会都带来了巨大冲击和不确定性，"线上化"和"云端化"正在成为出版类展会的发展新趋势。出版类展会"线上化"操作需把握"云书展"的创新模式和操作要点，针对"线上化"发展涌现的新问题，注重多管齐下，推动出版展会"线上化"持续发展。

关键词： 云书展；线上化；信息技术；BIBF。

数字经济的蓬勃发展使线上图书销售、数字阅读等业务规模逐渐扩大，这一原因直接导致中国传统出版业面临着前所未有的转型升级压力。出版类展会作为出版业的重要组成部分，早已不只是单纯的展览、图书交易活动。作为一个文化交流与发声平台，此类展会承载着将出版参展商、外围衍生品开发商、销售商、读者聚集一处，通过共享知识、开发合作来达到文化普及和产业创新的目的，并释放出"1+1>2"的文化潜能。传统书展的主要服务项目为图书销售、版权交易、衍生品推介三大类型，书展各主体在互联网时代对书展承担的职能和产出的绩效有了更高要求。举办书展的过程中，应该越来越注意各类新兴技术与书展的交融结合，以更为多样化的形式、更便捷的信息和更高的效率，在图书生产、版权交易和衍生品开发等方面进行国际交流合作。

---

[*] 金强，博士，河北大学跨文化传播研究中心副教授；曹静，河北大学新闻传播学院硕士研究生。

一、云技术促进"云书展"的发展

网络直播和短视频技术，使书展展示和与网友在线互动交流同步进行。但只是个别场次、个别时段、个别内容的应用，其主要目的是展示，具有明显的新闻和宣传性质，可以视为"云书展"的概念雏形。云技术促进互联网商业应用的深度和广度，如云呼叫、云会议、云社交等功能，再加上虚拟化技术、海量数据存储和管理、云计算等关键技术，云端资源共享与数据服务得以实现。"在互联网时代，线上发展或是书业发展的新契机。整合网上资源，推动和推荐一些能够顺应时代发展的新的阅读或图书发行模式，今后或许可能成为书业的一种发展方向。"从信息技术发展的角度看，3G 时代以纸书阅读为主，数字化终端阅读为辅；4G 促进了有声书、短视频等发展，纸书与数字化终端阅读并行；5G 技术将推动阅读走向沉浸式、个性化，超高清视频、VR/AR/MR 等技术将继续深入影响阅读领域。出版人的文化传播思路、观念、渠道与方式，也日趋丰富化和多样化。

对于中国出版业来说，2016 年是其发展转折点。2016 年，互联网经济出现了阶段性较快发展特征，数字化营销方式被越来越多的出版人所接受。"线上+线下"相融合逐渐成为行业发展趋势，业内人士对于互联网融合发展理念有了更深层次的接纳，也促进中国出版业加快进入数字化时代。2016 年至今，中国出版业在创新中不断推动转型升级，"数字化"的覆盖范围也越来越广。所谓"数字化"过程，实则是传统出版业各单位之间悄悄进行的商业大战，并集中体现为数字化接受限度和数字化产品开发的意愿和能力差异。

以网络打破人与人之间的物理阻隔，用高科技技术手段吸引更多的目标，以及更经济和快捷地联通所有可能的关系，是举办"云书展"的主要目的。尤其在特殊时期，"云书展"的应急价值和补充功能更加明显，其将文化资源集中于某一"云平台"，分门别类地整合文化资源并策划相关活动，着力增强线上与线下的内容互动，引导图书销售和服务供给，方便目标客户和读者浏览参与。"云书展"旨在形成动手点击即链接的服务格局，加快探索出版业在形象展示、用户对接和商业推广等方面的转型升级和创新发展，培育一批探路者和先行者，构建中国出版产业网络文化与经济的新业态。2019 年已启动商用的 5G 技术，在第 27 届和第 28 届北京国际图书博览会上

■第十二章　出版类展会的"线上化"变革探究——以北京国际图书博览会"云书展"为例■

成为核心技术支持力量，从场景布置、文化交流到图书交易多环节，参展商创新性地使用5G技术来增强现实表达，正如其在官网上宣誓的一样，"用智慧赋能书展，打造永不落幕的国际书业交流平台"。

二、出版类展会的"线上化"趋势

（一）"人不在书在"的模式化创新

"人不在书在"即"书在现场展示，人在线上交流"。通过这种方式可以有效解决大型书展举办时面临的诸多问题，如各国家或地区间的时差、各参展商因为路程过远而导致的成本负担过重、展场区域协调困难、展场活动时间冲突等问题。书展内工作人员在现场协助参展观众了解书籍的具体信息，也可将合作意向借助现场工作人员传达给参展商，在线上平台交流相关合作事项。在新技术的支持下，时空的阻隔得以打破，并以线上云书展的形式全新呈现，提供的"云展示""云贸易""云交流"等服务，可力争实现24小时网上直播、网上推介、贸易对接、在线洽谈、在线签约等。在互联网经济的整体簇拥下，新技术加速涌现，并与大型文化类展会相融合，帮助各参展商克服时间、地区、语言等不便，完成更加高效率和低成本的交流沟通。

（二）媒体融合的多向度开发

数字经济的健康稳定发展和基本稳定的国际国内形势，是数字出版业持续发展的基石。阿里、腾讯、百度、京东等头部互联网公司引领中国数字经济蓬勃发展，不断助力实体商家进行数字化转型，并陆续开发出云展会平台，如阿里云、腾讯云、百度云、京东云等，数字出版业也逐渐步入转型升级关键期。经济发展与科学技术水平相辅相成，媒体融合向纵深方向发展，借助新媒体、新技术、新理念推动出版品牌、产品内容与交易模式的创新发展，逐步构建起多媒体融合产品矩阵，并助力实现产业的转型升级。同时，内容资源也得到最大限度地开发，从"云购物"到"云办公"，再到"云教育""云展会"，可以更好地满足不同需求主体的差异化要求。

在第27届和第28届北京国际图书博览会上，中图公司最大限度地实现了媒体融合的纵向拓展。新冠肺炎疫情时期，必须在牢牢把握疫情发展规律的基础上，抓准展览的要点。首先，要以不断增强的特色和实力引领国际书展未来的发展方向；其次，牵头构建国际书展交流所必需的"线上"交流平台，积极为行业内相关规则和规范的调整建言献策；最后，借机加快推动媒体融合向纵深方向发展，更新品牌意识和宣传策略。以此"云书展"为开端，带动相关产业集群不断形成线上互动合力，进一步增强中国的国际影响力和话语权。第27届和28届北京国际图书博览会积极与腾讯、京东、快手等平台开展合作，利用平台优势吸取巨额流量，借助短视频、直播的传播速度快、涵盖范围广的优势，向用户提供多元化的情景展示和阅读服务。

（三）人工智能技术的多场景应用

随着出版业的数字化转型升级，科学技术引领与出版产业融通的共振进一步加快，并出现诸多新兴概念，如出版融合、智慧出版等。人工智能在广泛数据的基础上"像人类一样感知、思考、决策、行动、控制"并完成指令。参展观众可以通过虚拟现实、增强现实等技术，在家完成进入实景展厅游览、逛展、购书、参与线上直播活动等流程，既能减少人群聚集，也可以为参展观众节省时间成本。另外，参展商可以在技术辅助下制定相关营销策略，展开符合线上传播特性的宣传活动，通过自定义个性化场景等强化商品属性，满足观众多元化需求。第27届博览会中最为惊艳的当属在2020年8月24日，现场通过5G全息投影技术呈现出作家刘震云的全息投影并成功实现了与牟森、史航的实时互动。在虚拟与真实的互动中，向所有参展观众展现了人工智能的魅力。

三、出版类展会"线上化"及"云书展"运行存在的问题

（一）技术支持与场景呈现问题

中国互联网技术逐渐走在世界前列，对于国际平台建设也有着越来越大的话语权。持续对全球各方面产生重大影响的新冠肺炎疫情，也促使国内外出版业出现了一定限度的调整。一些传统线下业务活动的开展受到限制，原有的工作计划被打乱，原有的受众沟通渠道进一步变窄。疫情时代的"云书展"实质上是互联网技术与会展业、出版业诉求深度融合的全新尝试，但这方面的专业理论尚未完善，科学技术的磨合期也较短，特别是转化呈现方式的合理性和有效性尚待验证。另外，处于关键核心位置的"云计算"信息技

第十二章 出版类展会的"线上化"变革探究——以北京国际图书博览会"云书展"为例

术,目前仍有着不可忽视的短板,受制于屏幕技术,一般手机和电脑在处理相关信息时,仍然具有单向性,不能满足受众需求。在信息安全方面,仍有存在漏洞的可能,对参展商和读者的信息数据保护仍是一个核心问题。

中国在5G技术的研发与应用方面仍走在前列,有着较为主动的话语权。因此能够更为广泛地应用5G技术于各种合理化场景。但除了个别欧美国家外,能够顺利对接5G技术的国家尚在少数,特别是作为我国对外市场重点的"一带一路"沿线国家,其网络技术普遍落后至少一代,甚至在网速方面也还存在不少障碍,因此,一些在线技术的实时互动效果难以得到保证。

(二)活动组织与平台管理问题

国际大型"云书展"目前只开办了两届,具体的操作规程和业务对接也缺少可借鉴的经验,相关法律法规、行业规定和配套措施等方面尚未完善。因而在未来一段时间内,如何筹办"云书展"、怎样把握"线上化"出版类展会的发展趋势,仍是我国出版业需要考虑的重点问题。如怎样处理用户注册信息、日常维护平台的支出、交易中出现的纠纷等,也是亟须考虑的问题。只有在合理有序的法律法规框架下,"云书展"中所遇到的各种问题才能被有效化解,特别是要基于受众调查和行业观察来做出判断,明确在组织和管理环节还有哪些漏洞,特别是针对不同国别、不同语种的受众,以及各国别之间网络社交平台的差异性等问题,应该有专门的解决方案。

(三)观展效果与展会影响问题

"云书展"开办期间也存在一些过程性风险,如参展商自身的网络问题、"云平台"自身的容纳能力、承办方的应急处理能力等。此外,受众在线上观展的实际参与度和影响效度也应该考虑。当然,在线下办展中,部分受众的注意力也会不集中,有的受众甚至急速串场,缺乏深度参与,那么在线上参展,更可能存在这个问题。特别是受众参与环节,对于提问的把控和答问的协调,也需要审慎考量,对于网络听众中的不和谐留言或者广告性宣传,也应该加以把关和过滤,但这些也都应该在短时间内完成。对于国际受众,影响效果如何测定,如何鉴别有效受众、一般受众和非有效受众,也并非根据平台注册信息就能够简单甄别的。"云书展"的开办,不应该仅成为应急性操作，应该有将其打造成"新常态"的思想准备，起码在一些领域和一些环节方面，施行线上和线下相结合的方式，可能效果会更好。在线上和线下如何更有效融合、如何发挥效果最大化等方面，需要配合强大的后台团队，获得较为真实的用户体验。从北京国际图书博览会的脸书和推特的账号情况来看，其主要的国际宣传阵地在脸书，共有 19857 名关注者，而其推特账号仅有 65 名关注者。而对比之下，伦敦书展脸书账号的关注者有 25468 名，推特账号的关注者有 5.9 万名。相比之下，二者还有一定的差距。

四、"云书展"的发展建议

（一）线上与线下合理交叉与创新联动

新冠肺炎疫情在某种限度上加速了全球数字经济的变革，出版业在其中反应明显。后疫情时代，出版类展将不会回到以往那种单一线下交流的模式，线上与线下的创新联动是书展的发展方向。以"打开绘本、看见世界"为主题的 BIBF 绘本展至今多次举办，作为北京国际图书博览会的展中展，BIBF 绘本展在线下开设有 600 平方米的展场空间，有 10 个各具特色的分区。家长和孩子在线下的展区中可以参观并体验展区内所陈设的所有项目，尤其是对于少年儿童来说，线下体验所带来的乐趣是线上"无接触"式无法比拟的。

由此可见，BIBF 在疫情防控期间仍然保持线上与线下的同频互动，为不同的观众群体提供类型各异的服务。人与人之间的"面对面"交流所产生的独特体验无法全部以"屏对屏"来填补，特别是一些动手类参与项目。出版类展会要将线上与线下进行创意性联动，才能不断满足观众群体的多元化需求。

（二）"线上"云展平台的开放化与普及化

现阶段"云平台"的使用仍存在一些技术限制，但更为关键的是其办展目标的指向问题。出版类展会不仅要对出版业和会展业的提振和带动作用，也要对周边产业起到带动和联动作用。因此，不能把展会仅仅看成是两个行业的事情。使用"云平台"后，展会的出版业属性将更加明显，但对于周边文化产业的吸引力也将同步降低。因此，对线上资源的重新整合和对线上功能的充分发挥是基本的考量。随着疫情对社会各方面、各行业的影响持续加

第十二章 出版类展会的"线上化"变革探究——以北京国际图书博览会"云书展"为例

剧,大的经济环境和消费市场均出现了变化,出版类展会应该在其中起到一些积极作用,尤其是在提振信心和促进融通方面,应该持续发力。而"云平台"的持续运行,更要突出其开放化的特点,在两个集中展期间漫长的等待期中,合理有效穿插一些活动,不断培养新的受众,不断优化办展思路。作为平台,只有充分合理使用,才能发挥最大价值,而不仅仅是服务于为期数天的某次活动。特别是国际受众的吸引和培育,绝不仅仅是几天就能完成的,"线上化"的根本是改善"土壤"和出版业的生存能力,而这种生存一定是"国际化"的生存。

(三)内外联动与"多元一体"格局的营造

国际展会的重要特征是国际化,而国际化的主要方向和侧重点,均应该匹配于国际关系和国家外交政策,特别是全球文化竞争加剧,文化霸权现象仍然存在,中国倡导的"人类命运共同体"建设,成为诸多国家信任且迎合的理念。北京国际图书博览会,是中国的文化主场,其国际化限度怎么样、国际议题的参与限度怎么样、国际受众的接待限度怎么样、国际企业的合作情况怎么样,都直接影响着该展会的价值。

我国出版业正朝着以技术为中心的"移动化""数字化"方向发展,坚持打造以读者需求为中心的生态链条,重视"个性化""定制化",加深与各相关行业的发展协同。"多元一体"布局,既是对国内相关企事业单位的要求,也是对国际格局的应有期待。"多元一体"的国际出版格局的建构,在疫情时代显得尤其重要。BIBF"云平台"的创建为国内外的出版机构提供几乎相同的服务,各国的中小型出版机构可以在该平台上拥有较为专业的联通空间。同时,各个主体在该平台上都能通过各类创意性活动来增强自身品牌的影响力。

互联网时代的核心关键词是"创新",各行各业都在寻求最优的创新发展模式。尤其现阶段正处于疫情防控的关键时期,大型出版类展会的举办仍存在较多困难,且未见有明显的改善趋势。"线上化"的模式创新能够在一定限度上解决书展操作中的部分关键环节限制,也弥补了线下活动的一些缺点。当大型出版类展会转移线上后,在新兴科学技术的加持下,出版类展会的覆盖人群范围将更加广泛,举办模式也将更加丰富灵活,各参展商的交流、交易活动也将更加自由便利。

参考文献

[1] 姜天骄. 光靠"颜值"救不了实体书店[N]. 经济日报，2021-12-05(7).

[2] 金鑫."云书展"：图书营销新"玩法"[N]. 中国新闻出版广电报，2020-03-12(3).

[3] 许惟一. 国际书展"旧时代"已过　线上线下融合成未来趋势[N]. 2020-10-19(9).

[4] 全球书展停摆 BIBF"云书展"突围求变——专访BIBF承办单位负责人、中国图书进出口（集团）有限公司执行董事、党委书记张纪臣[N]. 中国出版传媒商报，2020-9-25(4).

第十三章 2021年中国儿童出版新媒体融合发展报告

曹月娟，沙子瑞[*]

摘要： 新媒体时代，图书阅读作为提升儿童综合素养与认知能力的重要方式，儿童出版业的发展不断受到国家重视，一系列政策为形成"儿童出版+"新业态给予积极引导。与此同时，新技术持续赋能我国儿童出版业，我国的儿童出版突破纸质范畴，占领数字化技术应用高地，成为出版市场中占比最大的部分之一。2021年，儿童出版市场规模保持稳健，在政策的引导与促进下，中国儿童出版产业将继续向智能化、数字化、规范化发展。

关键词： 儿童出版产业；媒体融合；新媒体。

近年来，随着国家、社会、家庭对儿童能力提升的重视和对儿童综合素质培养需求的增长，图书阅读成为提升儿童认知能力、综合素养的重要方式。同时，在AI、AR、VR等新技术的驱动下，我国儿童出版业顺应受众需求突破纸质范畴，不断应用数字技术优化转型，开拓市场营销渠道，彰显出融合发展优势。受疫情影响，图书市场的线上销售占比扩大，出版机构与电商、短视频平台加大合作，中国儿童出版业显现出融合发展优势，尽管中国图书零售市场整体码洋规模在2020年出现自21世纪以来首次负增长的情况，但儿童出版类图书仍然保持稳步增长。2021年上半年，我国儿童出版码洋比重达27.73%。

2021年7月，中共中央、国务院办公厅印发了《关于进一步减轻义务教育阶段学生作业负担和校外培训负担的意见》，并发出有效减轻义务教育阶

---

[*] 曹月娟，博士，浙江传媒学院新闻与传播学院讲师；沙子瑞，浙江传媒学院新闻与传播学院2020级硕士研究生。

段学生过重作业负担和校外培训负担("双减")的通知。"双减"政策的出台,对于儿童出版业尤其是儿童教育出版机构是一次重要变革,也在一定限度上推动了行业从"内容服务商"转向"知识服务商"的发展进程。"双减"政策的逐步落地,也表明少儿出版业在遵循国家政策的前提下观势蓄力,挖掘未来更大的空间,2021年少儿教育类出版码洋也将再创新高。

一、儿童出版融合应用发展的必要性

融合技术特性符合儿童阅读特点。儿童又称少年儿童,我国目前对此定义的年龄界限没有明确的划分,根据联合国《儿童权利公约》规定,少年儿童可指 0~18 岁的未成年人。鉴于儿童在不同年龄阶段所掌握的词汇量不同,其阅读水平会呈现一定的差距。总体而言,儿童相较于成人,其阅读呈现具象化、易感性、注意力稳定性低等特点,特别在幼儿群体中,这些特性表现得更加明显。

新技术改善儿童阅读环境。新技术在儿童出版中的应用主要分为两方面。一方面,新技术应用通过改变内容呈现形式以提高儿童阅读的兴趣和效率;另一方面,通过渠道优化,帮助儿童建立多样的阅读环境。

AI、AR、VR 等新技术的运用使儿童图书不再限于传统意义上纸质出版物的特性,打破了视觉的单一限制,其呈现形式多样,内容易于接受,深度沉浸式、场景叙事式的表达模式有助于儿童图书化抽象为形象,从而调动儿童的参与性。特别是在外语类、知识科普类等能力提升书籍中,新技术能够提升儿童对图书内容的理解能力,通过互动性阅读为儿童带来一定限度的游戏体验,实现寓教于乐。

在阅读环境方面,儿童出版业通过加速跨界统合优质资源,主动将产品延伸向教育领域,为儿童打造更加完善的阅读环境,如长江少年儿童出版社建立了我国首个幼儿教育云平台,为儿童阅读用户提供全程全方面的服务体验。除了跨界融合以外,儿童出版业积极开发技术通用平台、智能终端、应用程序和智能配套产品,帮助儿童完善阅读体验。

二、政策推动儿童出版业融合发展进程

政策是将技术发展与产业发展有效融合,推进儿童出版业持续快速健康发展的重要保障。伴随着我国经济的持续增长、科技的迅猛发展,儿童出版

第十三章　2021年中国儿童出版新媒体融合发展报告

业的发展备受瞩目，国家政策不断顺应数字化发展潮流，引导并推动儿童出版业文化产业数字化发展。

（一）政策为儿童出版产业发展提供支撑

2021年3月，中宣部在京召开2021年度出版工作电视电话会议，认真贯彻落实习近平总书记关于宣传思想工作的重要论述，推动出版工作守正创新、开创新局，以出版的出新出彩为全局工作增光添彩。

2020年11月发布的《中共中央关于制定国民经济和社会发展第十四个五年规划和二〇三五年远景目标的建议》中，明确指出要实施文化及出版产业数字化战略，以健全现代文化产业体系。2020年，全国"扫黄打非"办公室开展的"护苗2020"专项行动，聚焦群众关注度高、反映问题多的网络直播、短视频、社交平台、网络游戏、网络文学和漫画等领域，加强规范管理，进一步净化未成年人上网环境，获得良好反响。

2019年8月26日发布的《关于促进文化和科技深度融合的指导意见》中，指出要在文化创作、生产、传播和消费等环节，加强共性关键技术研发，为出版产业的良性融合提供了发展机遇。

为了规范网络出版服务秩序，促进网络出版服务业健康有序发展，根据《出版管理条例》《互联网信息服务管理办法》及相关法律法规，广播电视总局、工信部出台《网络出版服务管理规定》。其中，针对未成年人合法权益保护，明确规定网络出版物不得含有诱发未成年人模仿违反社会公德和违法犯罪行为、妨害未成年人身心健康以及披露未成年人个人隐私的内容。

（二）政策开拓出版跨媒体融合新领域

融媒体环境下，出版业的壁垒逐渐消弭，作为出版产业中码洋占比最大、产品种类最多的细分类别，儿童图书出版业的融合发展在政策引导下越发深入，成为出版产业融合发展的热门领域。传统纸质出版物与各种新兴媒介实现跨媒介、跨产业融合，使以数字化、移动化、智能化为特点的跨媒体阅读模式成为主流。

国家不断从政策层面为出版产业开拓跨媒体融合发展的新道路。2014年，习近平总书记主持召开了中央全面深化改革领导小组第四次会议，通过了《关于推动传统媒体和新兴媒体融合发展的指导意见》。推动传统媒体和新兴媒体融合发展，要遵循新闻传播规律和新兴媒体发展规律，强化互联网思维，坚持传统媒体和新兴媒体优势互补、一体发展，坚持以先进技术为支撑、以内容建设为根本，推动传统媒体和新兴媒体在内容、渠道、平台、经营、管理等方面的深度融合。随后，国家新闻出版广电总局公布20个出版融合发展重点实验室，重点支持出版媒体融合发展，其中的多家实验室以增强现实、虚拟现实、复合数字出版等全媒体出版和移动出版技术为研究方向。

2020年，地方层级部门陆续出台多项有关文化出版业技术应用的政策。2020年5月29日，湖北省人民政府办公厅出台《提振消费促进经济稳定增长若干措施》，鼓励企业运用物联网、大数据、AR/VR（增强现实/虚拟现实）等科技手段，开启"云阅读"等新模式。2020年5月20日，广东省出台《广东省人民政府关于培育发展战略性支柱产业集群和战略性新兴产业集群的意见》，明确要大力推进AR等新技术在文化产业的嵌入与应用。这表明鼓励出版产业深度应用新技术，研发沉浸交互式的跨媒体儿童出版物正成为研发新方向。

三、儿童出版业媒体融合发展现状

阅读是儿童汲取知识、开拓思维、培养审美的主要方式，也是孩子们认识世界、认知自我的重要途径，因此，儿童图书市场广为大家关注。当下，我国儿童出版业在疫情防控期间仍有正向发展，并借助数字手段、智能技术及线上营销持续扩大市场版图。

（一）儿童出版在疫情防控期间逆势上行

近十年来，我国儿童图书市场的码洋比重逐年攀升，动销品种数也连年增长，市场规模不断扩大，成为我国图书市场中最为引人注目的板块之一。自2016年，儿童图书门类超越社科门类，排位全国图书零售市场占有率第一后，儿童图书门类始终是图书零售市场总码洋中最突出的一大板块。

据全国图书市场报告显示，2020年中国图书零售的整体市场码洋规模自21世纪以来首次出现负增长，图书的大部分门类受到了疫情的显著影响，而儿童出版类虽然也有波及，但仍然保持了正增长。受疫情反复影响，2021年儿童出版销售增速虽仍缓慢，但占整体零售市场的码洋比重在上半年达到了27.73%。

第十三章　2021 年中国儿童出版新媒体融合发展报告

2021 年疫情进入防控常态化阶段，相较以往更长时间的居家防控使孩子和父母在一起的时间增多，儿童图书二级门类中，儿童文学、儿童科普百科、儿童绘本主题成为最受亲子消费者关注的板块，儿童科普类的市场占比超过 20%。

（二）数字出版不断完善产业布局

2020 年疫情居家为儿童出版与教育提供了跨界有机融合的契机。儿童出版以新技术赋能创新产品形式和经营模式，"儿童出版+"新业态呈现，数字出版规模不断增长。

与传统出版不同，新技术支撑下的数字出版借助数字化手段得以即时连接读者，及时获知读者用户需求，逐步形成具有合理性、完整性的产业发展布局。

以有声书行业为例，2019 年，传统出版企业开始进入有声市场，逐渐摸索出版权运营、独立运营、合作运营三种发展模式，经过多年发展，目前，有声书行业逐渐形成了以平台为主、多方参与的完整产业链，用户规模不断扩大，行业集中度颇高，版权、用户及主播资源不断向头部有声书平台倾斜，初步形成喜马拉雅、懒人听书、蜻蜓 FM 三足鼎立的产业布局。

儿童市场中，"凯叔讲故事"App 依托优质的有声读物产品，瞄准早教领域，利用音频、视频、直播等技术，重塑经典内容，为读者提供亲子教育服务，成为家喻户晓的品牌。

（三）智能技术强势赋能儿童出版

人工智能、大数据、AI 等新技术为出版业带来了全面而深刻的影响，以技术为支撑的出版业将继续推进纵深融合发展势头。儿童出版企业在开发数字产品的同时，还利用智能技术进行智能硬件方面的创新发展，向儿童图书销售市场推出如伴读机器人、智能点读笔等衍生产品。以国内最大的外语出版机构外语教学与研究出版社（下称"外研社"）为例，外研社响应国家"十三五"规划中有关推进教育信息化改革的号召，迎合童书市场发展新需求，致力于将图书资源和硬件产品相结合，积极开发智能硬件赋能传统纸书，探索传统出版物数字转型。其智能硬件产品"外研社外研通云睿智能点读笔"

将云计算、大数据、人工智能、口语评测等新技术融为一体，曾被评为年度"中小学智慧数字阅读"优秀案例一等奖。儿童出版企业紧跟技术发展趋势，积极探索新技术为儿童阅读带来的新可能。

新技术为传统出版业激发了更多可能性，不仅促进了出版业从线下到线上的多媒体转型，也有利于儿童图书的智能化呈现。5G 将进一步推进儿童出版智能型发展。具有沉浸性、交互性、构想性特征的 VR 技术让读者的阅读体验变得更为丰富，具有高速率和低延时特征的 5G 技术将进一步解决 VR 技术长期以来被人诟病的眩晕问题。兴起于 2014 年的 AR 童书，借助 5G 技术，有效克服了网络传输效率、稳定性、终端设备等限制，使优质内容以更好的效果通过不同渠道呈现给读者，让读者的阅读体验更具多元化，满足了读者的复合阅读需求。2020 年疫情防控期间，儿童阅读需求的上涨，线上教育焕发生机，儿童出版企业更加重视儿童出版物的教育属性。中国少年儿童新闻出版总社等企业立足儿童教育，进一步开发 AR、VR 童书，以技术继续强势赋能儿童出版业未来的发展。

（四）线上渠道图书营销优势凸显

近两年，图书销售的线上规模进一步扩大，虽然在进入疫情防控常态化后规模出现萎缩，但是数据显示，2021 年上半年图书网络销售渠道同比增速仍保持在 3.06%。这主要与疫情防控常态化期间人们的消费习惯发生改变、线上折扣力度加大等因素有关。

近年来，儿童图书营销实现了平台和渠道的更新，除了在各大电商平台和垂直母婴平台进行布局以外，社群营销渠道进一步下沉，如微信营销、抖音营销等推介方式成绩斐然，直播带货日益全民化、常态化。如今，社群团购已到 2.0 阶段，渠道愈加渗透至私域流量领域，各细分类别下的 KOL 争相展现其带货能力，并发挥宣传效应。相比传统的专家学者推荐，社群带货的这些"童书妈妈"更富人情味，更加接地气，他们精心经营的社群具有更佳的人际传播效应，随之带来更多图书销售额和更强购买力。综合来看，这种 KOL 矩阵仍处于上升期，未来的营销力量不容小觑。

2019 年电商直播逐渐开始走红，短视频、直播电商销售发展至今依旧火爆。2021 年上半年短视频直播电商中，少儿板块的码洋比重达 58.54%，为规模最大的图书板块。受到疫情防控常态化影响，许多计划举办的线下活动搁置，实体店销售渠道营销额出现大幅下降。于是，打破时空限制的直播营销在特殊时期成为图书营销的新出路，充分展现出了其效率高、成本低、传递快等特点及优势。同时，线上直播渠道具有更强的互动性与广泛性，模糊了城乡差距，图书出现了一系列销售爆款，尤其在儿童图书市场中，购买人群与直播观看人群高度重合，更体现出线上渠道的带货优势。在抖音直播平台，儿童图书成为今年最热销的图书品类之一，通过头部主播带货，销量显著提升，如《减糖生活》等图书在走进短视频直播间后销量剧增。

四、新技术下儿童出版业的问题呈现

近年来，儿童出版市场竞争激烈，但也蕴含着机遇，儿童出版作为生机勃勃的朝阳产业，在新技术加持下的发展潜能无限，但也存有一些问题值得注意。

（一）原创内容频现生产瓶颈

优质的出版内容制作需要较长时间的打磨，其制作过程需要专业的写作和精细化的策划编辑。目前，市场上的儿童出版作品水平良莠不齐，优质内容资源的缺乏成为儿童出版业务发展的瓶颈。近年儿童出版新书出现颓势，新书在整体市场中的份额逐渐减少，虽然在 2020 年图书市场中，儿童类实现了同比正增长，但儿童榜中没有新书进入年度畅销书榜前 10 名。并且 2020 年儿童图书头部爆品也明显减少，经典图书系列始终占据畅销榜单，这说明近几年优质原创作品较为匮乏。而内容是产业融合发展的基础，是技术加持的对象目标，儿童出版业应减量增质，以技术升级和创新内容生产模式，培育出更多优质而畅销的原创新书。

（二）数字化呈现挑战视力健康

我国儿童视力问题已经展现出颇为明显的高发、低龄趋势。新冠肺炎疫情暴发以来，儿童普遍居家学习，户外活动量减少，电子屏幕的高频使用、近距离用眼负荷加重，使儿童视力问题越发凸显，为儿童视力健康和近视防控工作带来挑战。尽管新技术支撑下的儿童出版物呈现形式更加多样，数字化呈现更加新颖，但也一定限度上威胁着儿童的视力健康。

（三）版权保护意识尤待加强

近年来，儿童数字阅读产品因其集图、文、音、像等多媒体内容的趣味性、形式的互动性，使蓬勃发展的儿童出版成为数字出版的一个重要细分市场。然而，伴随产业的高速发展，诸多版权保护不健全所导致的问题日益凸显。一方面，图书数字化侵权盗版的情况愈发严重，不仅有未经授权将图书内容转换成 PPT 或 PDF，加以配音便直接进行商业使用的情况，盗版组织还会利用电子设备对图书音像资源进行非法下载和上传。另一方面，在一些有声读物、知识分享平台，以及一些微信公众号、App 上，未获授权便传播儿童图书内容的情况很普遍。基于这种情况，许多儿童出版企业积极跨领域合作开发成本较高的数字出版物，如 AR、VR 童书产品。相关部门的监管政策可有效保障出版业的知识产权，促进出版市场优质内容资源的良性竞争。

五、儿童出版业的发展趋势

基于对 5G、AR、VR、大数据技术的持续开发，以技术为支撑的出版产业今后将迈向融合纵深发展道路，数字出版将不断彰显优势，"纸电融合、万书互联、人书合一"的阅读情境将有望可期。

（一）技术融合推进出版智能化发展

众所周知，文化行业发展与宏观经济周期关联性很强，随着疫情缓和，国民经济逐渐复苏，推动消费升级，在文化生活层面不断催生新需求，出版产业的外部环境日新月异，内容生产方式和呈现载体越发多元，不同品类、不同载体线上线下的融合更加普遍。儿童出版业也根据市场需求和发展需要，及时将发展重点转至新技术融合下的智能化发展，进行智能交互平台开发，并在交互基础上增加视觉临场化体验，打造动态、交互、三维的综合体验，不断完善儿童出版物的质量，改善读者的阅读感受，加强与儿童的智能交互和情感交流。

由于儿童群体的个体差异和喜好不同，儿童出版业在技术融合的同时要注重增加版本的载体类型，多版本生产可以带来不同阅读效果，进而吸引更多消费者群体。

（二）跨行业融合助力儿童出版多元发展

在产业合作方面，"儿童出版+"新业态将会进一步得到发展，以"儿童出版+IP+游戏"理念为主的"寓乐于学"模式将会使儿童出版产业与影视动画、游戏产业，以及技术的上下游提供商等进行深度融合。"儿童出版+旅游"可以在新技术支持下，实现儿童以书为介并徜徉于自然景观及历史名城。总之，在儿童图书视觉化、全媒体化的趋势下，图书IP与AR、VR技术的融合将为儿童提供趋于真实的图书世界。

在渠道融合方面，从短期来看，虽然实体书店购书渠道逐渐回暖，但由于疫情的持续影响，儿童图书出版的线上渠道优势仍然很大，抖音等短视频平台的营销、直播带货在未来几年内仍将表现优异。从长期来看，儿童图书出版在重视与新媒体平台合作的同时，将会更加重视以大数据技术为基础的社群营销，精准分析用户需求，并依靠线上线下定期活动来增强与消费者之间的联系。同时，儿童图书出版也将更重视自有社群平台的研发，或与其他细分垂直平台进行融合，依靠大量的目标用户实现流量引流，从而实现用户的二次消费。最后，在渠道融合中，儿童图书出版将通过线上流量将用户变现为线下体验消费者，特别是应用于AR图书和VR图书中，从而实现线上线下共同销售的盈利模式。综上所述，儿童出版产业从生产到销售全过程都将与其他行业进行深度融合。

（三）完善的儿童分级标准规范儿童出版内容

企业运用儿童分级标准制定产品体系在未来将具有竞争优势。一方面，有利于企业品牌形象的建立，能够长期维系客户，另一方面，在一定限度上拓展了用户覆盖面，符合新时代下融媒体产品的逻辑推广。南方分级阅读作为我国首个儿童分级阅读研究中心，参考了美国的分级阅读体系，创建了国内首个儿童分级阅读网站——小伙伴网。小伙伴网主要针对广东用户，在创办不到一年的时间，注册用户超过10万人，点击率超过2000多万次，彰显了分级阅读的社会效益。随着儿童出版技术融合和本土化的分级标准不断推进，儿童出版业将会广泛建立起以年龄为划分标准的产品目录，横向主题分类将成为二级分类目录。同时，儿童出版业应加强对儿童图书内容生产者的培训，加强内容生产者对儿童心理发展阶段的认知。

中国儿童出版业的媒体融合转型的未来发展不仅需要完善制作标准、加强儿童出版的跨行业融合、提高儿童本位思想，也需要业界转换传统出版思维，建立全媒体出版产业思维。以融合视角分析儿童出版发展现状及趋势有利于儿童出版业抓住数字化转型之契机，加速线上线下融合。新技术不断成熟、新媒体营销百花齐放的大环境下，儿童出版业需要时刻洞悉技术发展实态来判断儿童出版的行业走向，同时，应以儿童本位出发进行产品的研发、创作和传播，努力为儿童打造一个健康的阅读体验空间。

参考文献

[1] 米华. VR+童书：开启儿童图书出版的新形态[J]. 编辑之友，2019(6)：13-17, 23.

[2] 卢志宇. 新媒体时代儿童出版发展的新机遇[J]. 出版广角，2020(22)：36-38.

[3] 李玉花. 浅论儿童自主阅读特点及其对策[J]. 情报杂志，2009(28)：290-291.

[4] 邓琦. 从少儿阅读方式的变化看童书出版风向[J]. 出版广角，2016(21)：56-57.

[5] 胡月. 少儿出版的融合发展策略研究[D]. 北京：北京印刷学院，2019.

第十四章　全产业链环境下的网络文学作品分析——主题、付费模式及 IP 改编

刘丹，李文文[*]

摘要： 我国的网络文学产业已经从最初的在线阅读、付费阅读等模式，发展为目前集电影、电视剧、游戏、动漫等为一体的全产业链模式。本报告采用文献调研法、网络调查法、访谈法、可视化分析等方法，对全产业链环境下目前主流网络文学平台及作品进行详细调研，整理和分析现有网络文学作品的主题分布、付费模式，并在此基础上进一步对我国网络文学 IP 的理论研究和行业实践进行梳理和总结。

关键词： 网络文学平台；作品主题；付费模式；网络文学 IP。

一、前言

网络文学是数字出版产业的重要组成部分，能够满足群众的精神文化需求，它在传统文学的基础上传承与创新，既有明显的文学特征，同时具备新媒体时代网络传播的人际、群体、组织和大众传播的优势。在网络文学的发展过程中，政府、行业主管部门相继出台了系列政策文件、举办了相关活动，一方面，加速推进网络文学的发展，另一方面，对网络文学市场进行适当的规范与监管，使网络文学成为引导人们树立正确价值观的一个重要途径。要发展健康向上的网络文化，实施网络内容建设工程，推动优秀传统文化瑰宝和当代文化精品网络传播，制作适合互联网和手机等新兴媒体传播的精品佳作，鼓励网民创作格调健康的网络文化作品。2015 年，由国家新闻出版署、

---

[*] 刘丹，金陵科技学院人文学院数字出版系，讲师，博士，国际知识组织学会会员，中国索引学会会员，研究方向为数字信息资源建设；李文文，金陵科技学院人文学院数字出版系，讲师，博士，研究方向为信息行为分析。

中国作家协会主办的"年度优秀网络文学原创作品推介活动"启动,该活动旨在遴选追求真善美、传播正能量的优秀网络文学原创作品,通过评比优秀网络文学原创作品的方式,扩大原创网络文学网站、作家、作品的影响力,引导网络文学行业持续健康有序的发展。2017年,文化部发布《文化部关于推动数字文化产业创新发展的指导意见》,意见中指出要丰富网络文化产业内容和形式,鼓励生产传播健康向上的优秀网络原创作品,提高网络音乐、网络文学、网络表演、网络剧(节)目等网络文化产品的原创能力和文化品位。

随着互联网络、数字技术、移动终端设备等领域的不断进步,网络文学也随之发展迅速,经历了从早期的只能以实体出版的纸质书阅读网络原创作品到现在的支持智能手机、平板电脑等多样化设备的移动阅读;从以业余作家为主、兼职创作文学作品到网络文学作家全职化、专业化;从内容题材相对单一、主要以玄幻与言情为主到现有题材内容涵盖丰富,涉及言情、科幻、玄幻、都市、历史、军事等。据第五届中国"网络文学+"大会发布的《2020中国网络文学发展报告》统计,2020年中国网络文学市场规模达到249.8亿元;2020年新增网络文学作品315.9万部;网络文学作者累计超2130万人;网络文学用户规模达到4.60亿人。

二、网络文学平台及作品

(一)平台概况

由于网络文学平台具有一定的分散性,本报告对目前具有一定市场用户的部分网络文学平台进行了梳理和调研,表14-1按时间顺序列出了各网络文学平台的创立时间和主要经营范围。从表中数据可以看出,网络文学平台经营范围主要集中于:原创小说、IP改编、实体出版、版权运营、有声读物等领域。其中,原创小说是各大平台的主要重点业务,在其他业务经营上,各平台的侧重点则略有差异。

表14-1 网络文学平台的创立时间和主要经营范围

网络文学平台	创 立 时 间	主要经营范围
榕树下	1997年	原创小说、IP改编
红袖添香	1999年	原创小说、IP改编

第十四章 全产业链环境下的网络文学作品分析——主题、付费模式及IP改编

续表

网络文学平台	创立时间	主要经营范围
潇湘书院	2001年	女性网络原创文学
起点中文网	2002年	原创小说、IP改编、实体出版
晋江文学城	2003年	原创小说、IP改编、版权运营、实体出版
逐浪网	2003年	原创小说、IP改编
小说阅读网	2004年	原创小说、版权运营
天方听书网	2004年	有声读物
书旗小说	2004年	免费原创小说
长江中文网	2004年	原创小说多媒体出版
言情小说吧	2005年	原创小说、站内论坛
飞卢中文网	2005年	原创小说、IP改编、版权运营
17K小说网	2006年	原创小说、IP改编
纵横中文网	2008年	原创小说、IP改编、实体出版
掌阅	2008年	原创小说、IP改编、实体出版
起点女生网	2009年	女性网络原创文学、IP改编
多看阅读	2010年	原创小说
熊猫看书	2010年	在线书籍查询、新闻订阅
云中书城	2010年	原创小说
网易云阅读	2011年	原创小说、IP改编
创世中文网	2013年	原创小说、版权运营
云起书院	2014年	女性网络原创文学
咪咕阅读	2015年	原创小说、出版图书、有声读物
QQ阅读	2017年	原创小说
七猫中文网	2017年	原创小说
番茄小说网	2019年	原创小说
昆仑中文网	2021年	原创小说
九天中文网	2021年	原创小说

（二）作品主题分布

网络文学，其作品的分类区别于传统文学作品。对于传统文学作品的分类，《中图法》一般先依文学作品的作者所属国籍分，再依文学体裁分，如果有需要，再根据创作作品时所属的时代分。对27家网络文学平台的作品

分类进行详细梳理，发现目前网络文学作品分类的主要依据是以较为明显的主题划分。通过对网络文学平台的题材主题进行主题合并、去重、词频统计等系列操作，并利用计量软件COOC分析绘制得到基于27家网络文学平台的网络文学作品主题分布（部分网络文学平台），如图14-1所示。从图中可以看出目前网络文学作品主题主要集中于仙侠、玄幻、科幻、言情、悬疑、都市、历史、军事、游戏、武侠、奇幻、青春、体育、现实等领域，其中，科幻、玄幻、仙侠、悬疑、言情、都市和历史主题在网络文学网站中占据主流。

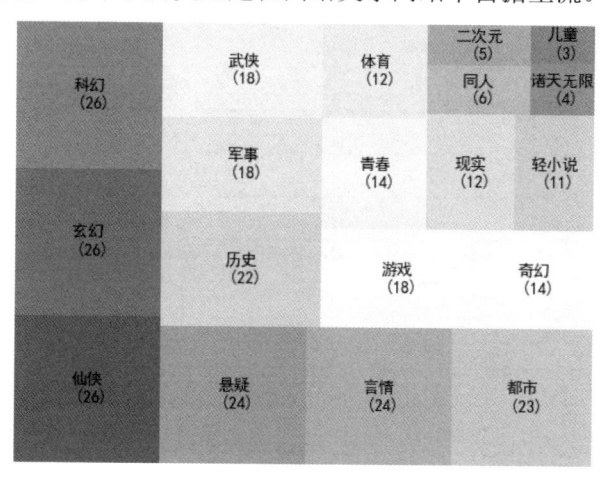

图14-1 网络文学作品主题分布（部分网络文学平台）

（三）付费模式

付费模式是网络文学行业商业化运作成功的关键要素之一。2017年4月，文化部发布《文化部关于推动数字文化产业创新发展的指导意见》，要扩大和引导数字文化消费需求，把握知识产权环境改善、用户付费习惯养成、网络支付手段普及的有利机遇，充分挖掘消费潜力和市场价值，创新网络视频、网络音乐、网络文学等数字文化内容产品付费模式，将广泛用户基础转化为有效消费需求。

早期的网络文学平台是非盈利性的，如1997年成立的"榕树下"。目前，不断发展成熟和完善的付费模式为网络文学行业的发展带来了一定的经济和社会效益。不同网络文学平台在付费模式稍有差异，网络文学平台付费模式（部分）如表14-2所示。从各平台的付费模式上看，主要包括VIP会员制

第十四章 全产业链环境下的网络文学作品分析——主题、付费模式及 IP 改编

度、包月、账户充值、点播等形式,其中,VIP 会员制度最为普遍,如红袖添香、起点中文网、晋江文学城、飞卢中文网、纵横中文网、创世中文网等都采用了该种模式,但在具体实施时稍有差异,主要分为:VIP 会员和 VIP 等级付费,前者的所有 VIP 会员享受相同付费政策,后者则通过将用户分为不同 VIP 等级,为不同级别的用户在付费标准上设置一定的差异。

除采用上述付费模式外,大部分网络文学平台还都采用了虚拟货币的形式,如红袖添香的红袖币、潇湘书院的潇湘币、起点中文网的起点币、逐浪网的逐浪币、飞卢中文网的飞卢币,虚拟货币与人民币之间的金额换算大体一致,基本上都是 100 个计量单位的虚拟币相当于 1 元人民币。少数网络文学平台采用了免费阅读模式,如番茄小说网,主要通过广告来获取盈利,虽然用户可以免费阅读,但需要观看广告商在平台所投放的广告。

表 14-2 网络文学平台付费模式(部分)

平台	付费模式	具体方式
红袖添香	虚拟货币 账户充值 会员分级付费	初级会员阅读收费章节的消费价格为 0.03 元/千字(即 3 点红袖币/千字); 高级会员和至尊会员阅读收费章节的消费价格为 0.02 元/千字(即 2 点红袖币/千字)
潇湘书院	账户充值 VIP 会员制度	VIP 章节的收费是 1000 字 3 分钱(即潇湘币三点) 潇湘 VIP 会员
起点中文网	VIP 等级付费	高级 VIP 会员以每篇章节每千字 3 点起点币(100 点起点币等值于 1 元人民币)为基准,以此类推; 初级 VIP 会员以每篇章节每千字 5 点起点币为基准,以此类推; 不足 1 点起点币的零头忽略不计; 部分章节作为会员福利免费订阅
晋江文学城	分级付费 VIP 等级付费 包月模式	普通用户:普通章节价格(5 分/千字),最新章节价格(10 分/千字); 消费用户:普通章节价格(5 分/千字),最新章节价格(5 分/千字); 初级 VIP 用户:章节价格(4 分/千字); 高级 VIP 用户:章节价格(3 分/千字)。 包月服务,分为"3 元 5 本"和"15 元通读"两种

续表

平　台	付费模式	具体方式
逐浪网	VIP会员制度	1元=100逐浪币。 VIP作品收费标准为3逐浪币一千字
天方听书网	点播 包月模式	会员可按照实际收听、下载图书的听币价格付费下载； 包月点播或下载收费：30元/月
书旗小说	账户充值 VIP会员制度	新用户提供15天的免费VIP服务； VIP会员免费阅读
飞卢中文网	VIP等级付费	1元=100点飞卢币。 普通会员：以5点/作字阅读飞卢VIP作品； 初级VIP：3点/千字阅读飞卢VIP作品； 高级VIP：以2.5点/千字阅读飞卢VIP作品； 星级VIP：以2点/千字阅读飞卢VIP作品
17K小说网	账户充值 包月模式	1元=100K币。 普通用户订阅章节：6K币/千字； 包月：15元/月
纵横中文网	账户充值 VIP等级付费 包月模式	充值消费后，自动升级为VIP用户。 VIP1：5分/千字； VIP2～VIP5：3分/千字。 300纵横币（即3元）可包单本30天所有章节阅读权。 纵横中文网会员10元/月，享有会员书库
熊猫看书	付费阅读	1元=100熊猫币。 新用户享5天畅读特权
云中书城	付费阅读 会员制度	普通用户：5分/千字； 初级会员：4分/千字； 中级会员：3分/千字； 高级会员：2分/千字
网易云阅读	整本购买 按章购买 自动订阅	整本购买：购买一次即可阅读该本书的所有章节内容； 按章购买：根据喜好，选择按卷/章分批次购买，或以千字计价（如0.03元/千字）； 自动订阅：设置自动订阅，自动购买并可直接阅读
创世中文网	VIP等级付费	VIP章节按章付费，以千字来计算价格。 VIP1～VIP2的用户订阅VIP章节无法享受折扣，VIP3～VIP4的用户订阅VIP章节可享受8折，VIP5～VIP7的用户可享受6折，VIP8～VIP9的用户可享受4折
云起书院	付费阅读	1元=100书币。 收费标准：5书币/千字

续表

平　　台	付 费 模 式	具 体 方 式
咪咕阅读	点播 包月模式	点播按本 1～10 元/本，按章每章 0.04～0.15 元不等，如单章低于 1000 字，则不收费
QQ 阅读	账户充值 包月模式	1 元=100 阅点。 QQ 阅读会员 18 元/月 联合会员 25 元/月，可订阅 QQ 阅读+腾讯视频
七猫中文网	—	—
番茄小说网	VIP 会员制度 免费阅读	VIP 会员开通后，可以免广告，阅读所有小说。7 天，3.99 元；1 个月，11.99 元；3 个月，24.99 元。 自愿开通，不开通，也能阅读小说

三、网络文学 IP

IP，即知识产权，源自法学领域，网络文学 IP，主要指由网络原创作品版权延伸的形象、故事，以及不同形态的文化艺术样式。网络文学 IP 的开发，是网络文化产业链的一个重要环节，开发形式主要包括电影、电视剧、游戏、动漫、有声读物、cosplay、衍生品等。

（一）国内理论研究现状

利用可视化分析软件 Citespace 对 2015—2021 年国内关于网络文学 IP 的研究文献进行聚类分析，研究热点及其时序变化情况，国内网络文学 IP 研究热点如图 14-2 所示。从图 14-2 中可以看出，国内网络文学 IP 研究热点主要分布在 IP 改编领域研究（网络剧、影视剧）、网络文学产业环境研究（版权运营、文化场域融合、泛娱乐）以及具体的 IP 案例分析（大话西游、高建瓴等）。

国内网络文学 IP 研究时序图谱如图 14-3 所示。从图中可以看出，"影视剧"和"泛娱乐"这两个主题的出现时间相对较早且持续时间相对较长，是国内网络文学 IP 研究的重要主题。网络文学中的热门 IP 影视化符合了媒体融合背景下内容为王的时代主题，通过内容和平台的协同合作，在小说原著的基础上进行适当的剧本创作，一方面，吸引小说既有的原著粉丝来促进影视娱乐行业的繁荣；另一方面，吸引未看过原著的影视剧粉丝反哺网络文学作品，从而实现双赢，如《琅琊榜》《何以笙箫默》《盗墓笔记》等。在"泛娱乐"主题聚类下，在时间节点 2016 年出现了"全产业链""转化模式"等关键词，说明从 2016 年开始国内开始对网络文学产业的行业环境、发展前景进行探讨，试图寻求新模式来促进网络文学行业的健康持续发展。2018 年出现了新关键词"粉丝电影""IP 模式"，说明网络文学行业在发展模式开始了以粉丝经济为支撑的 IP 改编的新尝试，从《陈情令》《甄嬛传》《庆余年》等剧的大火中可以看出这种跨媒介的新模式是网络文学行业产业链发展的趋势之一。2018 年"网络文学"和"版权运营"聚类下同时出现了有关版权的新关键词，而 IP 改编的热潮也是出现在 2018 年，说明版权问题是伴随着网络文学的 IP 改编而受到国内研究者的广泛关注。

图 14-2 国内网络文学 IP 研究热点

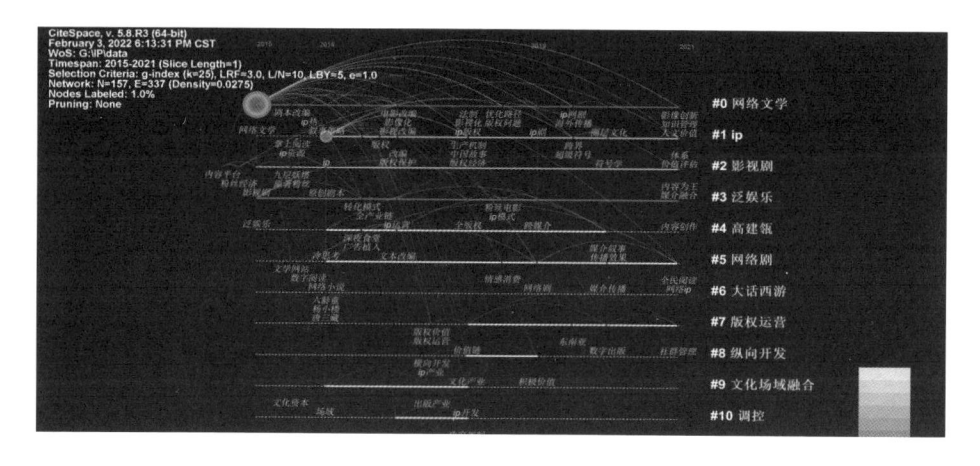

图 14-3 国内网络文学 IP 研究时序图谱

（二）IP 改编实践

2021 年文化和旅游部在关于政协十三届全国委员会文化宣传类提案的回复中提出，要培育和塑造一批具有鲜明中国文化特色的原创 IP，加强 IP 开发和转化，充分运用动漫游戏、网络文学、网络音乐、网络表演、线上演播、数字艺术、创意设计等产业形态，推动中华优秀传统文化创造性转化、创新性发展，继承革命文化，发展社会主义先进文化，打造更多具有广泛影响力的数字文化品牌。据《2020 中国网络文学发展报告》显示，2020 年网络文学 IP 的改编量为 8059 部，其中改编为纸质出版物、动漫、影视剧（电视剧、电影）、游戏和其他类共有 724 部。表 14-3 列出了近年来的部分热门 IP 及改编涉及领域，从表中信息可以看出，网络文学热门 IP 改编涉及领域主要集中于电视剧、漫画、动漫、广播剧等领域，其中以电视剧居多。

表 14-3　部分热门 IP 及改编涉及领域

热门 IP	改编涉及领域	热门 IP	改编涉及领域
《花千骨》	电视剧；游戏；漫画	《隐秘的角落》	电视剧
《开端》	电视剧	《雪中悍刀行》	电视剧
《甄嬛传》	电视剧；游戏	《斗罗大陆》	电视剧；游戏；动漫
《魔道祖师》	电视剧；动漫；广播剧；漫画	《周生如故》	电视剧
《小敏家》	电视剧	《天宝伏妖录》	动漫；广播剧；漫画
《斛珠夫人》	电视剧	《鬼吹灯》	电影；游戏
《盗墓笔记》	电视剧；电影；游戏；广播剧	《你是我的荣耀》	电视剧
《何以笙箫默》	电视剧；游戏；电影	《全职高手》	电视剧；电影；广播剧；漫画；游戏
《花千骨》	电视剧；游戏；漫画	《庆余年》	电视剧
《东宫》	电视剧	《武动乾坤》	电视剧；漫画；动漫
《三生三世十里桃花》	电视剧；电影	《古董局中局》	电影
《知否知否，应是绿肥红瘦》	电视剧	《完美世界》	漫画；动漫
《镇魂》	电视剧；动漫	《闪灵》	电影
《偷偷藏不住》	漫画；动漫；广播剧	《左耳》	电影；电视剧
《微微一笑很倾城》	电影；电视剧；漫画	《斗破苍穹》	电视剧；动漫；游戏

续表

热门 IP	改编涉及领域	热门 IP	改编涉及领域
《风起洛阳》	电视剧	《莽荒纪》	游戏；动漫；电视剧
《琅琊榜》	电视剧	《少年的你，如此美丽》	电视剧

1. 改编影视剧

网络文学作品和影视剧之间具有一定的共通特点，即大众性和娱乐性。网络文学作品改编成影视剧具有一定的优势，主要表现在以下几个方面。

首先，原著小说知名度广，具有一定基础数量的粉丝。原著的粉丝用户群体对原著内容、故事情节和人物有着较深的情感认同，鉴于此，由网络小说改编的影视剧则更能"出圈"。如根据海宴的网络小说改编的电视剧《琅琊榜》，2006年开始在起点中文网连载，好评如潮，作者以精湛的笔力，勾勒了一出诡谲云涌的朝廷乱局。在情节老套的网络小说中脱颖而出，得到大量读者的青睐，进一步提升了小说知名度，为其改编成电视剧奠定了基础。电影《少年的你》改编自玖月晞的小说《少年的你，如此美丽》。原著小说以生动地笔触揭露校园霸凌的真实面目，引起读者共鸣，收获了众多书粉。其次，具有易于改编的叙事结构基础。网络文学 IP 题材多样，具有丰富的文本内容、曲折的情节展开、多样的人物角色等，这些故事情节、叙事特色与影视对剧情推动的叙述结构上有相似之处，减小了剧本的改编难度。如《琅琊榜》以大气磅礴的叙事手法，将国仇家恨、朝廷风云、兄弟情义交相贯穿，宏大的背景贴合电视剧的剧情铺展，原著作者担任编剧更是从最大限度降低改编难度，提升改编质量。最后，具有一定的社会价值引领。网络文学的影视化除了要迎合大众的口味，还需要符合社会的主流审美，具有一定的社会价值引领作用。如《琅琊榜》以梅长苏为主角奏响了忠魂赤子的慷慨悲歌。字里行间透露出苍凉悲怆、荡气回肠的英雄美学，让人动容。《少年的你》摒弃了疼痛青春文学里常见的"无病呻吟"，以"校园暴力"为主题，折射社会问题。

网络文学作品在影视剧的 IP 改编方面具有一定的优势，但同时也存在着一些问题，如资源分配的不均、IP 价值评估标准不一；IP 内容同质化，容易忽略作品质量，降低文化传播和社会价值功能；技术支持、政策保障尚未建

第十四章 全产业链环境下的网络文学作品分析——主题、付费模式及 IP 改编

立全面，易发生抄袭盗版等侵权现象等。优质 IP 需要扎实的内容、长期的经营、全面的布局，应避免创作者的急功近利、投资者的盲目选择，从而保障网络文学作品的优质 IP 转化。表 14-4 列出了部分热门网络文学 IP 改编影视剧的相关情况，以供参考。

表 14-4 部分热门网络文学 IP 改编影视剧的相关情况

影视剧名称	原小说名称	小说发表网站	作者	首播渠道	视频网站	成就
琅琊榜	琅琊榜	起点中文网	海宴	北京卫视 东方卫视	腾讯 爱奇艺 优酷 土豆 搜狐 乐视	荣获第 30 届中国电视剧"飞天奖"优秀电视剧奖
少年的你	少年的你，如此美丽	晋江文学网	玖月晞	中国内地	腾讯	上映 26 天票房突破 15 亿元，上映以来连续 17 天拿下单日票房冠军，成为中国第 72 部破 10 亿元电影
花千骨	仙侠奇缘之花千骨	晋江文学网	Fresh果果	湖南卫视	腾讯 爱奇艺	首部网络播放破 200 亿次的电视剧，荣获 2015 年国剧盛典年度十大影响力电视剧。2017 年 2 月，该剧获得第十一届电视制片业"电视剧优秀作品"奖
甄嬛传	后宫·甄嬛传	晋江文学网	流潋紫	安徽卫视 东方卫视	乐视 优酷	第 26 届中国电视金鹰奖优秀电视剧 第 3 届澳门国际电视节最佳电视剧奖 2012 年度最佳电视剧 中国电视剧上海排行榜年度品质金奖 第 5 届海峡影视季最受台湾观众欢迎大陆电视剧

2. 改编游戏

网络文学之所以能改编成游戏，与网络文学本身存在一定关联，即"网络文学的游戏性"。网络的出现，不仅让一部分文学从纸媒走向了网媒，也意味着文学的空间从现实世界走向了网络世界，与现实不同的是，网络更添

上了一份虚拟性，这份虚拟性使某些社交活动带有游戏的特征。

  由网络文学作品改编而成的游戏，基本上是将小说中的人物作为游戏角色，再增加小说中的一些故事情节。从现有网络文学 IP 改编游戏的实践案例中可以看出，在游戏类型上，角色扮演类占据主流，这一类型游戏中玩家负责扮演一个或多个角色，并通过一些行动令所扮演的角色发展，如《斗破苍穹 OL》《诛仙》《仙剑奇侠传》《鬼吹灯外传》《熹妃传》。其次是卡牌游戏，卡牌游戏属于桌面游戏的一种，卡牌类手游占据主流，以其便捷性、简单易操作等特征受到玩家的青睐，如《琅琊榜》《斗破苍穹》《斗罗大陆:魂师对决》等。在作品主题上，改编成游戏的作品主要集中于玄幻、仙侠、武侠类型，这几种主题比较受用户欢迎和喜爱。

参考文献

[1] 马季. IP 的实质：网络文学知识产权漫议[J].文艺争鸣，2016(11):66-73.

第十五章　学术著作开放存取研究报告

陈晶，黄鑫，钟梓蕊，隗静秋[*]

摘要：近年来，依托于互联网技术的日益成熟，开放存取运动也逐渐从期刊论文扩展到综合性信息资源、图书等教育资源，学术著作开放存取发展趋势明显。通过对学术著作开放存取发展制度规划、版权许可、质量控制、基础设施建设、商业-出版模式的梳理归纳，发现当下学术著作开放存取在区域认知、实践平台建设、学科覆盖、多利益方平衡上存在发展困境。为此，于我国学术出版而言，有必要加强出版机构、高校图书馆、科研人员、政府部门、技术公司、媒体的联动效应，为我国学术著作开放存取发展营造更好的发展环境和创新空间。

关键词：学术著作；开放存取；开放获取；开放科学。

一、研究背景

"开放存取"（Open Access）的概念最早于2002年《布达佩斯开放存取计划》中提出，后于2003年在"贝塞斯达开放存取出版宣言""柏林宣言：开放存取科学与人文学知识"中得到确立，2004年经济合作与发展组织的《公共资助研究数据开放存取宣言》中指出，要建立公共资助的研究数据开放存取机制，2007年《开普敦开放教育宣言——解放开放教育资源的潜力》提出创造和传播开放资源应成为教育者和教育机构的工作。开放存取运动一方面鼓励作者开放其学术成果版权，提高影响指数和文献计量指标，扩大学术影响力；另一方面也允许读者免费访问和存取研究成果，实现人文社科学术成果的全球共享，缩小知识信息鸿沟，满足社会公共利益需求。

---

[*] 陈晶，浙江传媒学院新闻与传播学院2021级硕士研究生；黄鑫，浙江传媒学院新闻与传播学院2021级硕士研究生；钟梓蕊，浙江传媒学院新闻与传播学院编辑出版学专业学生；隗静秋，浙江传媒学院新闻与传播学院副教授。

近年来，开放存取运动范围从期刊论文扩展到综合性信息资源、科研数据再到学术图书等教育资源，发展十分迅速。随着 2012 年欧洲开放存取出版网络（Open Access Publishing in European Networks，OAPEN）发布开放存取图书目录，同年施普林格·自然（Springer Nature）启动图书开放存取出版项目，开放存取图书出版实践模式正式拉开序幕。当下，开放存取理念逐渐成为越来越多研究人员的共识，但相较于国内外学术期刊开放存取领域，学术著作开放存取的发展相对滞后。学术著作开放存取出版周期长、受众少、盈利性弱，亦不具备期刊的连续性和系统性，很难获得固定的资金保障，再加上作者、非盈利性出版机构、研究所和学术组织、资助者之间复杂的利益关系，在市场竞争逐渐向供给侧倾斜的趋势下，各主体之间利益失衡矛盾日益突出，学术著作开放存取也面临重重困难。因此，通过对目前学术著作开放存取发展现状、困境的研究，思考学术著作开放存取的创造性发展路径，能够一定限度上推动我国开放存取运动的进程，缓解传统学术出版危机，促进科研成果传播与交流。

二、国内外学术著作开放存取发展现状

（一）政策规划与制定

1. 国际学术出版业现已全面发展为开放存取模式

2018 年 9 月，在欧盟委员会和欧洲研究理事会的支持下，组织开放存取研究资助联盟（以下简称"S 联盟"）启动开放存取计划（以下简称"S 计划"），旨在争取由国家、区域和国际研究理事会及资助机构资助的科学文章实现即时的开放获取，打破出版物支付壁垒。2021 年，S 联盟发表了关于学术图书开放存取的声明，承诺尽快实现学术图书的全面开放存取。"直达开放"（Direct to Open，D2O）也是国际学术出版业常用的开放存取模式，D2O 将学术专著从单纯依赖个人和图书馆的市场导向采购模式，转变为图书馆支持的协同开放存取模式，图书馆不需要为单一馆藏购买图书，而是在公平和协作的机会下通过"参与者"费用为世界提供一次资助。目前，全球已有 160 多家图书馆联盟承诺支持 D2O 计划。除此之外，部分国家大多会根据本国实际情况制定开放存取政策规划，如2021 年 8 月英国研究与创新基金会（UKRI）

发布了其开放存取政策，其目的便是保证公众能免费访问、阅读和使用通过 UKRI 资助的研究结果，允许使用知识共享许可或 UKRI 设置的其他许可。

2. CC 协议是学术著作开放存取版权"公有"的关键中介

在学术著作开放存取领域，根据知识共享组织（Creative Commons），CC 协议因素包括署名、非商业性使用、禁止演绎和相同方式共享四类，可以组合出六种被广泛运用的授权方式，授权读者、学者和研究人员使用其作品，允许其下载、复制、保存、传播作品，让学术资源被更多人分享和参考。这六种授权方式的限制限度从严到宽依次是：署名—非商业使用—禁止演绎（CC-BY-NC-ND）、署名—非商业使用—相同方式共享（CC-BY-NC-SA）、署名—非商业使用（CC-BY-NC）、署名—禁止演绎（CC-BY-ND）、署名—相同方式共享（CC-BY-SA）以及署名（CC-BY）。

在开放存取图书目录 DOAB 中，CC-BY-NC-ND 是使用最多的 CC 协议之一，如 DOAB 合作的非 OA 出版商 De Gruyter、OA 出版商 MDPI 和大学出版商 KIT 等都使用该授权方式，而使用 CC-BY-NC-SA 许可方式的占比较小。开放存取授权方式并未统一，KU 模式主要倡导 CC-BY-NC 许可方式，OpenEdition Books 项目规定按照其 CC-BY-SA 许可方式进行分享与传播。此外，大多开放存取项目并不仅仅局限于这六种授权方式，而是在原始授权方式基础上又添加了相关条件，如 InTechOpen 项目采用 CC•BY•NC•ND3.0，即在同等条件下使用者可以对作品进行传播和共享；re.press 项目采用 CC-BY-NC-ND2.5，只有在标注原作者的名字、非商业使用和禁止演绎的条件下，作品才可供使用。最后，CC-BY 许可是大多数学术著作开放存取项目都采用的许可方式，出版 OA 图书最多的 8 家出版机构中，OA 出版商 Frontiers、Springer 和非 OA 出版商 Peter Lang 均采用该授权方式。

因此综合来看，CC 协议是目前 OA 学术著作开放存取领域最常用的授权方式，机构既可以在六种协议许可中选择，也可以选择采用自有许可，并根据不同用户需求弹性地调整许可协议的组合。尽管有研究者指出，CC 协议本身并不会使 OA 图书的下载量增多，但 CC 协议在版权"专有"和学术著作开放存取版权"公有"的矛盾中扮演重要的中介角色，一定限度上能够平衡研究人员知识产权与社会公共利益的关系，有利于实现学术成果在全球传播的愿景。

3. 以同行评议制为主，传统编审制为辅的质量控制

在政治质量控制、学术质量控制、编辑质量控制和出版质量控制中，学术质量控制是学术图书开放存取出版质量控制体系的核心要素，主要把控图书内容的专业性、创新性和学术规范性，保证图书出版的质量水平。学术质量控制则包括以三审三校制和双盲制为主的传统编审制，以及科学界和学术出版界大范围采纳的同行评议制（如表15-1所示）。根据开放存取运动的特点，同行评议制是学术出版的基石，在北美洲、欧洲和亚洲等地区都是质量控制的重点，而传统编审制则成为一个补充的角色，形成以同行评议制为主，传统编审制为辅的质量控制体系。

表15-1 传统编审制、同行评议制的基本流程与特点

质量控制	基本流程	特　点
传统编审制（三审三校制度、双盲制）	● 三审三校：编辑初审、室主任复审、总编辑终审，初审必须根据每个字检查作品的整体内容、思想和结构并发表评价，室主任复审时结合初审的结果进行二次核定，最后总编辑做出决定性意见 ● 双盲制：把作品复制成双份，隐藏作者的名字，由两位该学术领域的专家进行权威、专业地评审	● 任何两个环节的审稿工作不能同时由一人担任 ● 三审三校制是我国特有的学术评价机制
同行评议制（同性评议制）	● 同性评议制：著作者将作品交给编辑，编辑把作品送至同行评审专家，专家阅读完作品后再将评审意见反馈给编辑	● 是科学出版的一个组成部分，它确认所研究的科学的有效性 ● 仍存在一定缺陷，如专家自身方面的知识面不宽、个人意见掺杂情感而导致不够严谨，而作者不一定虚心接受评审的建议，但总体来看，同行评议制在一定限度上确保了学术成果的创新性和质量

（二）基础设施建设

中国科学院文献情报中心的学者赵展一、黄金霞将开放存取基础设施定义为支持开放出版、开放仓储、开放资源重复利用和复用的平台或工具。开放存取基础设施可以提供其他尽可能广泛的开放过程、开放方法和开放结果供他人使用，并获得对各种资源的开放和透明访问。

第十五章　学术著作开放存取研究报告

1. 欧洲开放科学云 EOSC

欧洲开放科学云（以下简称"EOSC"）是欧盟委员会 2015 年的一项提案，通过与现有的欧洲研究数据基础设施建立联盟，整合现有和新兴的数据基础设施，为欧洲研究人员提供世界级的数据基础设施和云服务，所有欧洲科学家都可以通过它访问、分析和重新运用跨学科研究的结果和数据。EOSC 是一个开放、可靠的搜索数据管理环境，提供联网、计算、存储、分享与发现、数据管理、处理和分析、安全与运营、培训和支持八大服务。

2. 欧洲开放存取出版项目 OAPEN

2008 年，荷兰 AUP 与欧洲 5 家大学出版社联合发起，在欧盟的资助下建立了欧洲开放存取出版网络（OAPEN），随着近些年的发展，OAPEN 逐渐从一个促进欧洲人文和社会科学领域的开放存取的地区性项目发展为一个全球性项目。OAPEN 经营四个平台项目：分别是集成管理与传播 OA 图书的知识库平台 OAPEN Library、促进发现 OA 图书的开放存取图书目录 DOAB、OAPEN 开放存取图书工具包、OpenEdition，并提供质量保证、代管、存储服务、传播方式、数字保存、发现、云数据支持、信息汇报八大服务。OAPEN 旨在通过发行高质量 OA 图书，为出版商、图书馆和资助机构提供 OA 图书传播、质量保证与数字保存等服务，推动 OA 内容的可持续存取。

3. 公共语言资源与技术基础设施项目 CLARIN

公共语言资源和技术基础设施（Common Language Resources and Technology Infrastructure，CLARIN）于 2012 年成立，旨在设计、建构和研究基础设施，为希望利用语言资源和技术的研究人员提供可持续的互联网工作环境，主要提供资源检索、用户咨询、资源存储以及虚拟馆藏服务四大类型的服务。

4. 开放存取基础设施项目 OPERAS

OPERAS（Open Access Publications In European Researsh Areas）是一个用于欧洲人文社科开放存取出版物的基础设施，旨在协调和整合欧洲资源，有效解决欧洲研究人员在 SSH 领域的学术交流需求，为研究社区提供了在欧洲寻找、访问、创建、编辑和传播 SSH 输出所缺失的板块，使世界范围内的社会毫无障碍地受益。OPERAS 主要提供认证服务、发现服务、指标服务、发布门户服务和社会研究服务五大类服务。

5. 开放存取成果聚合设施 Open AIRE

Open AIRE 由欧盟第七个框架方案（FP7）资助，于 2009 年 12 月启动，在欧盟机构、成员国或其他资金来源的支持下，致力于支持开放学术交流，促进欧洲开放科学，建设最先进、最开放和可持续的学术交流基础设施。Open AIRE 是一个专门的开放科学专家网络，推广和提供开放科学培训。同时，Open AIRE 也是一种技术基础设施，用于收集连接数据提供商的研究成果，负责管理、分析、运营、供应和跟踪研究成果（出版物、相关数据集、软件和服务）。

6. 法国的 OpenEdition 开放基础架构

OpenEdition 是一个完整的数字出版基础架构，由 CNRS 的 OpenEdition 中心、服务和研究部门（USR 2004）、艾克斯·马赛大学、EHESS 和阿维尼翁大学提供支持的国家研究基础设施，主要为人文和社会科学领域的科学交流提供服务。

7. 英国的 Open Book Publisher

Open Book Publisher 图书开放存取出版机构于 2008 年创建，是英国最大的非盈利性学术出版机构，由学者经营，旨在让全球读者及时存取免费的高质量的研究成果。所有的书籍都可以在线阅读和免费下载，并提供以 PDF、HTML 和 XML 格式发布的免费在线版本，作者不收取任何书籍处理费（BPC）。

8. 日本的 Gaku Nin RDM

Gaku Nin RDM 是由大学和出版商等组织组成的联盟，旨在帮助研究人员在项目实施期间管理数据和相关文档。通过联盟规定的相互信任的规则或政策，组织将能够在彼此之间利用联盟进行访问，一旦联合身份验证到位，它将启用校园单点登录，用户可以使用单个密码访问其他大学和商业服务，而无须重新输入 ID 或密码。

第十五章 学术著作开放存取研究报告

(三) 学术著作开放存取参与机构呈现上升趋势

结合当下开放存取的发展现状,从学术著作开放存取项目创建者出发,可以将相关参与机构分为五大类,分别是研究机构和协会、大学出版社、大学出版社与图书馆、商业性出版商、非盈利性开放存取组织。由于开放存取涉及多方利益体,这些参与机构并非完全独立运作,许多大学出版社、大学图书馆、商业出版机构也会将部分学术著作放进公益性质开放存取项目,截至 2021 年 5 月底,在全球 630 多家机构的支持下,开放存取国际倡议组织 Knowledge Unlatched 已与 100 多家出版商合作,出版了 2700 余本书。

1. 研究机构和协会学术著作资源数量相对较少

各国科研机构和跨地区的研究协会是学术著作开放存取项目的重要创建者,此类开放存取项目大多由政府等相关部门牵头主持,具有较高权威性,资金支持较稳定,可开放资源数量多,但学术著作数量有限。如成立于 1967 年的拉丁美洲社会科学协会 (The Latin American Council of Social Sciences,CLACSO),属于联合国教科文组织中具有协会地位的国际非政府机构,CLACSO 开放存取知识和传播下设置有出版物、拉丁美洲书店、图书馆、CLACSO-REDALYC 四个分支,其中出版物下有 10 本书籍;拉丁美洲书店提供 3000 多本图书的开放存取,其印刷版在线销售;图书馆作为数字存储库,提供 110000 多篇文本和伊比利亚美洲的 444400 余篇社会科学和人文期刊的开放访问;CLACSO-REDALYC 是一个索引系统,提供来自伊比利亚美洲的 850 种约 350721 篇社会科学和人文期刊文章。而成立于 1968 年的南非人类学研究协会出版社 (Human Sciences Research Council,HSRC Press),是非洲大陆最大的社会科学和人文学科专门法定研究机构,2004 年创建 HSRC Press,免费向用户提供用户报告、同行评审期刊、书籍等研究成果电子版资源下载服务,其中书籍仅 440 余个。因此,相比于 OA 期刊,以 CLACSO-REDALYC 和 HSRC Press 为代表的研究机构和协会所提供的 OA 学术著作资源数量较少。

2. 大学出版社学术著作开放存取规制稳定

英国、美国、澳大利亚等国的大学出版社是学术著作开放存取相关项目或活动中的重要参与主体，其中，英国大学出版社学术著作开放存取规制更加成熟。目前就英国大学出版社发展状况来看，除牛津大学出版社（Oxford University Press）、剑桥大学出版社（Cambridge University Press）等老牌大学出版社早已实现学术著作开放存取外，自 2015 年起英国又成立了六家完全开放存取的大学出版社，分别是伦敦大学学院出版社（University College London Press）、白玫瑰大学出版社（White Rose University Press）、伦敦政治经济学院出版社（The London School of Economics and Political Science Press）、卡迪夫大学出版社（Cardiff University Press）、威斯敏斯特大学出版社（University of Westminster Press）、金史密斯出版社（Goldsmiths Press）。

在开放存取评审政策上，英国大学出版社大多采用卓越框架体系（REF），整个专家评审过程由四个英国高等教育资助机构承担：英格兰研究学会、苏格兰资助委员会、威尔士高等教育资助委员会和北爱尔兰经济部。据 2021 年 REF 最新评审体系，评审范围也逐渐从学术期刊拓展到学术专著领域。在资助模式上，英国公立大学出版社的资金通常来源于外界资助，而英国私立大学出版社的资金通常来源于外界人士或大众的捐赠，自负盈亏。英国第一家完全开放存取的大学出版社——伦敦大学学院出版社（UCLP）主要生产学术专著和编辑的合集，其中，绿色开放存取上传 6~24 个月后自动转为开放资源，作者无须支付任何费用，而黄金开放存取一般需要通过订阅期刊或者传统图书出版商付费的模式进行开放，此外，作者还可以通过 UCL 的开放存取团队审核后获得开放存取资金。在政策或版权方面，一旦作者遇到相关问题，UCL 还提供专业的开放存取团队和图书馆服务版权团队进行讲解。目前，UCLP 每年出版 50 余本开放存取书籍，以 PDF 形式供用户在线阅读或免费下载。

3. 大学出版社积极参与图书馆学术著作开放存取

学术著作出版危机下，高校图书馆备受冲击，不少高校图书馆纷纷与外部出版社或者高校所属出版社合作，将图书馆已出版的部分图书数字化，通过开放存取平台或者本校下属在线图书馆向用户免费开放，不仅有助于本校学生和教师数字资源的获取，还能提高高校图书馆资源的社会利用率，实现知识共享。截至 2022 年 2 月，开放存取图书目录 DOAB 共有 548 家出版社参与，其中有 113 家大学出版社，比 2020 年增长 64 家。其中收录图书排名前5的大学出版社有：佛罗伦萨大学出版社（University of Florence Press）1491本、澳大利亚国立大学出版社（Australian National University Press）637本、科英布拉大学出版社（Coimbra University Press）595本、阿姆斯特丹大学出版社（Amsterdam University Press）486本、密歇根大学出版社（University of Michigan Press）292本。2000年加州数字图书馆（California Digital Library，CDL）启动加州大学出版社电子书馆藏项目（eScholarship），目前有2000多本学术著作供在校教职工以及学生免费下载及查阅，700多本学术著作对外部免费开放。2015年，加州大学出版社又启动期刊（Collabra）和学术专著（Luminos）的开放存取项目，Luminos作为开放存取专著平台，不仅提供EPUB、MoBi、PDF三种下载模式，还链入亚马逊、巴恩斯与诺布尔、独立界、加州大学出版社四种购买纸质书籍网址，平均每年出版175种新书和33种人文科学、社会与行为科学和自然科学期刊，目前，eScholarship提供约30万个开放存取项目，用户留言互动1亿多条。

4. 商业性出版商学术著作开放存取运营模式较成熟

2012年，欧洲开放存取出版网络（OAPEN）发布开放存取图书目录DOAB，不少以盈利为目的商业性出版商紧跟其后进行图书资源的开放存取。相比于其他高校图书馆、出版社、研究机构等，商业性出版商具有丰富的图书资源储备、先进的技术支持以及科学化的商业管理，不管是商业模式还是出版模式各方面发展相对较清晰完善，目前，规模较大的典型商业出版商有斯普林出版社的斯普林格开放项目（Springer Open）和在线图书出版商bookboon。其中，斯普林格开放项目自2012年8月开始提供图书开放存取，为实现出版社的长期发展，斯普林格开放项目采用图书作者在出版商出版前结清费用再进行开放存取的自付费出版模式，同时允许作者寻找资助者和资助机构，缓解资金问题。目前，斯普林格开放项目提供近30万本图书资源，用户既可以在线观看也可以分章节选择下载PDF版本，但斯普林格开放项目中人文社科类图书较少，主要集中在商业、管理、人工智能、工程学等学科。而世界上第一家为学生提供免费教科书的在线图书出版商Bookboon，主要采用广告模式，由控制在一定范围内的书内广告为开放存取提供持续性资金支持，相对来说都能够在一定时期内创收。

5. 非盈利性开放存取组织面临公益和商业开发两重矛盾

非盈利性开放存取组织是指不以市场盈利为目的的公益性质开放存取组织，其目标主要是利用互联网促进全世界科学及人文信息的交流，从而提升科学资源的公共利用限度。目前，规模较大、发展较好的主要有英国知识解锁项目（Knowledge Unlatched，KU）和法国的 OpenEdition Books，由于非盈利性开放存取组织为了实现长期发展，也会引入一定限度商业运作模式，赚取用户服务费，但是这一点往往与此类开放存取组织自身非盈利定位相矛盾，如何在开放存取的公益性和商业性开发之间保持平衡是当下非盈利性开放存取组织面临的难题。其中，英国知识解锁项目于 2019 年启动人文社科（Humanities and Social Sciences，HSS）学术专著出版计划（Open Research Library，ORL），将分布在不同平台的 2 万余种学术著作统一设置到一个平台。一方面，可以方便读者快速检索，实现学术专著资源的汇聚；另一方面，可以更好地服务于出版商、图书馆和研究机构，并为其提供数据分析等附加服务。为实现资源的最大化可见性，知识解锁项目还与领先的发现系统、托管平台和组织积极合作，通过新媒体渠道开展线上线下推广，目前知识解锁项目吸引了全球 650 多个图书馆和 100 多家出版商加入，开放式研究图书馆（ORL）向用户免费提供艺术、商业与经济、传记与自传、电脑、法律、数学、医疗等 46 类共 15000 余本书籍的在线阅读、下载和其他付费服务。

三、学术著作开放存取商业—出版模式

开放存取商业—出版模式包括项目创建者、资金来源、资助方式、出版成本、开放存取范围等，涉及作者、出版商、图书馆、协会、专业开放存取组织等多个主体，模式选择问题是开放存取项目长期发展的关键因素。目前，有关开放存取的模式研究主要集中于作者付费模式、机构补贴模式、免费增值模式、众筹模式、广告模式、服务模式等，基于上述参与机构和典型开放存取平台的发展现状，可以将商业-出版模式归结为自费模式、众筹模式、"免费+增值"模式、"免费+广告"模式四类。

（一）自费模式收费标准不一，且大多转变为资助模式

开放存取自费模式指出于不同利益需求的出版商、研究机构或者个人作

者单独承担学术著作的出版成本,其中,出版商需要用开放存取书籍增强平台影响力,研究机构需要利用开放存取书籍提高机构在学术圈的贡献度,而个人作者出于学术研究和发展的必要,需要对自己撰写的学术著作进行开放存取。自费模式的出版方式,费用划定较清晰,一定限度上能够避免学术著作开放存取后不必要的版权纠纷,但由于不同平台和出版社的运作方式、收费标准并未有统一规定,对那些资金有限的个人作者而言,自费模式反而不利于知识共享。如斯普林出版社的学术图书开放存取项目要求作者负责支付出版费用,且不提供开放存取书籍处理费(BPC)的豁免或折扣;英国 Ubiquity Press 出版商的开放存取书籍处理费(BPC)根据书籍内容和附带服务将价格分为三个层次,图书出版后作者可以获得图书印刷销售利润的 30%,其剩余利润用于平台维持全球发行和索引;曼彻斯特大学出版社(MUP)提供书籍完全开放和仅部分章节开放两种选择,开放存取书籍处理费(BPC)需要 9850 英镑(+英国 20%的增值税),且最多 120000 个字,而章节处理费(CPC)则根据章节占最终版本稿件总数的比例计算(包括注释)。考虑到作者资金有限,部分开放存取项目或者出版商会提供资助信息,Springer Nature 便编制了一份全球研究资助者和机构的名单,覆盖英国、美国、德国、日本、加拿大、新西兰等 20 余个国家。

(二)众筹模式多主体参与,利益相关方繁杂

众筹模式指多个个体、机构、组织以补贴或者合作的方式承担开放存取图书的相关费用,共享该图书资源或者面向所有人实施开放存取,主要包括机构补贴或资助、相关机构或组织联合承担费用、多用户承担费用、教师职称补贴等模式。众筹模式为不同利益需求方搭建了合作共享平台,尤其对于那些图书需求量大但采购经费较低的机构或者研究经费不足的个人作者来说,这种模式解决了需求和经费之间的矛盾。机构补贴或资助模式下,作者在获得机构研究和出版经费赞助后,通常会被要求签订将研究成果进行开放存取的合约。知识解锁项目是典型的机构或组织联合承担费用模式,由全球图书馆联盟共同承担图书出版费用,参与的图书馆越多,分担到每一个图书馆成员上的成本就越低。电子书众筹平台 Un-glue.it 采用多用户承担费用模式进行开放存取(如表 15-2 所示)。教师职称补贴模式起源于北美高校要求

人文社科领域的老师在任职期内至少出版一本学术著作的规定，为解决资金问题，美国大学协会和美国研究图书馆协会提出由高校分摊学术著作的出版成本和开放存取费用，具体补贴金额依据高校规模、学术著作内容而定。

表 15-2　Un-glue.it 多用户承担费用模式

感谢开放（thanks for ungluing）	作者上传电子书并申请知识共享许可，允许他人免费阅读，下载者应表示感谢
购买开放（buy to ungluing）	作者制作 EPUB 格式电子书，并设定众筹目标价格和每份电子书价格，一旦达到所设金额便实现开放存取
承诺开放（pledge to ungluing）	适用已出版的书籍，具体程序与第二种类似

（三）"免费+增值"模式下后期免费用户转化是重点

"免费+增值"模式指前期通过提供一些免费的学术著作，吸引读者观看，汇聚人气，后期在此基础上逐渐推出精装版图书、全文搜索、多格式下载、多媒体呈现、用户在线答疑等其他增值服务，将免费用户转化为付费用户，实现开放存取项目的持续性发展。此模式下，用户能在开放存取中免费存取所需图书资源，培育平台忠诚度，尽管存在部分免费用户难以转化问题，但随着用户对平台使用依赖性的增加，将一定限度上增长其他付费用户数量。

2011 年，OpenEdition 开启免费增值计划，为读者提供免费的开放存取图书，为图书馆和科研机构等提供元数据、机器可读格式文献、图书馆文献使用统计等高级增值服务。出版社或图书馆在 OpenEdition 平台提供学术著作时，其中 HTML 格式免费向全球用户提供，但 PDF 格式、EPUB 格式则需付费才能获得。此外，OpenEdition 要求出版社在以免费增值方式出版图书时，选择该模式出版的图书占比必须大于该出版社提交到 OpenEdition 平台上图书总数的 50%，且一旦选择免费增值方式出版将不能在选择其他出版方式。英国最大的独立性开放存取学术图书出版商 Open Book Publisher 以开放存取图书数字版免费、纸质版付费的方式开展增值服务，除了提供 HTML 格式免费阅读、PDF 格式免费阅读和下载、XML 格式免费下载外，还提供图书个性化定制服务，用户可以在平台所提供的图书中随意选择，既可以是整本书，也可以是书中的某些章节，在根据自己的需求进行内容重现排版后，点击购买，随后出版商会根据订单按需打印、制作。

（四）"免费+广告"模式下平台广告精准投放是关键

"免费+广告"模式指开放存取平台或出版商在为用户提供免费学术专著的阅读和下载的同时，获取读者在该平台的数据，并以此为依据对用户开展个性化的推荐或广告服务，实现盈利，主要包括首页和图书广告插入、关键词链接至商家以及特定时间段免费模式。其中，首页和图书广告插入顺应了当下智媒时代个性化推送发展趋势，开放存取平台或出版商通过对每一位用户的搜索偏好、下载记录、消费习惯、购买能力等数据的综合分析，精准定位，将广告植入于平台首页、用户在线阅读的图书中，或者将不同种类广告植入不同学科图书中，如艺术类书籍中插入绘画材料广告，医学类书籍插入医疗器械广告，人文社科类书籍插入其他关联书籍广告等。

特定时间段免费模式指开放存取平台或出版商在一定时间范围内对某部分图书进行开放存取，超过时间后则自动转为付费的模式。但由于图书体量较大，对于读者而言短时间内理解一本书相对较困难，因此部分还想继续阅读的读者便会进行电子版或者纸质书籍的购买。通过这种限时免费，一定限度上能够激发读者阅读激情，而在合适的时间转为收费模式，又恰好能带动部分有兴趣的读者从免费存取用户转变为潜在目标用户。世界上最大的电子书出版商 Bookboon 便采用品牌广告形式为图书开放存取进行融资，在不影响读者阅读质量的情况下，将每本书的广告植入控制在15%以内，在平台首页、用户在线阅读的图书中插入广告。此外，开放存取图书目录 DOAB 也在每本开放存取图书内容页面链入出版社、亚马逊等发行商或购买网址信息，帮助用户实现便捷式"一键购买"，都获得了比较好的社会反响。

四、学术著作开放存取面临的发展瓶颈

（一）开放存取理念区域认知差异明显

从地区上看，学术著作开放存取主要参与主体大多是欧美等发达国家，DOAB 支持者主要来自澳大利亚、奥地利、比利时、加拿大、丹麦、芬兰、法国、德国、爱尔兰、意大利和美国等国家，且在排名前二十的出版社中，德国占据四个，除此之外是英国和荷兰等西方国家。相比而言，亚非地区学术著作开放存取发展较缓慢，且占比较少。就我国而言，开放存取理念认知

度较低，且从事开放存取相关工作起步较晚。通过知网检索"图书开放存取"一共得到 862 篇相关文献，最早的文献发表于 1994 年，然而直到 2009 年有关文献才逐步增加。由此可见我国开放存取发展速度较为滞缓，与西方国家尚有一定差距。

（二）开放存取缺乏实践平台

缺乏实践平台或者平台建设可操作性差等问题是阻碍学术著作开放存取进程的重要元素。相比欧美，我国图书开放存取起步晚，基础设施平台建设不足。大学数字图书馆国际合作计划（China Academic Digital Associative Library，CADAL）、国家科技图书文献中心（National Science andTechnology Library，NSTL）及中国科学院知识服务平台是我国重点支持与发展的 OA 平台，然而有学者通过调研发现，我国三大主流开放存取平台及最大电子图书数据库——超星电子图书数据库学术图书的保障率并不高，除 CADAL 古籍保障率为 71.5%，其他各平台针对英文专著、中文专著的保障率皆不超过 50%。而欧美等国家开放存取基础设施建设尽管相对完善，但是项目之间同质化严重，甚至缺乏一定的可操作系。开放存取平台作为向公众免费开放的知识库，如果基础设施建设缺乏保障，不仅会降低学术著作等学术资源开放存取的使用价值，还会导致公众对开放存取发展前景丧失信心。

（三）开放存取政策和授权多样问题难协调

政府政策制定与规划是学术著作开放存取的催化剂。就国外学术著作开放存取现状看，政府政策的出台发挥关键作用，然而国内围绕开放存取的政策制定与执行十分薄弱，2014 年 5 月，中国科学院和国家自然科学基金委员会颁布《关于实施开放获取政策的声明》，然而此政策仅仅针对论文和期刊，对学术著作等图书类学术资源还未有明确的政策指向。其次，开放存取面临个人版权"私有"与开放存取"共享"的版权冲突问题，国内外大部分的出版社都要求作者要转让论文的著作权或专有使用权，尽管我国出版机构在格式合同约定专业图书要求作者授予相关版权，但是我国出版机构拥有所出版图书的信息网络传播权的情况并不乐观，这些都亟须政府通过一定政策的制定解决。

(四)开放存取学科覆盖不均衡

DOAJ 作为全球开放存取较为代表性期刊,从 DOAJ 的科目检索中发现,其学科具体划分为农业、历史辅助科学、图书学资源、教育、精美艺术、一般工程、地理学、历史学、语言文学、法律、药品、军事科学、音乐、海军科学、哲学、政治学、科学、技术等学科,由此可见大部分学术资源都集中在社科和人文领域。就我国开放存取发展现状来看,开放存取的大部分学术资源都集中于自然科学领域,以我国最大的中文在线图书馆超星电子图书数据库为例,包括文学、医学、农业科学、政治法律等在内的 22 类图书,共 24619 种,其中数量最多的为文学类图书,共 3640 种。由此可见,开放存取学科之间的发展不均衡问题不仅局限于我国,诸多欧美国家开放存取发展也是如此。

(五)开放存取涉及多方利益难以平衡

开放存取独特的运营模式涉及多方对象,主要有科研人员、出版机构、出版商、图书馆、科研机构、政府等不同的利益相关方。开放存取出版模式下,作品使用者直接受益,作者需要出让版权且自己需要承担一定的费用导致利益受损,然而大部分学术著作作者是科研人员和高校教师等,并不是以经济收益作为主要目标,更多的是为了职称评选,扩大其所在领域的影响力。出版商作为专门从事出版的盈利性组织,其利益追求是著作出版获取的收益与各种费用的差额,以自身盈利为主。而图书开放获取却很难保证出版社的经济利益诉求,在这种形势下,出版商往往会降低参与开放存取的积极性。除此之外,还包括学术机构、图书馆、读者等各主体之间的利益,基于不同的出发点也就阻碍了开放存取的发展,如何衡量开放存取参与者的利益成为一个棘手的问题。

五、学术著作开放存取对我国学术出版的启示

(一)出版机构:协调自身与他方利益,创新商业模式

出版机构大多是盈利性企业,在进行学术著作开放存取时需要考虑多重因素,首先就是自身经济效益。然而与传统出版模式不同,开放存取主要采

用作者付费模式，作者在无法负担高额出版资金压力下，一般会寻求学术机构、协会或政府部分的资金支持，在此过程中，学术著作开放存取会牵涉作者、所在单位，资助机构等多方利益。因此，出版机构要转变传统的出版观念，在自身盈利的情况下，要兼顾社会整体利益，在出版过程中协调自身与其他参与方的利益需求，积极参与到开放存取建设中，争取达到多方共赢的局面。同时，尽管开放存取作为公益性知识分享不利于出版机构的经济创收，但在无形中可以提高该出版机构的品牌影响力和建设力，后期做好系列策划，反而会吸纳更多的受众关注该出版机构的内容建设，对于延长学术著作开放存取的产业链，谋求新的商业模式，实现自身长远发展具有重要意义。

（二）高校图书馆：发挥图书资源优势，打造开放存取融合矩阵

学校作为知识的发源地，尤其各大高校，其本身就是学术资源宝库。每年各大高校都会创作许多论文和专著等学术资源，但由于我国开放存取观念落后，学校开放存取基础设施不完善，当下各大高校学术资源开放存取呈现参差不齐状况。因此，作为具备较高质量、较优学术资源储备的高校图书馆应该发挥带头作用，主动将本校学术著作资源开放存取，放置于本校或者公益开放存取项目中，免费向科研人员、学生、公众等开放，实现知识流动。

高校可以通过与其他学校合作的方式，建立高校图书馆学术发展联盟，打造统一数字化平台，将各自学术著作资源存储到平台中实现信息的交流和共享，不仅能够提高知识检索的便利性，还将促进我国开放存取进程。

（三）科研人员：注重用户阅读体验，积极参与开放存取实践

互联网背景下，传播媒介形式愈发丰富，依托互联网，越来越多的人可以通过网络获取学习资源，受众增多的同时，受众多样化阅读需求也日益上涨，而作为学术资源主要生产者的科研人员，其作品质量好坏直接关乎读者的阅读体验。科研人员应及时关注公共议题，注重用户的信息反馈，扩大优质内容的供给。相比版权收益，科研人员更加注重其学术声誉及学术地位，开放存取大多是满足于职称和科研项目的评选评定，但由于将自己的学术成果开放存取并不一定会受到社会权威性认可，对此不少科研人员对开放存取出版模式心存质疑。开放存取作为一种新兴发展模式，一部著作出版需要经过一系列完备程序，目前，大部分的开放存取期刊都得到了相关领域的认可。

第十五章 学术著作开放存取研究报告

因此，科研人员更要转换心态和观念，积极参与到开放存取的实践中，创作更多高质量的著作，推动学术著作开放存取更上一层楼。

（四）政府：出台并完善相关政策，发挥协调建设作用

从国外学术著作开放存取现状来看，政府政策支持是加快学术资源开放存取的催化剂，尽管我国在 2014 年的全球研究理事会上发布了《中国科学院关于公共资助科研项目发表的论文实行开放存取的政策声明》和《国家自然科学基金委员会关于受资助项目科研论文实行开放存取的政策声明》，但并没有制订有效的落实方案。因此，政府应充分发挥其引领作用，结合我国开放存取发展现状，联合高校、教育部、科技部等部门制定政策，并根据各机构实际情况出台细化方案，增强可操作性。政府还可以出台版权补贴制度，由于学术著作开放存取采取"供者付费、读者免费"模式，科研人员本身已让出了部分经济权益。学术出版是一个长期的过程，需耗费大量的资金和精力，政府按照作者学术成果进行相关补助，能够弥补作者的经济损失，从而激发他们的创作动力，平衡不同主体之间的利益分配。

（五）技术公司：加强版权保护等基础设施建设技术研发

平衡开放存取与版权保护之间的利益关系是当下学术著作开放存取发展的关键摩擦点。技术公司作为中介方，可充分发挥自身优势，通过引入区块链等技术加强数字版权保护，避免侵权行为发生，区块链技术能够通过数据加密、时间戳、分布式共识和经济激励等手段的应用，在节点无须互相信任的分布式系统中实现基于去中心化信用的点对点交易、协调与协作，为解决中心化机构普遍存在的高成本、低效率和数据存储不安全等问题提供有效解决方案。技术公司还需要加大开放存取平台基础设施建设的研发工作，为其提供后续的基础支持，开放存取资源需要进行长期保存，这对于硬件设备及其技术方面的考量尤为重要，技术公司的技术支撑能够保证开放资源获取的长远发展。

（六）媒体：加大开放存取外宣力度，提高社会关注度

目前，我国学术著作开放存取尚处于发展阶段，有关开放存取概念、发

展情况、平台建设以及用途等相关了解还比较浅显，从理论探究到实践运用还有很长的路要走。当下社会各界对开放存取的关注度并不够，只有少数从事图书情报的工作者或者科研人员对开放存取领域比较熟悉，甚至许多学生对开放存取平台的了解仍是空白。媒体作为对外"发声筒"，承载着大众知识普及的功能，因此，媒体应充分发挥"遍在效果"作用，快速及时多平台发布开放存取相关新闻，如可以借助当下火爆的小视频、H5 等新型媒介形态，借助抖音、快手、两微一端多平台多矩阵加强开放存取相关信息及新闻的传播力度。内容上倾向于传达开放存取能够实现学术资源的免费获取，加大公众终身学习的资源供优势，帮助更多学生、科研人员便捷找寻学术资源等，通过潜移默化的方式提高开放存取的社会关注度。同时，开放存取项目平台也可以建设自己的新媒体传播矩阵，吸引用，打造品牌传播优势，实现平台的可持续发展。

参考文献

[1] 朱培峰. 学术图书开放存取发展及策略分析[D]. 哈尔滨：黑龙江大学，2016

[2] 赵展一，黄金霞. 开放科学基础设施的信息资源建设模式分析[J]. 图书馆建设，2021(3): 10.

[3] 刘凤仪，叶继元. 我国开放存取平台学术图书保障实证研究[J]. 图书馆学研究，2021(18): 49-56.

[4] 刘兰，李麟，王丹丹，等. 科技信息开放获取的历史进程[J]. 图书情报工作，2009(7): 63-68, 14.

[5] 魏蕊，初景利. 学术图书开放获取与美国大学图书馆出版服务[J]. 大学图书馆学报，2014(3): 17-22.

[6] 崔丽媛，刘春丽. 开放获取 S 计划演进历程、动因及对我国的启示[J]. 图书情报工作，2021(4): 102-110.

[7] 贾喜悦. 欧洲人文社科开放存取基础设施项目 OPERAS 建设研究[D]. 哈尔滨：黑龙江大学，2021.

[8] 刘悦如，何惠芬，郭利敏. 德国高校图书馆开放出版服务特点与启示[J]. 图书馆杂志，2021(5): 27-35.

[9] 董昊鑫. 图书开放存取免费增值模式研究[D]. 哈尔滨：黑龙江大学，2021.

[10] 朱洪涛，牛晓宏. 图书开放存取的国内外研究热点与现状分析[J]. 图书馆学研究，2020(17): 9-15.

[11] 隗静秋，隗玮. 国外开放存取图书出版商业模式研究[J]. 科技与出版，2016(1): 62-66.

[12] 汪全莉，张蔚. 国外学术图书开放出版商业模式研究[J]. 图书馆建设，2017(2): 71-75, 62-66.

[13] 王盼娣. 英国大学出版社图书开放存取现状研究[D]. 哈尔滨：黑龙江大学，2020.

[14] 王雅欣. 图书开放存取与版权保护的冲突与协调研究[D]. 哈尔滨：黑龙江大学，2020.

[15] 袁勇，王飞跃. 区块链技术发展现状与展望[J]. 中国科技期刊研究. 2015，26(1).

IV 调查篇

第十六章 《辞海》数字化出版研究

邓香莲，关瑞雯[*]

摘要：在信息检索越发便捷的数字时代，传统印刷出版市场受到了巨大冲击，为给人们提供权威准确的纸质辞书，传统辞书纷纷进行数字出版转型。本文通过对《辞海》的数字化出版创新展开研究，发现辞书数字出版的独特优势，并提出其未来的发展建议，同时在此基础上得出优质内容是传统辞书出版的核心竞争力，辞书数字化转型要运用互联网思维创新辞书的生产与传播模式等启示，为辞书的高质量发展提供借鉴参考。

关键词：《辞海》；数字化出版；出版转型。

随着网络强国的不断发展，网络已逐渐成为人们生活的必需品。根据第 48 次《中国互联网络发展状况统计报告》显示，我国网民规模达 10.11 亿人，搜索引擎用户规模达 7.95 亿人，占整体网民数量的 78.7%。在过去的印刷时代，人们想要查询知识，会选择走入图书馆查询专业的工具书词典、百科全书。在信息检索越发便捷的数字时代，很多人会出于便捷考虑选择网络渠道代替翻阅厚重的纸质辞书，使传统印刷出版市场受到冲击。然而，网络平台信息繁杂导致无效信息较多，质量参差不齐。权威准确的纸质辞书仍然是人们学习的必备工具。为满足人们的学习需求，传统辞书也跳出印刷版本，进行数字出版转型。有着两百多年历史的《不列颠百科全书》停止印刷纸质版，以数字版本继续为读者提供服务。国内许多工具书出版社投身于数字出版建设，推出一系列手机词典应用软件、工具书在线数据库等。老牌辞书品牌纷纷投身于数字化建设，辞书也随着科技的进步，进行着数字化革新。

---

[*] 邓香莲，管理学博士，华东师范大学传播学院副教授，博士生导师，系主任，美国特拉华大学访问学者，兼任上海社科院新闻研究所副研究员；关瑞雯，华东师范大学传播学院研究生。

一、《辞海》的数字出版转型实践

《辞海》数字出版转型紧随科技的发展,在计算机普及的时代背景下,《辞海》开始利用计算机协助编纂。在电子阅读器市场大热的背景下,尝试改变图书形态,研发数字阅读终端产品。随着网络全面普及,开发了《辞海》网络版产品,建设了集内容编纂、审核、管理、发布与运营维护于一体的《辞海》数字出版云平台,实现出版全流程数字化和网络化。

(一)《辞海》数字化出版的发展历程

《辞海》的数字化起步于第五版的编纂阶段,20 世纪 90 年代,计算机的发明和迅速普及,掀起了各行各业的技术革命,辞书出版人的案头工具也从纸笔转为计算机。《辞海》出版人紧随信息技术的发展,利用新开发的电脑程序来提高《辞海》的生产效率和内容质量。

1. 起步阶段:利用数字技术协助编纂

在未信息化办公以前,传统辞书编纂方式是将词条记录于资料卡片上,之后将卡片归类整理。随着计算机在各行各业的普及,为出版业带来了新的生产工具。资料卡片上的条目被转换成录入进计算机的电子版条目,编辑可以通过操作计算机程序来加工和整理条目。

辞海编辑部从第五版《辞海》开始使用计算机工具,将所有内容进行数字化录入,编制了一批计算机系统辅助内容生产的各项工作,极大提高了内容的准确性和编纂效率,为后续的数字化工作打下坚实的基础。如利用计算机代替人工将碎片化的条目按一定规律排列。如按照部首笔画数的形序法编排或者按照汉语拼音顺序的音序法编排,使读者能够轻易查询到词条。人工进行编排难免会出现对某些字的部首不熟悉、计算错笔画数、抄错漏字等问题,影响条目的编排效率和内容的准确性。《辞海》第五版使用计算机 FoxBase 数据库管理系统编制的一套排序程序,管理方法是先将词目和释文拆分开,再建立一一对应的关系,这套程序极大缩减了人工排序的时间,"在当时的 586 计算机上,80000 多条条目的排序仅 3 小时完成。打印词目单只用了 1 个多小时,仅此项工作就提高效率 300 多倍,而且条目准确清晰"。在编纂索引方面,利用计算机的识别数据库技术制作索引。传统制作索引的方式是

第十六章 《辞海》数字化出版研究

将条目卡片进行编号再填写页码。采用数据库技术能够自动地生成索引,省去了人工劳动时间。计算机还可以辅助核查工作。传统的核查方式是把各条目卡片分类排列,进行反复比对,面对数十万张条目卡片,人工比对耗时费力,特别是面对拥有多个义项的词条、有参见条目的词条时,难免会出现疏漏。利用计算机程序辅助核查,提高了释文的准确性并缩短了核查周期。《辞海》第六版的编辑工作基于第五版的工作经验的基础上编制了"上海辞书出版社工具书查询系统"。该系统内拥有上海辞书出版社的精品工具书资源,提供跨资源库检索功能,可检索某一主题词在不同工具书中的释文,通过对比分析,可以辅助编者和编辑查阅参考资料,也有助于发现《辞海》中重复或相近的条目,使内容精细化。

2. 探索阶段:尝试研发数字阅读终端产品

2007 年,由亚马逊开发的初代电子书阅读器 Kindle 崭露头角,收获了美国读者的热烈欢迎。汉王科技紧随其后,于 2008 年推出了国内首款电子阅读器产品"汉王电纸书"。电子阅读器以其轻巧便于携带的特性给纸书读者带来了全新的阅读体验,成为当时阅读产业炙手可热的新星。电子阅读器的兴起为《辞海》这样的大部头图书带来了向轻便化方向发展的可能性。2010年《辞海》的第一个数字阅读终端产品"辞海悦读器"应运而生。其将第六版《辞海》内置于阅读器中,同时与世纪出版集团旗下出版机构以及国内其他出版机构合作,内置丰富的正版图书资源,读者遇到不认识的词语可直接搜索《辞海》。阅读器使用当时最先进的电纸书触屏技术,具有手写功能、查询标注功能、无线上网功能,用户可联网下载书籍。让优质内容与阅读终端完美结合。

辞海悦读器的革新在于其改变了词条内容的呈现方式,独立研发电子书标准格式,将印刷内容转变为电子内容,从对着纸面手写改为对着电子触摸屏触摸和批注。改变了纸质词典利用索引页翻阅查找的查检方式,改为搜索框直接搜索的方式。最早尝试利用技术保护数字版权,利用三重密匙 DRM 版权保护机制。优化出版产业链各环节,从传统的发行模式改为出版平台直接推送模式,与技术服务商、硬件制造商、渠道销售商相互配合,保证内容经由资源转档平台、推送平台、版权保护平台的加工,再推送给读者。

（二）《辞海》数字化出版的现状

辞海悦读器的出版经验为《辞海》数字化发展提供了新的方向，辞书数字化需要突破封闭的单一载体，为读者提供多元化的知识服务。做法是从出版者和读者角度同时出发。首先，通过搭建工具书内容数据库来完善基础设施建设。其次，从出版者角度出发，搭建数字出版云平台实现出版工作的全流程数字化运转与管理。从读者角度出发，利用数字技术创新产品与服务，添加音频、视频、三维模型等多媒体资源，将词条知识进行结构化加工，构建词条知识图谱，将《辞海》建设成有声、有形、有互动性的立体化辞书。

1. 基础建设：工具书数据库

在《辞海》第七版的编纂工作阶段也开始了新一步的数字化转型。在准备阶段，选择将历版内容全部数字化，建设了《辞海》历版数据库（如图16-1所示）、《大辞海》数据库（如图16-2所示），并整合在修订过程中所要的参考工具书资源，建设完善的辅助工具书数据库。搭建数据库增加《辞海》内容的附加值，使数字出版向纵深方向发展。

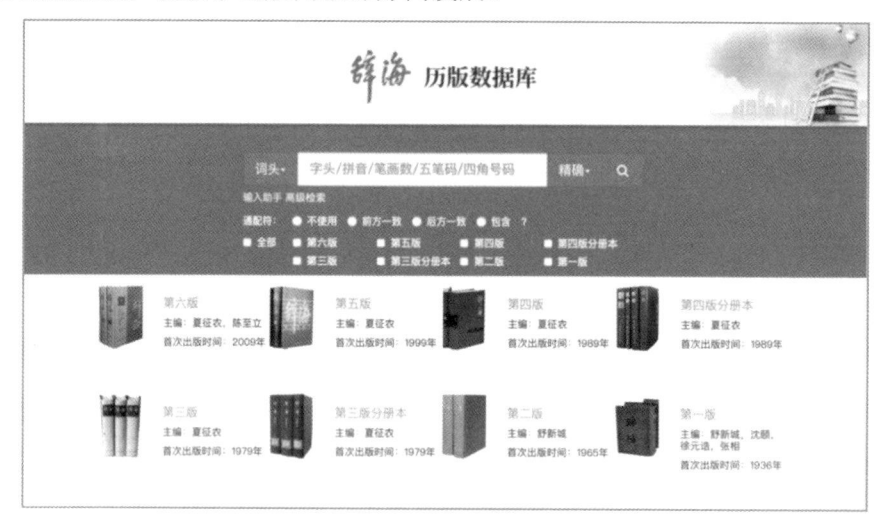

图16-1 《辞海》历版数据库界面

内容数据库建设是《辞海》内容的应用价值得以充分发挥的关键。数据库中存储着海量的信息知识资源，在数据库建设过程中，编辑和校对人员会对所有的信息进行仔细的审核、加工和全面的检查。同时，根据知识库的需求,对许多存档资料的格式进行规范,之后将它们的属性按要求标注出来。入库标引涉及的知识面广泛,任务琐碎,出版社在这方面投入了大量的人力、物力。

图 16-2 《大辞海》数据库界面

2. 平台建设:《辞海》数字出版云平台

数字化对平台的依赖度较高,平台化管理能够保障出版工作有序进行。传统出版企业在开放模式下构建形成出版解决方案的平台,提升编纂的劳动生产力,降低出版发行的运营成本,提升出版资源的利用率,创新产品与服务,使数字出版得到优化,为读者提供持续性的需求感知。数字化《辞海》也需要利用平台辅助,为实现出版全流程数字化和网络化,建设了集内容编纂、审核、管理、发布与运营维护于一体的《辞海》数字出版云平台,实现在线协同生产。数字出版云平台由数据标准、四个系统、三个用户终端组成。数据标准为整个平台统一标准评价体系,保障平台的规范性、通用性、拓展性。目前已建立了《辞海》元数据标准、XML 标准、词目类型标准、学科体系标准;四个系统是辅助编纂出版工作的网络协同编纂系统(如图 16-3 所示)、资源管理发布系统(如图 16-4 所示)、内容审核系统(如图 16-5 所示)、运维支持系统(如图 16-6 所示);三个用户终端是 PC 版、App 版和微信版,命名为"《辞海》(第七版)网络版"或称"《辞海》网络版"。

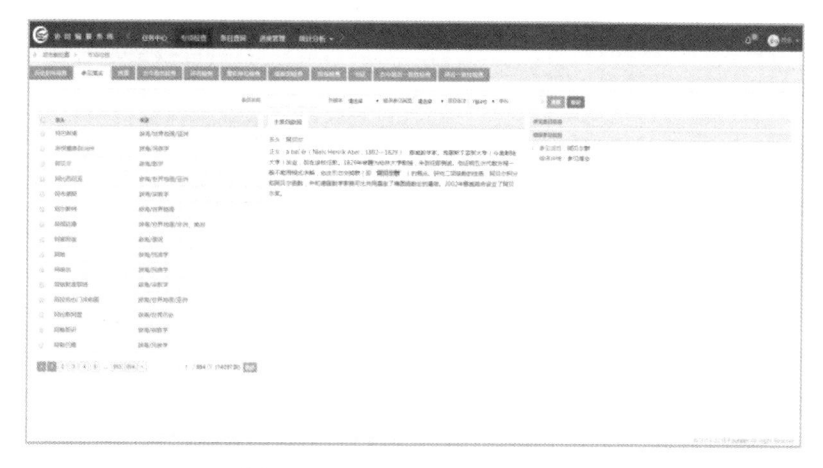

图 16-3　网络协同编纂系统界面

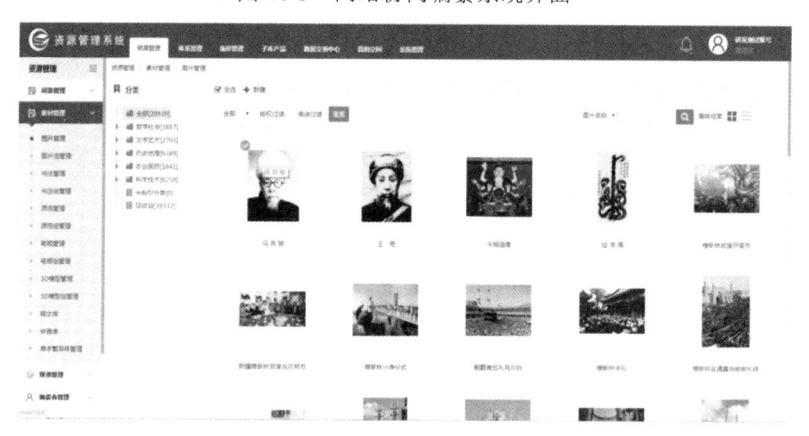

图 16-4　资源管理发布系统界面

图 16-5　内容审核系统界面

第十六章 《辞海》数字化出版研究

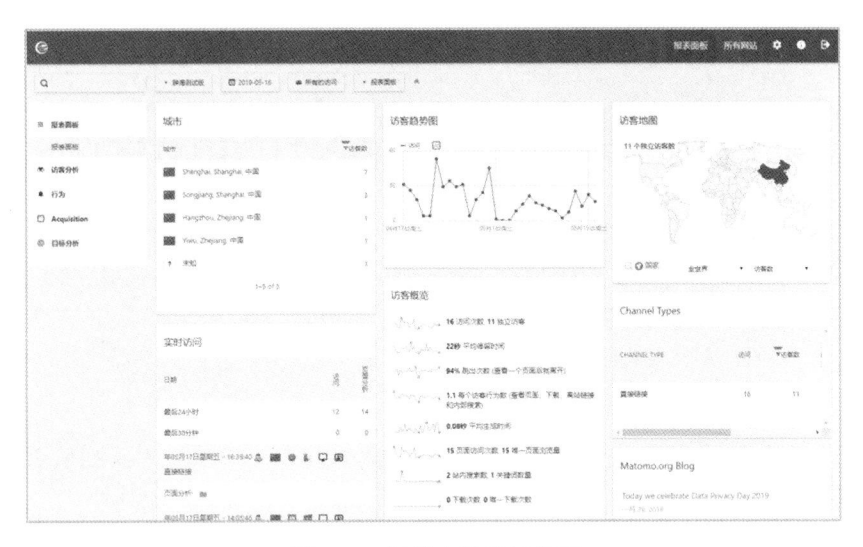

图 16-6　运维支持系统界面

网络协同编纂系统为《辞海》的所有内容生产提供了一套完整的解决方案，能够实现多人的在线协作。具有传统辞书编纂的基本功能，如编辑留痕与批注、版本比对、条目和释文统计、全文检索、索引制作等，也根据《辞海》特色增加了参见条目、历史纪年、地名、机构、翻译名称检查等功能；资源管理发布系统存储前期建立的基础数据库资源，能够对各类数字化资源的采集、存储、检索、分析、发布等全过程动态化的管理。能够对不同素材进行重新组合，实现一次制作，多元发布。针对不同的读者需要，以不同的媒介形态，迅速形成不同的产品与服务，以实现资源最大化利用；内容审核系统主要是对《辞海》各数字产品进行在线审核管理，保障数字内容通过严谨的审核再发布；运维支持系统基于用户管理、营销管理、电商管理业。通过研析用户数据，推算用户需求，进而提供智能化和个性化的推送服务。

如图 16-7 所示为《辞海》数字出版云平台系统的整体流程，其出版流程是将文件导入"协同编纂系统"进行编纂、审核，再经过"资源管理系统"进行内容管理和编辑，最后发布到三个"用户终端"中；同时，"运维支持系统"实时进行用户终端的运营与维护，当遇到用户反馈多媒体资源错误时，报送给"内容审核系统"进行修改再重新发布，当用户反馈文本内容错误时，反馈给"协同编纂系统"进行修改再重新发布。不同编辑人员有不同的权限，拥有各自的任务流，编辑只能在其所担任学科和所担任的校次来进行操作，防止对资源管理系统的内容随意篡改。这样的好处是保证了在后续再修订和更新时，可以直接在目前的基础上做调整而不用从头再来。并且能够从生产源头提高编纂出版的效率。

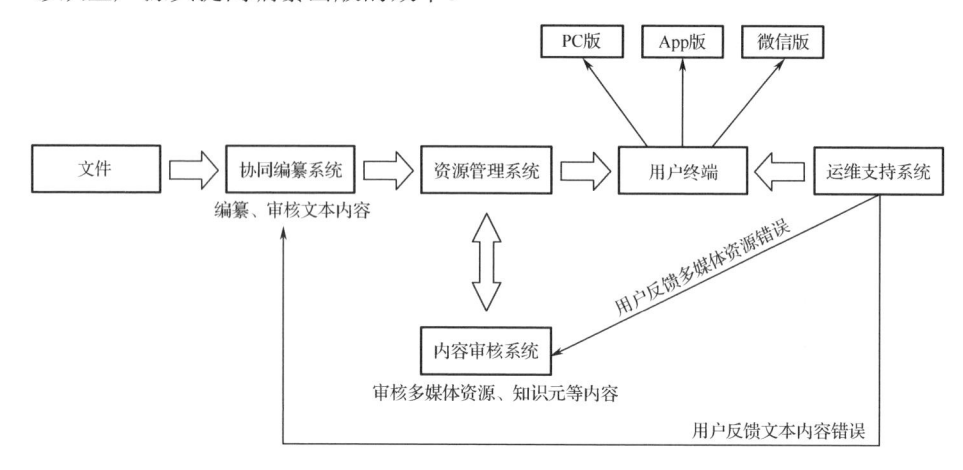

图 16-7 《辞海》数字出版云平台系统的整体流程

3. 产品建设：《辞海》网络版

在完成了数据库内容建设和《辞海》数字出版云平台系统的搭建，编辑和技术人员可以通过《辞海》数字出版云平台系统，实现对《辞海》相关数字产品的生产、运营与维护。最终呈现给读者的数字产品是"《辞海》网络版"，如图 16-8 所示。《辞海》网络版拥有电脑网页、手机 App 和微信小程序三个终端形态，满足读者用户不同场景的使用需求。

图 16-8 《辞海》网络版

第十六章 《辞海》数字化出版研究

《辞海》网络版的内容主要来自第七版图书，分为语词、百科和知识专题三大模块。根据各类条目的不同特征，添加丰富的多媒体音视频资源，并构建知识导图动态文本，使条目立体生动化，为使用者带来更形象的学习体验。《辞海》网络版的特色功能如表 16-1 所示。

表 16-1 《辞海》网络版的特色功能

语词	● 单字：18100 余个 ● 语词条目：24000 余条 ● 拼音标注：严格使用汉语拼音正词法标注连写拼音 ● 人声朗读：由央视著名主播海霞领衔的团队配音 ● 动态笔顺：为 8105 个通用规范汉字提供了标准的书写动态笔顺 ● 汉字源流：收录 30000 余个甲骨文、金文、战国文字等古文字字形，展示汉字的早期形态和历时演变轨迹 ● 书法：收录了 1000 余位历代名家书法单字 16 万余幅，展现汉字形态之美，满足用户查看同一汉字不同书体、书风的需要
百科	● 百科条目：94800 余条 ● 图片：25000 余张图片 ● 音频：500 个音频 ● 视频：1700 余个视频 ● 3D 动态模型：200 余个 3D 动态模型，直观展示远古生物、历史建筑和部分天体的形态，呈现更加多维立体的百科知识 ● 知识图谱：为所有百科条目增加"推荐阅读"和"延伸阅读"，智能生成"知识导图"，可视化立体呈现词条间关系，方便用户进行内容拓展和知识发现
知识专题	● 历史上的今天：将历史上这一天所发生的重大事件按照历史时间轴的形式进行简明梳理 ● 纪年换算：根据附录《中国历史纪年表》编排设计，起于夏代（公元前 2070—前 1600 年，到中华人民共和国成立（公元 1949 年））为止
知识专题	● 地方志：根据附录《中华人民共和国行政区划简表》编排设计，收录全国县级及以上 3000 余个行政区划单位 ● 万国志：根据附录《世界国家和地区简表》编排设计，呈现六大洲主要国家的基本信息 ● 人物志：展现人类历史进程中重要人物

在语词方面，《辞海》网络版完善了其作为语文词典的功能价值，添加人声朗读和动态笔顺书写，利用声音技术和动画技术，从听、说、读、写全方位地为使用者提供语文学习服务，帮助读者规范生字词的拼音朗读和书写笔顺；为文字增加历史价值，补充字的源流，添加汉字在古代各个时期的形态图片，如甲骨文、陶文、简帛等，展现汉字的古代面貌，追溯文字演变的历史；为文字增添艺术价值，文字的发展与书法艺术密不可分，添加历代名

家所书篆书、隶书、楷书、草书、行书等书法图（如图 16-9 所示），这些图片增添了《辞海》的艺术性。

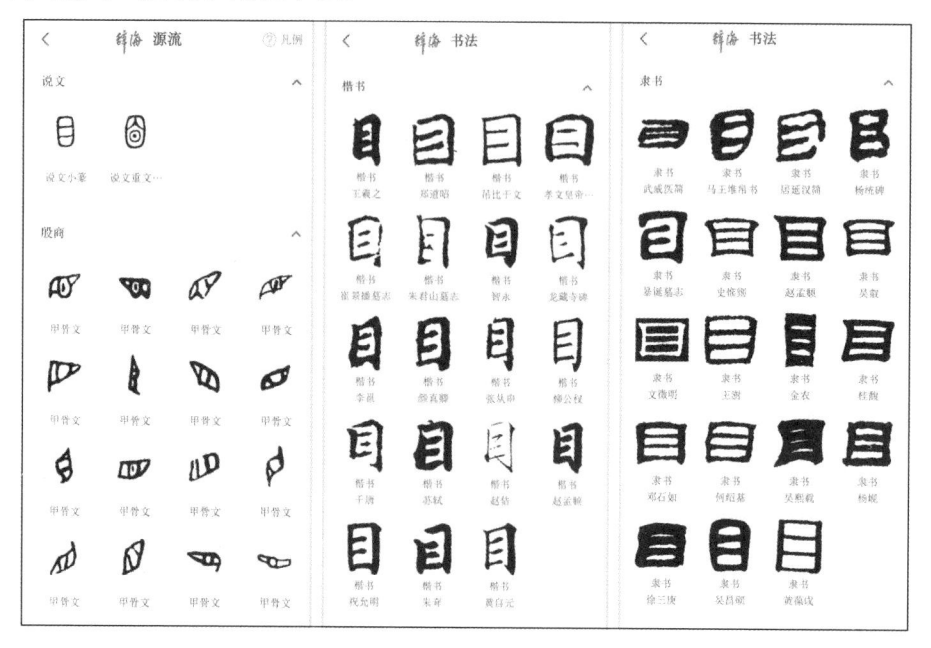

图 16-9 "目"字源流、书法界面

在百科部分，增添了百科词条的图片和视频以及 3D 百科。《辞海》百科条目的释文简练，对于一些动物、人物等条目，只有文字描述对部分读者来说难以理解，通过充实多媒体，得以展现文字难以描述的说明之处。《辞海》自第一版起就利用插图来完善释文，在网络版中创造性地加入了百科视频和三维立体百科。视频中动态影像和声音，更帮助读者形象理解和记忆。利用三维立体技术，选择日常生活难以看见的主题，如天体（如图 16-10 所示）、化学微观的分子式、古代生物等，帮助读者了解微观百科知识。通过图片、视频、3D 技术，扩大《辞海》百科全书功能，让百科条目更加生动、立体化。

《辞海》图书中的词条都是按照形序法或者音序法编排，以条目的形式呈现，是片段式的知识呈现，具有碎片性。《辞海》网络版创新性地加入了"推荐阅读""延伸阅读""知识导图"功能（如图 16-11、图 16-12 所示）。方便用户进行知识发现和探索，从而提高用户查询效率，激发用户使用和探索的兴趣。"推荐阅读"包含有直接相关性的词条集合，"延伸阅读"中包含有

第十六章 《辞海》数字化出版研究

相关性、但相关性稍远一点的词条。"知识导图"是在"推荐阅读"和"延伸阅读"功能标注好后系统自动生成的知识树。知识图谱以科学和人性化的方式构建了一个系统的知识网络，并将科学与文化结合在一起。每一词条之间的知识联系能够向各领域延伸。《辞海》网络版中有无数知识点纵横交贯。有了这些链接，读者就可以跟踪其他与之相关的词条，直到了解整个学科领域，甚至包含一些跨学科知识，这样可以实现更深入的检索和对知识的探究。

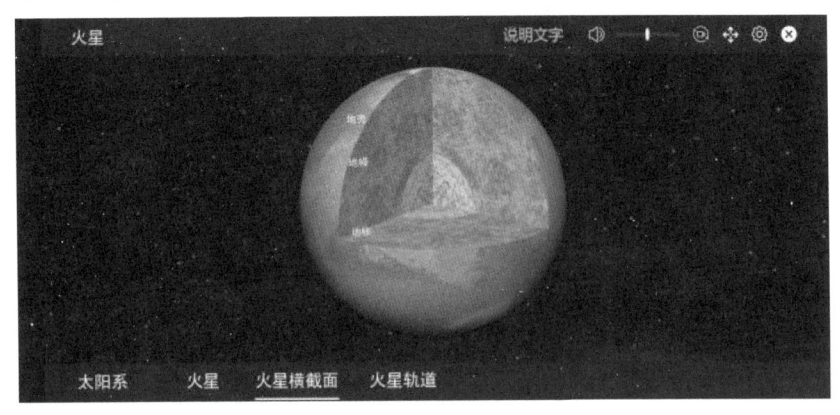

图 16-10　3D 百科火星横截面

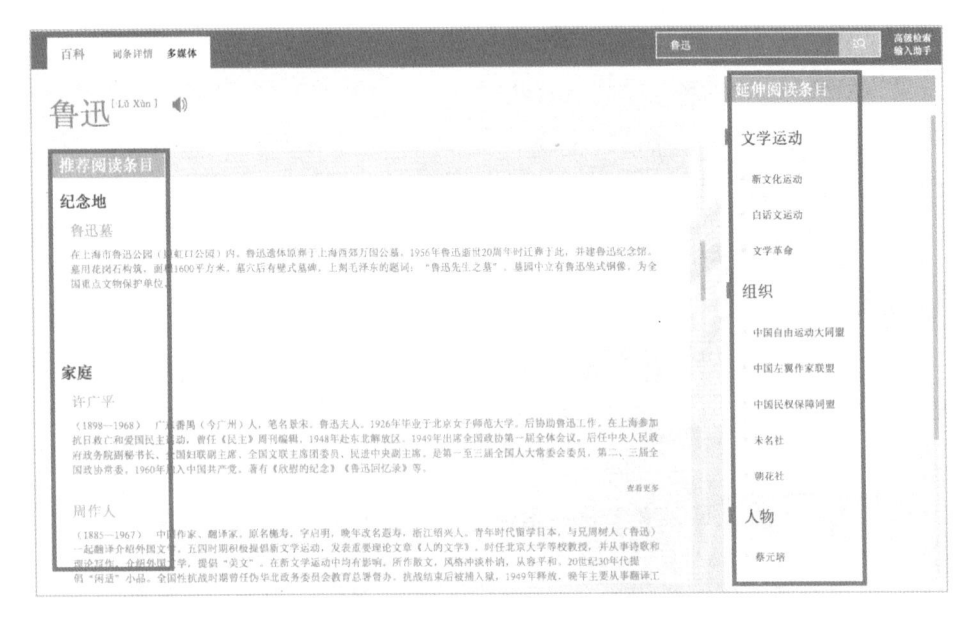

图 16-11　"鲁迅"推荐阅读条目与延伸阅读条目

· 213 ·

图 16-12 "鲁迅"知识导图

二、《辞海》数字化出版的发展建议和启示

《工具书的诞生》中提到,近代早期的工具书因不能提供符合兴趣的主题的材料而受到指责,而互联网搜索总是会提供搜索结果。这些结果是好是坏取决于我们优化搜索和评价结果的技巧。新型网络工具书注重大而全,内容更新速度快,对质量要求不高,传统辞书出版重视质量,对内容的把控有着严格的规定。面对越来越纷繁多样的知识检索方式,传统辞书出版转型可以向着精致化的方向发展,用专业化内容与海量信息抗衡。

(一)《辞海》数字化出版的发展建议

《辞海》这类大型辞书可以参考网络百科全书的部分优势。在编纂中引入大众编写与专家把关相结合的编纂模式。在内容设计上增强知识的开放性与交互性。在运营中利用社交媒体扩大影响力。进一步延伸品牌,提供专业化的知识服务。

1. 引入大众编写与专家把关相结合的编纂模式

《辞海》编纂出版是由权威辞书出版社所主导的知识生产与传播,词条编写的权力掌握在专家作者与编辑手中。而在网络环境中,社会化传播的技术附加条件减少,使个人拥有了更多生产和发布内容的权力。有学者指出,

第十六章 《辞海》数字化出版研究

以个人为基本单位的传播力量被激活,跨越时空的社会协作成为可能。《辞海》数字出版可以沿着这个思路出发,适当开放编纂,考虑加入社会协作,利用群体智慧来发现问题、解决问题,形成大众参与编写词条,辞海编辑部进行审核与把关的生产模式。

《辞海》修订工作也曾引入群众参与编纂,在"大跃进"时期全国上下沉浸在跑步建设社会主义热情的社会背景下,曾出现"多快好省编《辞海》"的口号。编纂工作由最初的各编写单位的专家参与编纂转变为"层层下放到学生""人人动手编《辞海》",有些院校还出现了比拼速度的情形。群众的热情与投入大大提高了《辞海》词条的生产效率,然而内容质量却不过关,许多释文存在错漏,特别是在政治性和科学性方面存在很多的问题,这为编辑在后期审核中增加了诸多困难,本来想聚集群众的力量多快好省编《辞海》,结果反而增加了编辑后期审核的难度和工作量。数字协同编纂技术为过去没能成功实现的群众编纂提供了新机遇,进行合理的权限分配,分配任务流,实现传统工业时代下所未能实现的群体协作编《辞海》。

《辞海》在邀请用户协同编纂方面需要设置一定的门槛,控制好专家、编辑与群众相互配合的尺度,不能重蹈过去人海战术的覆辙。首先要制订好编纂的规则和权限,并向公众开放。《辞海》不能什么都收录,只能收录人类文明的优秀成果。因此需要向公众公开《辞海编纂手册》《辞海编纂方案》,使用户了解《辞海》的编纂方针、体例规范。公众在了解了规则后,才能与编辑部更好地配合。并且需要对能编写词条的用户进行严格的筛选,如通过答题考核、邀请制等形式。若不设立作者的门槛,人人都可编写,这样会导致词条质量参差不齐,增加后期审核的工作量。《辞海》对编辑队伍的考核标准十分严苛,第七版《辞海》在预备阶段曾组织编辑人员参与编辑实务闭卷考试,通读《大辞海》28个分卷并撰写通读检查质量表和通读报告。因此,对于广大网络群众,也需要采用和编辑部一样严格的考核规则,通过答题测试等考核的用户方可拥有编写词条的权限。也可以实行邀请制,邀请国内外权威专家学者入驻平台,编写词条。权威专家、学者一方面能保证内容质量,另一方面也有助于提升《辞海》在网络平台的影响力。同时,可以利用智能技术辅助人工审核。百度百科初次提交时,直接机器审核,主要审核词条名是否规范,是否有引用权威参考资料等,之后由管理员审核。维基

215

百科使用智能程序校订错字和病句语法。有些基本词条的基础内容可以按一定格式自动生成。除了在词条编写方面智能化，还能在审核中发挥作用，如过滤和删除广告类词条、有攻击性的账号等。

2. 增强内容的开放性与交互性

万维网浏览器相较于传统印刷媒体表现在能够通过嵌入文件的超链接在网页与另一网页之间导览，这些文件包括图形、音效、文字、视频、多媒体和交互式内容，帮助用户更容易和即时访问大量多样的信息。《辞海》在网络版建设中添加了丰富的多媒体内容和与关键词条链接的交互功能，在超链接方面还可以进一步创新。

连接和开放是互联网的特性。《辞海》网络版创新性将词条建立了知识的连接，是基于内部知识结构的连接。其将有相关性的词条进行语义连接，构造了知识图谱，使用户在查到一个词条后还可以进一步探索相关词条。相比之下，网络百科产品除了拥有内部连接以外，也增加了一些链接功能。如检索"辞海"词条，在《辞海》网络版）中呈现了关于词条的释文、知识导图、推荐阅读条目、延伸阅读条目。在维基百科中除了词条的解释以外还有参考文献和延伸阅读，还在最底部添加外部链接（如图16-13所示），辞海（网络版）、大辞海在线数据库、出版社的官方网站的链接等，将与《辞海》相关的参考图书出版物以及数字出版物都添加了超链接，便于用户再进一步查询和了解辞海的相关知识。

和网络百科外部链接跳转相比，《辞海》网络版以及辞海悦读器都还是相对封闭的数字产品，在内容的交互连接方面还有很大的提升空间。《辞海》的释文中有着大量的引经据典。读者在阅读释文时，如遇到释文中引用了其他典籍，只能再找寻这本典籍来寻根究底。而互联网的超链接可以让用户跳转到新的页面，延伸了知识内容的广度。《辞海》网络版可以跳出印刷书的编排框架，为书证等添加外部链接，引导读者通过这一个词条界面探索更多的知识。维基百科拥有维基文库、维基图书馆、维基共享资源，将与释文相关的文献资源、图书资源、多媒体资源等存储在其中。《辞海》网络版在连接方面可以向维基百科学习，搭建更多资源数据库，扩大相关的资料资源，激发用户探索知识的潜能。但是《辞海》网络版也要思考如何增加自身被连接的可能性，如当一些文章对某一概念的解释引用自《辞海》网络版的内容

第十六章 《辞海》数字化出版研究

时，可以在后面附上"来源：《辞海》网络版"+跳转链接，有助于为网站引流，提高访问量，吸引辞海网络版以外的用户，增加网络版的影响力。

```
外部链接  [编辑]
 • 辞海（官网）
 • 大辞海（在线版）
 • 上海辞书出版社
 • 台湾中华书局股份有限公司: 辞海
 • 中华书局(香港)有限公司: 辞海(合订本)
 • 辞海精神

参见  [编辑]
 • 《辞源》
 • 《中华大字典》
 • 《新华字典》《现代汉语词典》
 • 《中国大百科全书》
```

图 16-13　维基百科"辞海"词条的外部链接和参见

3. 利用社交媒体扩大影响力

在宣传推广方面，《辞海》相关的数字产品主要通过官方"上海辞书出版社"微信公众号、"辞海"微信服务号、"辞海"微博号进行宣传推广，同时也会和其他渠道商合作，如与百家号合作刊登与《辞海》网络版相关的新闻稿、参加线下书展、电商大促，来附赠优惠活动，吸引更多用户购买使用。新一代读者喜好在社交媒体平台参加社群讨论、讲座和分享活动，重视个性化推送与思想碰撞的行为，《辞海》可以考虑以用户为中心在传播内容上做创新。

《辞海》词条释文是专业的、严谨的，在轻娱乐化的社交平台，太过一本正经的词条搬运难以吸引一般大众的目光。目前，很多工具书出版社在微信公众号做知识科普都存在这样的问题，直接节选部分图书原文拼凑一篇文章，例如，"大英百科 Britannica"微信号筛选部分条目的中文和英文原文，整理成清单化形式定期推送。然而每一篇文章都只有几百次的阅读量，反响平平的主要原因在于没有根据新媒体平台的特点并按照平台用户的喜好来推送内容。《辞海》可以结合自身的语文词典知识做网络热词误读、误用的讲解，整理成图文或短视频的形式。同时，《辞海》可以拓展传播渠道，扩大粉丝群体，如在微博、抖音等用户数量大的社交媒体平台进行宣传推广。充分利用新媒体平台的社交性与互动性，选择人们感兴趣的话题，增加曝光量，吸引更多粉丝关注。也要注意拉近和粉丝之间的距离，多寻找能够与粉丝互动的机会，举办一些活动，打造坚实的粉丝基础。粉丝的转发与分享也会促进知识的传播，加快影响力的提升。《辞海》海纳百川，其可以进行多种知识的创新尝试，合理利用网络传播的优势，往往能达到事半功倍的效果。

4. 延伸品牌服务

《辞海》不仅是一本词典，也是重要的文化品牌。《辞海》网络版只是网络化的开始，未来可以根据人们的需求，开拓新的产品线，围绕品牌做面向不同用户群体的辞书服务。例如，不列颠百科除了开发了网络版本不列颠百科在线（Britannica Online）以外，还根据用户群体开发了不同的百科服务产品。面向从幼儿园到12岁儿童开发了不列颠儿童百科（Britannica Kids），面向家长开发了不列颠家长百科（Britannica for Parents），面向教育开发了不列颠百科全书数字学习（Britannica Digital Learning），为全球的学校和图书馆提供数字化学习工具。同时还推出了知识问答平台——不列颠百科超越（Britannica Beyond）。不列颠百科深耕大众领域和教育领域。服务面向个人和公共机构，从学前教育到大学教育。彻底从一家工具书出版商转型为数字出版公司、服务提供商。

《辞海》图书品牌丰富，拥有面向专业读者的《大辞海》，也有面向儿童读者的《小辞海》等，可以细分出版资源并推出面向不同读者群体的数字产品。特别是在专业教育领域，提供满足不同年级学生群体、教师群体、学术研究者的工具书学习服务。品牌是重要的无形资产，可以提高出版物和出版公司的辨识度，收获读者的支持与信赖。《辞海》要继续在工具书市场中保持前列，就需要运用有利条件有的放矢地拓展品牌，提升市场地位并提高社会效益和经济效益。通扩大出版队伍、精进内容和技术、扩大经营规模、细分和开拓读者群体，探索可持续发展的崭新道路。

（二）《辞海》数字化出版对辞书出版的启示

尽管在技术方面传统辞书出版存在一定的不足，但是其优势在于拥有专业的编纂团队、严格的审核机制、高质量的内容。优质内容是传统辞书出版

第十六章 《辞海》数字化出版研究

的基石，也是与网络百科全书、网络词典抗衡的利器。辞书数字化转型应该摆脱图书出版的固化思维，转换互联网思维，考虑以用户为核心的内容生产与分发模式。

1. 优质内容是辞书出版的核心竞争力

传统辞书之所以无可替代，原因就在于其内容的科学准确、成体系有章法、较为稳定且不会轻易改变。而个人经营的网络工具在科学性和稳定性方面有着诸多不足，人们不能完全相信上面的内容，需要自主鉴别。维基百科加入投票机制，用户可以将认可的条目推选为典范条目和优良条目。但是和庞大的条目总数相比，能够被推选上的条目还是寡薄。据统计，截至2022年2月底，中文维基百科条目总数达125万条，典范条目仅有921条，占比为0.0734%，优良条目2489条，占比为0.1983%。相比之下，像《辞海》这类由各行各业最有影响力的专家作者共同编写的辞书，所有条目都是作者和出版人"如切如磋，如琢如磨，一丝不苟，字斟句酌"的优良典范。

《辞海》主编舒新城先生曾说，"辞书工作非一般编辑工作也"，是"具体而细微的工作"。传统辞书出版有着践行文化使命的崇高理想，永远将传承知识与文化、促进社会效益放在前列。个人经营的网络百科全书、网络词典产品不可避免地会受到商业利益的牵扯，将经济效益置于社会效益之前。一些平台通过免费的方式来吸引用户使用，再通过其他商业途径实现盈利。从网络百科大量引用传统工具书中的内容也可以看出，网络平台也需要优质的内容，为了维护自身版权利益不受侵害，辞书出版需要自主研发或者以授权合作的形式，将词条知识从封闭的纸质图书转运到开放的网络平台。传统辞书出版拥有国家政策的支持以及自身内在品牌底蕴和人才资源，只要能够坚守其精益求精的工匠精神，就会持续受到读者的青睐。传统辞书出版社应该充分利用自身的专长，对自己的风格进行优化，对质量进行精细化打磨，努力维系和经营面向的读者群体，莫不可跟风出版，为了转型而生搬硬套、迷失了自己。

辞书出版的价值不仅体现在其本身的内容价值，也体现在其传播的广度与深度上。辞书既是文明的衍生，又是社会发展的成果，是民族科技与文化发展的重要标志。知名的品牌辞书在读者心目中也具有不可磨灭的权威性。大多数人虽然平时习惯使用网络查询，但在一些重要场合，如做学术研究或者司法场合对一些词汇下定义,会选择引用专业工具书中的解释。权威性是传统工具书与互联网百科产品抗衡的利器。可能大部头工具书要逐渐退出人们的日常生活中,但是在学术、教育以及一些专业领域,传统出版社所出版的工具书仍有着广阔的市场前景。为了方便人们更好地学习、查找和引用,工具书需要进行数字化革新,提供更人性化的服务。

2. 运用互联网思维创新辞书的生产与传播模式

在社会化网络环境下,出版人与读者的角色发生了改变。读者不只是单纯的接受者,拥有更多的主动权。互联网在内容的生产和传播阶段都给予了读者各种参与的机会。因此,辞书数字化转型应转换互联网思维,考虑以用户为核心,从内容生产角度创新知识服务,从传播角度创新场景化服务。

1) 从内容生产角度创新知识服务

新技术的利用方式能够增加内容的实际价值,价值增加限度取决于内容的本质属性。辞书数字化转型可以将自身拥有的内容特性与当下人们的学习痛点相结合,推出多样化的知识服务。

传统辞书是用语言文字对字词进行解释,有时候会配合图片加以辅助。释文描述十分考验作者的语言文字功底,越权威的辞书释文越为贴切、精炼、容易理解。但是语言文字仍然具有一定的局限性,碍于篇幅的限制,像一些涉及情感、态度、动作的对象很难用简短的文字加以概括说明。而数字多媒体技术为做解释说明提供了新的方法论,通过动态图片、音视频,带给读者更直观的学习体验,读者无须再对文字进行解码和编码,一定限度上能够降低读者文字阅读理解的认知偏差。如《辞海》网络版对一些星体、古生物、微生物的百科词条中增添了三维立体模型。

并且,不同类型的辞书,有着不同的查询功能。人们查检辞书的目的各有不同,或是为了弄清楚某一字的读音写法,或是为了查询专业名词,或是为了读懂国外的文字作品等。辞书出版可以根据自身的内容定位,利用新技术为自身赋予新的功能。比如语文类辞书,可以考虑开发汉语学习相关的知识服务。如商务印书馆开发涵芬 App,萃聚专业的语言知识资源,提供词典查询、经典阅读、写作课程等语文学习服务。《辞海》网络版推出汉字各时期形态演变图与书法图,满足书法爱好者的学习需求。对于包罗万象的百科类辞书,可以从不同学科和角度对知识进行挖掘和整理。例如,《辞海》网络版对条目性质进行分类整理，推出了"历史上的今天""万国志""地方志""人物志"等知识专题。《不列颠百科全书》网络版推出特色频道"揭秘"，包含娱乐与流行文化、地理和旅游、健康与医学、生活方式与社会问题、文学、哲学与宗教、政治法律和政府、科学、体育和娱乐、技术、视觉艺术、世界历史等十二大类，用短视频和短文相结合的形式对生活中的谜团答疑解惑。通过对辞书内容与功能进行深入剖析，进一步创新知识服务。

2）从传播角度创新场景化服务

辞书出版还可以根据用户不同的学习场景，推出不同的辞书服务。有学者认为，移动传播的本质是基于场景的服务，即对场景（情境）的感知及信息（服务）适配。辞书数字出版可以考虑让查词服务与阅读场景相适配。当前的辞书品牌主要开发手机 App 和网页在线版，因为手机和电脑是使用率最高的终端产品。但是各产品相对独立，如果人们在手机阅读时，遇到不认识的生词，只有关闭当前界面，再打开查词 App 或者打开浏览器查询。可以在此基础上加以改进，从为用户节省查词步骤与时间的角度出发，采用将内容聚合并一次性向着各用户端口分发的传播模式。

除了创新服务于手机阅读场景，也可以应用于其他终端智能硬件设备的使用场景之中。据 2020 中国智能硬件行业发展全景研究报告显示，我国智能硬件行业将步入万亿元级市场，分别有 56.4%和 41.1%的受访网民表示质量及性能是智能硬件产品购买首要考虑的因素。据中国互联网络信息中心统计，截至 2021 年 12 月底，约有四分之一的未成年人使使用智能手表上网。智能设备、可穿戴设备等行业的发展，如智能手表等设备也开始在青少年中快速普及，为数字教育提供了新的可能。传统辞书拥有高质量的内容，可以与智能硬件商合作，如将词条资源嵌入扫描词典笔中，读者用户在看书时遇到不认识的字词或者概念，可以直接用词典笔扫描查词。如将网络版的拼音朗读音频资源和百科视频的语音资源嵌入智能音箱。人们可以用智能音箱来收听百科知识，儿童可以使用智能音箱跟读和学习发音，让辞书为阅读、学习、生活场景提供赋能服务。

三、结语

我国有着悠久的辞书出版历史。每一部辞书不仅承载了深厚的知识，也反映了当时的历史与社会文化背景。辞书的编纂永无止境，其出版创新的探索也没有止境。在数字时代,人们逐渐习惯使用互联网工具代替大部头工具书进行查检与阅读,传统辞书出版产业受到网络技术的冲击,也面临数字化转型。

  本文对《辞海》的数字化出版创新展开研究。《辞海》兼收语词和百科,是一部在我国有着重要文化影响力的大型品牌辞书。《辞海》一直走在辞书出版的前列,紧随时代发展,不断推陈出新,出版契合国家倡导与读者需求的高质量内容。《辞海》从第五版开始编纂数字化的探索,到第七版大抵实现出版全流程的数字化。其紧紧围绕三个主体展开:出版者、内容和读者。对于出版者,《辞海》编纂周期长,需要定期修订,在修订的过程中需要参考众多的资料,建立辅助编辑工作的数字化编纂平台,能够起到提高编纂效率,减少差错率,减轻编辑和作者负担的作用。对于内容,《辞海》数字化在内容设计上以图书为依据,按照语词、百科词条的不同特征,同时在吸收互联网百科辞典的特色的基础进行网络版的内容资源建设,增加图片、视频、声音、知识导图动态文本。对于读者,首先要满足读者的查词需要,并进一步满足读者的学习需要。持续供给高质量内容与服务。从《辞海》的数字化转型实践中可以发现,辞书数字出版与传统辞书的很大不同在于能够及时修订更新,内容更加生动、立体化,为读者带来深度查询和知识探索的体验。优质内容是传统辞书出版的核心竞争力,辞书数字化转型要走专业化路线,打破封闭的辞书形态,运用互联网思维创新辞书的生产与传播模式,促进辞书高质量发展。

参考文献

  [1] 徐庆凯,秦振庭.辞海论[M]. 上海:上海辞书出版社,2015.3: 381.

  [2] 唐迎寅."彩色辞海"开启电子书 3.0 时代[N]. 上海商报,2011-05-30(1).

  [3] 童力军. 面向知识服务的《辞海》数字化之路[J]. 出版与印刷, 2017(2): 17-22.

  [4] 安·布莱尔. 工具书的诞生:近代以前的学术信息管理[M]. 北京:商务印书馆,2014: 334.

  [5] 喻国明,张超,李珊,等."个人被激活"的时代:互联网逻辑下传

播生态的重构——关于"互联网是一种高维媒介"观点的延伸探讨[J]. 现代传播（中国传媒大学学报），2015，37(5): 1-4.

[6] 李春平. 辞海纪事[M]. 上海：上海辞书出版社，2000: 74.

[7] 克莱·舍基. 人人时代[M]. 浙江：浙江人民出版社，2015: 14.

[8] 陈来虎. 社会主义文化视域下的《辞海》修订（1957—1979）[J]. 中共党史研究，2019(7): 81-92.

[9] 汤普森. 数字时代的图书[M]. 南京：译林出版社，2014(3): 333.

[10] 彭兰. 场景：移动时代媒体的新要素[J]. 新闻记者，2015(3): 20-27.

[11] 聚典数据开放平台正式发布[J]. 辞书研究，2020(5): 127-128.

第十七章 我国音视频数据库出版现状、问题及对策研究——基于一流大学图书馆的调查

钱思晨，闫静雅，尹达[*]

摘要：调查音视频数据库出版现状，研究音视频数据库出版问题并提出对策建议。文章基于"一流"大学图书馆购买及自建的音视频数据库，从整体概况、资源状况、功能服务三个方面进行调查，针对音视频数据库的现状和问题进行分析研究。目前音视频数据库出版现状主要为发展速度较快、产品与产业边界趋于融合、多以子数据库形式存在、在数字资源建设中处于补充地位。主要发展问题为主题类型高度重合，同质化竞争激烈；移动应用及服务有待加强；资源质量参差不齐以及缺乏著录规范、检索深度不足。文章提出明确市场需求、加强多元合作、提高资源质量、规范著录标准等建议。

关键词：音视频数据库；"一流"大学；图书馆；多媒体出版。

一、引言

随着数字技术及数字经济的快速发展，数字出版规模不断扩大，2020年我国数字出版产业整体收入规模超过万亿元，达11781.67亿元，比2019年增长19.23%。其中，互联网广告、在线教育、移动出版、数字音乐占据收入榜前四位，互联网广告、在线教育继续保持快速发展态势。音视频数据库作为数字出版及数字内容产业的重要组成部分，与在线教育、数字音乐等密切相关，主要面向图书馆等机构用户开放使用，是图书馆重要的数字资源建设内容。

---

[*] 钱思晨，淮阴师范学院图书馆助理馆员，硕士，研究方向为数据素养、数字出版；闫静雅，连云港师范高等专科学校图书馆助理馆员，硕士，研究方向为数字资源建设、数据服务；尹达，淮阴师范学院图书馆副馆长、信息服务与情报研究中心主任，淮安市图书学会副秘书长，中国图书馆学会图情档教材出版组委员兼秘书，副研究馆员，博士，研究方向为数字图书馆与数字出版、知识服务。

■ 第十七章　我国音视频数据库出版现状、问题及对策研究——基于一流大学图书馆的调查 ■

目前，针对音视频数据库的研究大多基于图书馆学视角，如从图书馆资源建设角度调查"双一流"高校图书馆视频数据库资源建设情况、研究高校图书馆自建音视频数据库的特点，以及分析比较中美高校图书馆视频数据库情况、研究图书馆自建音视频数据库著作权归属问题等，缺乏从出版视角对音视频出版现状的调查分析。本研究基于数据库出版视角，在调查"一流"高校购买及自建音视频数据库的基础上，针对收集的音视频数据库，从资源状况与功能服务两个方面进行分析，以期总结和发现出音视频数据库出版现状、发展特点及未来趋势。

二、研究设计

（一）案例选取

高校图书馆由于支撑和保障教学、科研的需要，主要采取购买或自建方式进行音视频数据库资源建设，因此通过对各大高校图书馆订购或自建音视频数据库的调查分析，可以比较好地掌握目前音视频数据库出版现状及未来发展趋势。本研究选取"一流"大学图书馆订购或自建数据库作为调查对象，"一流"大学是指我国"世界一流大学"建设战略入选名单高校，首批"一流"大学包含清华大学、北京大学、中国人民大学在内的42所高校，是国内使用音视频数据库的主力军，具有一定的代表性和典型性。本研究通过网络调查一流大学图书馆主页上列出的订购或自建数据库，收集、整理与音频、视频相关的数据库。

（二）分析框架

数据库出版是对数据库内容的组织与生产，主要涉及对数据库资源内容的组织以及对服务内容的设计，从用户角度而言，音视频数据库的资源和服务是用户群体最关注的两个方面。因此本研究主要从资源状况和功能服务两方面入手进行数据的调查与分析，结合相关文献，本研究着重对数据库资源的分类、数量、质量，数据库服务的检索、利用等方面进行调查。同时，为进一步了解数据库出版的现状与趋势，在调查中也注意收集音视频数据库的主题类型、出版单位、面向群体、移动服务等方面的信息（如表17-1所示）。

表 17-1　高校图书馆音视频数据出版调查分析指标

调查因素	分析指标	指标内容
整体概况	建设方式	音视频数据库由图书馆自建，还是购买
	主题类型	音视频数据库的主题及功能类型
	出版单位	音视频数据库的建设、出版及运营单位
	面向群体	音视频数据库主要面向的用户群体及性质
资源状况	资源分类	音视频资源分类标准（主题分类、格式分类等）
	数量质量	音视频资源数量（或时长）、格式、品质及价值
功能服务	检索功能	主要提供哪些检索方式和检索项
	移动服务	是否提供 App 客户端、微信小程序等移动服务

三、现状调查与发现

本研究调查时间为 2021 年 10 月至 11 月，由于部分高校图书馆主页无法访问等问题，未能有效获取其数据库情况，实际调查的"一流"大学数量为 38 个（北京师范大学、北京航空航天大学、东北大学、华中科技大学四所高校图书馆主页无法访问）。需要说明的是，部分综合性、专题性数据库将音视频资源作为子数据库或分类栏目，因此在调查中对于这部分音视频子数据库也作为我们研究的对象，通过网络访问收集、整理音视频数据库，共收集到音视频数据库 92 个。

（一）整体概况

自建、商业、免费音视频数据库的数量比例如图 17-1 所示。

1. 建设方式

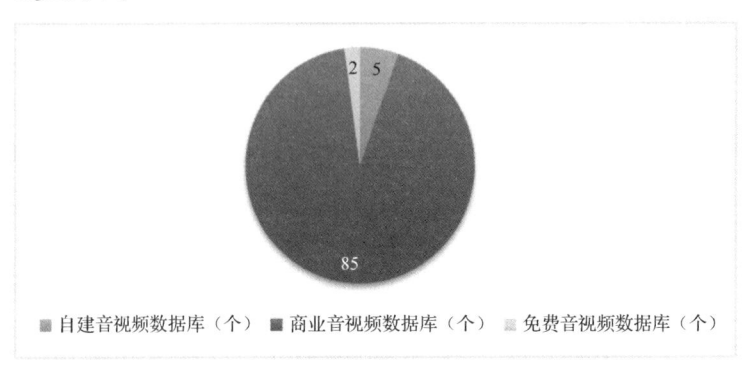

图 17-1　自建、商业、免费音视频数据库的数量比例

第十七章 我国音视频数据库出版现状、问题及对策研究——基于一流大学图书馆的调查

高校图书馆主要采取自建或订购方式（包含试用）进行音视频数据库资源建设，调查的 92 个音视频数据库中由高校图书馆自建的共 5 个（其中 3 个为综合性数据库，包含音视频资源栏目或子库），占总数的 5.43%；订购的商业音视频数据库共 85 个，占总数的 92.39%；免费音视频数据库（含子库）共 2 个，占总数的 2.17%。

5 个自建音视频数据库中，中国海洋大学图书馆建设的视频点播、海大讲坛数据库是完全的视频数据库，收录的资源均为音视频资源。其余自建数据库设有音视频资源栏目或子库，"一流"大学自建音视频数据库情况如表 17-2 所示。如清华大学图书馆原创视觉空间，主要收集、存储清华大学相关的原创视频、图片、海报和展览等资源，视频资源主要为清华大学拍摄或录制的纪录片、讲解视频等，但总体视频资源数量较少，仅 88 条视频资源，且从 2019 年 7 月至今未更新。这说明高校图书馆更乐意于订购音视频数据库资源，而自建音视频数据库对高校图书馆而言在资源采集、资源存储、提供服务及后续维护等方面都存在一定困难。

表 17-2 "一流"大学自建音视频数据库情况

数据库名称	出版运营单位	简介	资源状况
清华大学图书馆原创视觉空间	清华大学图书馆	清华大学原创视觉作品保存和展示数据库，其中视频资源主要收集清华大学原创的视频作品	88 条视频资源，视频资源自 2019 年 7 月至今未更新
南开话剧研究专题数据库	南开大学图书馆	数据库整合了话剧相关的期刊论文、电子图书、视频多媒体、图像资料、网络资源等多种类型的资源，保存了大量珍贵的原始资料，为话剧研究者和爱好者提供方便的检索工具	未能获取
视频点播	中国海洋大学图书馆	由图书馆将学习光盘制作成流媒体格式，内容包含了语言、历史、地理等，同时增加了 BBC、史前公园等视频内容	未能获取
海大讲坛	中国海洋大学图书馆	中国海洋大学演讲视频数字资源库，集合校内外知名专家、学者的演讲与讲座电子档案资源，可在线观看演讲、讲座	未能获取
土木工程与管理专题资源库	华南理工大学图书馆	整合大量开放式中外建筑专题类课件资源，包含各类图片、视频、平面及三维动画素材，收录了 20 世纪 90 年代至今的学校建筑学位论文、建筑类中文期刊篇名目次信息及网上相关资源站点等	未能获取

调查中发现的免费音视频数据库如表 17-3 所示，为中国计算机学会（CCF）数字图书馆和皮影数字博物馆的音视频子库，用户注册登录或者无须注册登录即可免费浏览、利用数据库提供的音视频资源。如皮影数字博物馆，其实是一个全方位、专题化的博物馆数据库，由中国美术学院出版运营，并获得国家艺术基金资助创建，网站设有专门的"皮影表演"栏目提供皮影戏相关的音视频资源，用户无须注册登录即可访问、观听。

表 17-3　免费音视频数据库

数据库名称	出版运营单位
中国计算机学会（CCF）数字图书馆	中国计算机学会
皮影数字博物馆	中国美术学院

2. 主题类型

参考相关研究对音视频数据库的分类，本研究对调查收集的音视频数据库按照主题类型划分为学习教育、音乐戏曲、就业创业、科教人文影片、学术科研、有声阅读、影视剧集、新闻资讯、民族非遗九大类型，各类型音视频数据库比例如表 17-4 所示。

表 17-4　各类型音视频数据库比例

主题类型	数量(个)	比例	数据库举例
学习教育	54	58.70%	爱迪科森云课堂网上报告厅、"软件通"计算机技能视频学习数据库、天问·博学易知网络学习数据库（考研）、网易云课堂
音乐戏曲	8	8.70%	KUKE 数字音乐图书馆、中国音网（中国传统音乐数字文献图书馆）、丝绸之路上的民族音乐赏析数据库
就业创业	8	8.70%	创课之星创新创业视频数据库、讯飞高教·职青春职业能力与就业技能资源库
科教人文影片	8	8.70%	央视教育视频资源库、中华优秀传统文化视频资源库、知识视界视频教育数据库
学术科研	5	5.43%	中国历史文献库-睿则恩视频数据库、东京审判文献数据库、中国近代影像资料库
有声阅读	3	3.26%	懒人畅听、云图数字有声图书馆、新语数字有声图书馆
影视剧集	2	2.17%	雅乐校园经典影院数据库、若合体育-赛事视频资源库
新闻资讯	2	2.17%	天脉电视新闻资讯教研数据库、中经视频数据库

续表

主题类型	数量(个)	比例	数据库举例
民族非遗	2	2.17%	云南民族文化音像出版社音视频特色数据库、皮影数字博物馆

其中学习教育类音视频数据库有 54 个，占所有数据库总数的 58.70%，处于绝对主导地位。学习教育类音视频数据库主要以语言学习、技能培训以及考试考研为主，数量达 25 个，这与高校学生面临英语四六级、计算机等级、升学考研以及各种资格证书等考试息息相关，而高校图书馆也是针对学生需求进行数据库资源的购买和建设的。这一范围的数据库其音视频资源多为课程讲解音视频资源，资源内容主题高度集中、针对性极强，不同数据库之间资源差异性较小，资源利用模式几乎一致。以新东方多媒体学习库为例，数据库主要针对国内外各种英语考试（如大学英语四六级、雅思、托福等），围绕某一考试的真题或题型等提供讲解视频，讲解视频参照课程形式分为一个系列课程表。思政教育也是学习教育类音视频数据库中的一大特色，如新时代中国特色社会主义思想政治课程数据库、红色讲堂新时代中国特色社会主义思政教育视频数据库、大学生思政资源服务平台等。这与近年来，国家对高校思政教育极其重视有密切关系，音视频数据库出版紧随形势。此外，学习教育类音视频数据库还涉及信息素养教育、人文素养教育、医学健康教育、心理健康教育、专业课学习等。

除此之外，音乐戏曲、就业创业、科教人文影片、学术科研等类型的音视频数据库也比较受高校图书馆欢迎。有声阅读、影视剧集、新闻资讯以及民族非遗等类型音视频数据库数量及所占比例较少。

3. 出版单位

音视频数据库出版运营单位情况如表 17-5 所示。调查的 92 个音视频数据库中有 70 个由公司企业出版运营（不含联合出版），涉及企业主要为信息技术、网络教育、文化传媒等类型，其中 32 家为信息技术、互联网类企业，占企业总数的 45.71%；有 18 家为教育类企业，占 25.71%；有 16 家为文化传媒类企业，占 22.86%。而由传统出版社独立出版音视频数据库仅有 7 个。部分数据库由多单位联合开发建设、出版运营，涉及传统出版社仅有 3 个，总体而言，无论是独立出版还是联合出版，传统出版社在音视频数据库出版领域与企业相比存在极大差异。其他音视频数据库的出版运营单位还包括高等院校、研究机构、公共图书馆、国家档案局等。

表 17-5　音视频数据库出版运营单位情况

出版单位类型	数量	比例	数据库举例
公司企业	70	76.09%	中华优秀传统文化视频资源库、知识视界视频教育数据库、创课之星创新创业视频数据库
出版社	7	7.61%	云南民族文化音像出版社音视频特色数据库、中国近代影像资料库、爱课程
高校研究机构	7	7.61%	中国计算机学会数字图书馆、海大讲坛、皮影数字博物馆
多单位联合	8	8.70%	央视教育视频资源库、中经视频数据库、中国音网（中国传统音乐数字文献图书馆）

调查的多单位联合的出版单位一般都包含技术类、资源类单位，如中国音网（中国传统音乐数字文献图书馆），中央音乐学院、国家图书馆在音乐资源以及专业性方面具有优势，而华韵文化科技有限公司属于科技型公司，在技术方面具有优势，三方联合可以形成优势互补的协同效应，多单位联合出版运营的数据库如表 17-6 所示。

表 17-6　多单位联合出版运营的数据库

数据库名称	联合出版运营单位
中国音网（中国传统音乐数字文献图书馆）	华韵文化科技有限公司、中央音乐学院、国家图书馆
央视教育视频资源库	北京科影音像出版社、上海上业信息科技有限公司
抗日战争与近代中日关系文献数据平台	中国社会科学院、中国历史研究院、国家图书馆、国家档案局
中经视频	国家信息中心、中经网数据有限公司
全国高校教师网络培训中心	高等教育出版社、京畅想数字音像科技股份有限公司
中国大学 MOOC	网易公司、高等教育出版社
北大法宝-法宝视频库	北京北大英华科技有限公司、北京大学法制信息中心
新语数字有声图书馆	北京华阅嘉诚科技发展有限公司、广州广森永炎科技有限公司

4. 面向群体

音视频数据库的用户群体与其数据库资源内容主题密切相关，调查的音视频数据库面向的用户群体主要为高校学生及专业研究人员，这与本研究选

第十七章 我国音视频数据库出版现状、问题及对策研究——基于一流大学图书馆的调查

取的对象为"一流"大学图书馆订购或自建的数据库有关,出版传媒、广播电视、互联网等与音视频数据库行业密切相关的群体也是其重要的用户群体。一部分专业性的音视频数据库(如北大法宝-法宝视频库、好医生视频数据库等),其用户群体则主要为专业人士(如法律从业者、医药从业者等)。此外,不少音视频数据库的用户群体比较广泛、社会大众化特征明显,如网易公开课、懒人畅听等的用户群体具有高度的大众化特点。

部分音视频数据库针对不同类型的用户群体还提供不同版本的音视频数据库,如天脉电视新闻资讯数据库主要面向政府、高校、公众人物三类群体,面向公众人物用户会提供公众人物版个人媒体视频影像日志系统,提供定制化、个性化服务功能;正保远程教育多媒体资源库设置了会计视频数据库、医学视频数据库、外语视频数据库、人事考试视频数据库、法律视频数据库等9个子视频数据库,分别针对不同的用户群体;中经视频则针对不同用户群体开发出通用版、党政版、财经专版及高校版等同一主题、不同版本的音视频数据库。不同子库、不同版本,其本质都是为了尽可能使音视频数据库受众更加广泛,扩大用户群体范围,提高数据库本身的效益和价值。

通过对用户性质调查发现60个音视频数据库仅面向机构客户提供服务,个人用户则可以在机构网络IP地址范围内进行访问使用,或者在IP地址范围内注册、认证后可以在IP地址范围外访问使用,其账号一般为学号、工号或者手机号等,这类音视频数据库对个人不提供在授权开放的机构用户网络IP地址范围之外进行注册、使用。另外的32个音视频数据库则既对个人用户开放注册使用、也对机构用户开放使用,这些音视频数据库主要为语言、技能学习教育类的数据库。

(二)资源状况

1. 分类著录

音视频资源内容加工深度、揭示限度直接影响资源的检索性。绝大多数音视频数据库由于是学习教育类,一般按照学科专业、课程进行分类,在此基础上会针对讲师、课程时长、考试类型等进行再次分类,在课程表目录中会针对课程视频的知识点进行进一步细分。部分专业性较强的音视频数据库则会按照专业知识或工具进行分类,如北大法宝-法宝视频库按照程序与诉

讼法、民商事、刑法与犯罪、宪法与行政法、经济法社会法、诉讼代理等法律类型对资源进行分类；CIDP 制造业数字资源平台按照软件工具类型对资源进行分类。

调查发现，音视频数据库中在网络上直接出版或来源于互联网的音视频资源，其各项著录信息缺失严重。如网易公开课的部分视频资源仅有标题、分类（类型）和课程简介著录信息；好医生视频数据库中的视频资源仅有标题；中华优秀传统文化视频资源库中的纪录片资源也仅有分类和标题，简介则基本处于空白。著录信息的缺失，严重影响对资源内容的深度揭示，加上移动互联网音视频资源的标题存在故意夸张，更加影响用户对资源的判断和利用。

与此形成对应的是，拥有实物载体的音视频资源，一般其著录项比较完整，各字段信息内容清晰、准确。如果音视频资源来源于公开出版的实体音像制品，则其著录项数据、标引信息等比较全面，提供的检索项也较多。如皮影数字博物馆中的老唱片音频资源，来源于公开出版的实物唱片资源，资源著录项包括名称、演唱者、出版者、地区、年代、专辑信息；影戏馆视频资源著录项包括剧名、表演人、演员、地域、录制地、唱腔、关键词、简介等信息，比较全面完整。中华民族音乐资源数据库资源包含戏曲、曲艺、歌曲、器乐、歌舞等类型的民族音乐资源，每一类型均从音乐分类、创作信息、主题词、出版者、出版年代方面对音视频资源进行了详细、全面的分类，深度揭示了资源的内容及形式特征。

2. 数量和质量

调查主要通过浏览数据库资源介绍以及检索方式进行资源数量的统计，一些音视频数据库资源数量由于限制访问、不提供检索数量等原因难以有效统计，最终获得 56 个数据库的资源数量情况。从音视频资源数量来看，不同音视频数据库其资源数量差异较大，作为子库或栏目存在的音视频数据库一般资源数量较少，如东京审判文献数据库中音视频资源仅 85 部，畅想之星红色党史党政数据库平台中"红色记忆"音视频资源仅 94 部。而专门、独立的音视频数据库资源较为丰富，万方视频数据量达 35645 部，爱迪科森云课堂天天微学习中心音视频资源达 45291 部。

音视频数据库资源质量可以从资源来源进行划分，按照资源来源情况，分为自主拍摄录制、网络音视频剪辑制作、国外优秀影片资源引进、国内出

■第十七章　我国音视频数据库出版现状、问题及对策研究——基于一流大学图书馆的调查■

版影音资源四种来源。自主拍摄录制的音视频资源对出版单位的财力物力要求较高，但这类音视频资源质量一般而言也较好；网络音视频剪辑制作主要是短视频，经过简单剪辑加工、配上解说，这类音视频资源质量参差不齐。国外优秀影片资源引进一般多为经典的、优秀的电影、电视剧、科教影片、人文影片等，音视频资源质量较高。国内出版影音资源包含对国内电视节目、电影剧集、科教人文影片等的收录存储，同时也包括对实物载体的老电影、老唱片的数字化加工存储，如中华戏曲老唱片数据库、中华曲艺老唱片数据库等数据库音频资源来源于老唱片音频数字化，不仅具有重要的艺术价值，也具有一定历史文献价值，资源质量较高、价值较大。

（三）功能服务

1. 检索功能

资源检索是音视频数据库产品的关键功能，关系到用户对音视频资源的有效获取和利用，检索结果的质量优劣也能反映数据库资源著录、标引质量的高低。由于部分数据库限制个人用户访问、浏览，实际调查收集到 62 个数据库检索功能情况。其中 35 个音视频数据库仅提供一个检索框供资源检索，在单个检索框中输入关键词直接进行检索，无任何检索项供选择，检索功能单一，虽然可以扩大检索范围反馈更多的检索结果，但严重影响检索的精确度。

绝大多数的音视频数据库主要提供主题、课程、讲师、单位等检索项，同时辅以学科专业、课程级别、课程类型等分类目录供用户点击选择。与分类著录情况类似，来源于公开出版的实物音像制品的音视频资源，其检索项也较多，如中华民族音乐与戏曲资源库的音视频资源来源于已出版唱片，数据库提供的高级检索，设置了唱片名称、曲目名称、作词者、作曲者、表演者、主题风格、摘要、歌词、改编者、艺术门类、载体、出版共 12 个检索项，检索功能极其丰富，极大地提高了检索的精确度。

少数音视频数据库已实现音视频资源的内容检索，如天脉电视新闻资讯教研数据库在提供标题关键词检索的同时，可从语音播报中检索任意关键词；知识视界视频教育数据库可针对音视频资源的内容进行全文检索，检索音视频每一秒的节目或画面。

2. 移动服务

移动互联网的普及，使越来越多的数据库提供移动服务，主要采用App客户端、手机扫码网页版、微信链接网页版、微信小程序等方式供用户访问、浏览、使用音视频资源。总体而言，音视频数据库移动服务有待进一步完善提升。调查的92个音视频数据库，有2个数据库因无法访问主页难以判断是否有移动服务，其余90个音视频数据库中有43个数据库开发了移动端App软件（其中1个音视频数据库App客户端为公众人物专属版）；11个数据库提供了微信链接网页版，可通过关注微信公众号点击服务链接访问数据库资源；5个数据库提供手机扫码网页版访问方式；2个数据库提供微信小程序方式访问数据库资源；29个数据库暂未提供移动服务，可以说明约三分之一的音视频数据库尚未意识到移动互联网对数据库推广及用户资源利用的影响（见表17-7）。

表17-7 音视频数据库提供移动服务情况

移动服务方式	数量	比例
App客户端	43	47.78%
微信链接网页版	11	12.22%
手机扫码网页版	5	5.56%
微信小程序	2	2.22%
暂未提供移动服务	29	32.22%

四、发展现状与问题分析

（一）基本发展现状及特点

1. 音视频数据库产品与产业边界趋于融合消失

音视频数据库本质上是一种以数字化音频、视频为存储对象的数据仓库产品，与在线教育平台尚存一定差异，但随着网络教育、在线教育的普及，尤其是近两年来新冠肺炎疫情对线下教育的影响，音视频数据库逐渐与在线教育平台的边界趋于融合、消失，资源内容愈加重合、产品边界愈加模糊。而音视频数据库的出版和运营单位，在这种趋势下产业边界也逐渐融合、消失，传统出版社与信息技术、网络教育、文化传媒等类型的企业在数据库出版领域差异缩小，甚至这些企业较之传统出版社在音视频数据库出版领域更有优势。

2. 音视频数据库多以子数据库形式存在

从音视频数据库模式看，不少音视频数据库都是作为综合性数据库的子库形式存在，如北大法宝-法宝视频库、51CTO学堂、月旦知识子库-月旦影音论坛等，并非专门、独立的音视频数据库。这类数据库的总库多为专题性数据库，围绕某一专题尽可能收录图书、论文、文书、教程、音频、视频等资源，音视频作为其中的一部分进行子库或栏目建设。

3. 音视频数据库在高校数字资源中整体处于补充、辅助地位

随着信息技术发展，音视频资源已成为高校图书馆数字资源建设的重要方向之一。然而相对于高校图书馆购买或自建的其他数据库，音视频数据库在资源数量上整体处于补充、辅助地位。这主要是因为高校作为教育、研究机构，更倾向于文字内容的文献资源（如图书、论文等），而音视频资源被视为师生学习教育的辅助、辅导或休闲娱乐资源，由此决定了音视频数据库在高校图书馆文献资源中处于辅助地位。

（二）主要存在问题

1. 主题类型多为学习教育类，同质化竞争激烈

目前，市场上的音视频数据库主题类型集中于学习教育类，尤其以语言学习、技能学习、考研考试为主，发展模式多为面向高校图书馆进行推广销售，资源内容多为课程知识点讲解视频，主要用户多为高校学生，数据库模式、资源内容、销售方式、用户群体等具有高度重合性，并且不具有不可替代性。在价格、资源和服务多种因素影响下，高校图书馆往往订购一种主题类型的音视频数据库，便不会再订购同类型的音视频数据库。面多高校图书馆群体，音视频数据库市场同质化竞争较为激烈。

2. 移动端建设及移动化服务质量有待加强提升

5G网络的普及使移动应用更加便捷，用户利用5G网络可以更加迅速地访问数据库资源。然而调查的不少音视频数据库尚未意识到移动互联网带来

的巨大影响，暂未提供移动服务，在新技术、新发展领域没有深入探索和尝试，仍然局限于 PC 端服务。现有的音视频数据库移动服务，仍有不少搭建于第三方平台，采用小程序、网页链接方式进行数据库资源访问与使用，其访问和使用的安全性、方便性有待进一步观察，同时移动终端的 App 建设、资源供给、功能服务等仍有进一步提升的空间。

3. 音视频资源来源复杂、资源质量参差不齐

音视频数据库由于出版单位、运营模式的差异，音视频资源来源复杂，自主生产、网络剪辑、国外引进、实体资源数据化等，音视频资源涉及的版权内容和范围更多、更广。同时不同来源的音视频资源在内容、格式、标题、简介等方面的质量参差不齐。来源于网络音视频资源，大多为剪辑配音的短视频，标题、简介等较为夸张，内容质量较差，反而会影响音视频数据库的推广和使用。

4. 音视频资源著录缺乏统一标准、标引不规范，检索深度不够

音视频数据库采用数字化、网络化出版，其音视频资源的主题、种类及格式差异较大，分类及著录缺乏统一标准和规范，导致音视频资源的著录项缺失严重，已著录的信息过于简单、语言模糊，对标题、作者等检索项的简单标引难以深度揭示音视频的内容信息。少数音视频数据库已经可以做到对音视频的秒、帧等深度内容进行检索，绝大部分的音视频数据库仅提供两三个检索项，部分音视频数据库甚至仅提供一个检索框供用户检索，连基本的检索项都没有。这就导致音视频资源的检索深度及精度不够，用户在一次检索后，往往难以获取想要的资源。

五、音视频数据库出版策略

（一）明确市场需求，注重专题特色建设

音视频数据库作为一种信息产品，必须从市场和用户需求出发，以满足市场和用户需求为导向，才能取得良好的社会效益和经济效益。在国家数字化战略背景下，数字文化逐步迈向高质量发展，数字出版作为新时期文化发展的新动能和重要方向，数据库市场需求必将持续旺盛。出版单位应努力抓住战略机遇、分析市场形势，在选题策划、资源组织、生产传播、推广销售

等各环节加强与用户的沟通交流，精准把握用户群体在音视频资源方面的需求，从个性化、定制化、专业化角度入手，在资源内容、功能服务等方面注重不可替代性建设，避免产品的同质化竞争。

（二）深化机构合作，形成优势协同效应

音视频数据库出版运营涉及的技术性较强，但资源与服务决定着数据库的市场。信息技术类、网络教育、文化传媒类的企业在数据库的内容生产与平台建设中具有优势，传统出版社在资源分类、组织与编辑方面具有丰富的出版经验，图书馆、档案馆等机构在音视频资源方面又具有一定优势。因此可以深化不同领域、不同类型的多元机构合作，推动音视频数据库出版融合、联合出版，将技术、资源、服务、运营等要素整合集成，形成多方优势互补，发挥"1+1>2"的协同效应。

（三）提高资源质量，完善移动视听服务

在"内容为王"的互联网时代，用户更加注意资源内容质量与体验，音视频数据库资源内容是其核心竞争力。出版单位应从来源渠道、加工方式、组织建设等环节对资源进行把控，围绕市场和用户需求，加强对原创性音视频资源的生产，也积极引进国外优秀影片资源、数字化国内经典音视频资源，提高音视频资源的内容质量。同时，加强对云计算、大数据、人工智能、物联网、移动网络等技术的探索和研究，积极将新技术与数据出版融合，完善音视频数据库的移动应用和服务。

（四）规范著录标准，提升资源检索效果

深度揭示音视频资源的内容及形式特征，可以有效提升音视频资源的检索精确度和利用率，而著录标准直接影响资源的揭示限度。音视频数据库出版单位应加强对资源著录标准的规范。一方面，音视频数据出版单位应尽可能对数据库音视频资源统一地进行资源描述项的著录，使资源具有统一和规范的描述项。另一方面，音视频数据出版业及国家标准机构，应在参考都柏林核心元数据集、《广播电视音像资料编目规范》等已有元数据标准的基础上，加强对音视频资源元数据规范和著录标准的研制，推动行业标准化建设。

同时，也需要积极应用新技术，加强对音视频资源内容的全文检索，积极提升音视频资源的检索效果。

参考文献

[1] 王妙娅. 我国高校图书馆自建音视频数据库特点与问题实证研究[J]. 情报探索，2012(12): 82-84.

[2] 周晓燕，向楚华. 中美高校图书馆视频数据库比较研究[J]. 图书馆学研究，2019(20): 34-43.

[3] 胡洁，司铁英. 图书馆自建音视频数据库的著作权问题刍议[J]. 图书馆建设，2010(6): 17-20.

[4] 温强. 方寸回眸：数据库出版的现状及反思[J]. 出版广角，2019(23): 16-18.

[5] 苗清平."双一流"高校图书馆视频数据库资源建设的调查与研究[D]. 合肥：安徽大学，2018.

第十八章　学术期刊社交媒体传播发展报告

丛挺，杜茂林，王子燕，梁冲[*]

摘要：近年来，随着移动互联网技术和社交媒体的迅速发展，学术期刊数字化、移动化也成为大势所趋。学术期刊对社交平台传播的重视限度逐步提高，但相比于其他领域而言，社交媒体的总体普及和应用限度仍有待提高。本文试图分析学术期刊在不同社交平台的传播现状，发现学术期刊在社交媒体的传播面临着自身定位不清、专业运营欠缺和服务功能单一等问题。因此，针对学术期刊在社交媒体传播中遇到的问题，本文从内容策划、服务体验和平台联动三方面总结相应的策略，有效促进学术期刊在社交媒体的传播力和影响力。

关键词：学术期刊；社交媒体；策略。

一、学术期刊社交媒体传播相关背景

近几年，随着移动互联网技术与社交媒体的迅猛发展，面向移动社交媒体的服务应用广泛普及，用户规模持续扩张。据中国互联网信息中心（CNNIC）发布的《中国互联网络发展状况统计报告（第 48 次）》显示，截至 2021 年 6 月，我国网民规模达 10.11 亿人，手机网民规模达 10.07 亿人，网民使用手机上网的比例达 99.6%，移动网民在中国网民中占绝大多数，社交媒体网民与其存在高度重合。据《2020 年中国社交媒体用户使用行为研究报告》的数据显示，每天上网"4 小时以上"的受访者接近半数，占比高达 47.8%。

伴随着移动互联网技术在学术知识传播领域的渗透，学术期刊数字化、

---

[*] 丛挺，博士，上海理工大学副教授、硕士生导师，专业方向为新媒体、学术出版、知识服务；杜茂林，上海理工大学硕士研究生；王子燕，上海理工大学硕士研究生；梁冲，上海理工大学硕士研究生。

移动化成为大势所趋，国家陆续出台相关政策文件，助推移动互联环境下学术期刊繁荣发展。2019年，中国科协、中宣部、教育部、科技部联合印发《关于深化改革培育世界一流科技期刊的意见》提出，强化政府、产业有效互动，依托出版集团和学会、高校等期刊集群，建设数字化知识服务平台，集论文采集、编辑加工、出版传播于一体，探索论文网络首发、增强数字出版、数据出版、全媒体一体化出版等新型出版模式，提供高效精准知识服务，推动科技期刊数字化转型升级。2021年6月中宣部、教育部、科技部发布的《关于推动学术期刊繁荣发展的意见》中提出，顺应媒体融合发展趋势，坚持一体化发展，通过流程优化、平台再造，实现选题策划、论文采集、编辑加工、出版传播的全链条数字化转型升级，探索网络优先出版、数据出版、增强出版、全媒体出版等新型出版模式；引导学术期刊适应移动化、智能化发展方向，进行内容精准加工和快速分发，推动学术成果大众普及和应用转化。上述政策文件的出台，为学术期刊移动化发展提供了方向指引。

借力社交媒体传播互动优势，推动学术期刊数字化移动发展，拓展学术期刊的社会影响力，成为当前学术期刊传播的显著特征。根据相关统计显示，截至2020年1月31日，2019—2020年CSSCI和CSCD来源的1454种样本期刊中，开通微博的有60种，开通率为4.13%，75%的期刊微博具有编辑部的认证，开通时间集中在2011—2013年。在微信传播平台上，截至2020年10月底，784种CSSCI来源期刊（含扩展版）中，已有503种期刊开通了微信公众号，约占总体的64.2%，期刊微信号文章阅读量均值为939.6次，其中阅读量均值超过3000次的有17家。截至2020年11月27日，"中国科技期刊卓越行动计划"资助的280种期刊以及其他科技期刊中，根据统计和筛选，共计15种有效的期刊抖音账号，有8种期刊账号获得了机构认证，已获得机构认证的期刊平均作品量为109个，有6个期刊抖音账号粉丝数过万人。总体上，学术期刊对微博采纳较早，微信公众号稍迟出现，并在期刊领域快速普及，之后随着短视频平台迅猛发展，学术期刊开始探索短视频传播方向，部分期刊账号取得了较好的传播效果和传播影响力。

二、学术期刊社交媒体传播发展现状

学术期刊的社交媒体传播，即在媒体融合环境下，学术期刊利用社交媒体平台，建立在自身内容专业化的基础上，传播方式由单一传播向互动传播转变，传播内容从传统的"文字+图片"向文字、图片、音频、视频等复合媒体形态转变，传播载体也从传统的纸质加数据库平台向网站、微网站、微信、短视频平台、移动App等多平台转变。

学术期刊社交媒体的传播呈现多元局面，学术期刊社交媒体传播平台分类如表18-1所示，不同平台的传播类型不同，如大众主流社交媒体平台，以微信、微博、抖音为主；专业性较强的学术期刊App，可分为集成性学术资源平台如全球学术快报、万方数据、Researcher等，个体期刊运营的App如中科期刊App、CASS国家哲学社会科学文献中心、中国医学期刊App等。

表18-1　学术期刊社交媒体传播平台分类

学术期刊社交媒体传播平台		代表性举例
大众主流社交媒体平台		期刊微信公众号，期刊微博号、期刊抖音号等
专业性较强的学术期刊App	集成性学术资源平台	全球学术快报、万方数据、Researcher等
	个体期刊运营类App	中科期刊App、CASS国家哲学社会科学文献中心、中国医学期刊App等

（一）学术期刊微信公众号传播分析

1. 总体情况

为提高内容传播效率和期刊影响力，学术期刊正在转向与社交媒体平台的融合之路。在众多媒体平台中，微信公众平台具有移动阅读、实时推送、设置栏目、留言互动、分享转发等优势功能，因而学术期刊借助微信进行传播成为近年来的新趋势。

2021年9月，领研网与Impact Science携手推出《2021年第二季度·全球学术期刊微信传播力榜》，该榜单动态追踪中国学术期刊和全球学术期刊在微信平台的传播情况，盘点传播力较高的学术期刊，共收录500本在2021年第二季度微信传播力最高的国内外学术期刊。据该榜单显示，中国期刊入榜数量增至176本，其中英文期刊98本、中文期刊75本，中英文双语期刊3本，较第一季度的137本增加28%。据榜单显示，中国学术期刊最为集中的分布出现在201～300排名位段，共计49本，47本分布在401～500排名位段，37本分布在101～200排名位段，17本分布在1～100排名位段。传播力排名最高的3本中文期刊分别分别为《科学通报》（第44名），《机械工程学报》（第59名），《暖通空调》（第82名），均为科技期刊。

从出版品牌的维度看，《中国科学》杂志社是入榜期刊数量最多的中国出版品牌，共12本期刊入榜；科学出版社以27.7万次总传播成为总传播力最高的中国出版品牌。《中国科学》杂志社、高等教育出版社、科学出版三家学术出版机构着力传播的期刊均涉及两大领域，包括化学材料领域、环境与能源领域。《中国科学》杂志社公众号发文次数最多的期刊传播效果也最好，资源的倾斜使这些期刊收效最好（见图18-1）。

图18-1 《中国科学》杂志社公众号传播情况

此外，通过对中国人文社会科学引文索引（CSSCI，含扩展版）来源期刊调查的数据显示，截至2020年10月，共有508种期刊已开通微信公众号，占比约64.8%，其中，有102种期刊于2015年开通公众号，而在2015年后开通的期刊高达341种，占比为67.1%，其中，2020年新开通的有27种。以这些已开通微信公众号的期刊数据为基础，了解以CSSCI为代表的学术期刊微信传播的整体发展状况，同时对部分传播效果领先的期刊进行分析。

据数据统计结果显示，从创建公众号到2020年10月，上述508种期刊的总发文量达183806篇，平均每个公众号发文量达361篇。这些期刊公众号的阅读量、点赞量、在看数的均值和峰值如表18-2所示。每个公众号的单篇文章平均阅读量达926次，整体而言，传播效果良好，但就其点赞量和在看数来看，用户活跃度普遍不高。

表 18-2　CSSCI 期刊公众号统计情况

	平均阅读量	阅读量峰值	平均点赞量	点赞量峰值	平均在看数	在看数峰值
总和	470565.03	5619141	2071.44	59051	1932.23	51563
均值	926.31	11061.30	4.08	116.24	3.80	101.50

2. 代表性期刊微信公众分析

本研究根据整体传播效果，分别选取代表性的科技类与人文社科类期刊微信公众号展开分析。

1）科技类期刊分析

作为总传播力最高的中国出版品牌，"中国科学杂志社"公众号主要以《中国科学》杂志社出版的《中国科学》系列、《科学通报》等 19 种中英文学术期刊为主要信息来源。截至 2021 年 6 月 30 日，累积关注人数约 10.7 万人，关注用户、年发文量、篇均阅读量和高影响力文章占比不断增长。与 2018 年相比，年发文量从 267 篇增至约 600 篇，篇均阅读量从不足 700 次增至约 2100 次，阅读量达 3000+次的文章比例从 1.9%增至 14.8%。

"中国科学杂志社"发布的内容通常由"新闻编辑+学科编辑"共同负责，90%以上的推文由母刊各学科编辑部负责供稿，新闻编辑负责编排发布。"中国科学杂志社"为用户提供实用的论文写作技巧和写作规范、科学的研究方法、最新的科研资讯、学科发展规划等信息；公众号对推出的每一篇文章都进行了深度加工，改用通俗易懂的语言，且精简为约 1000 字；此外，"中国科学杂志社"紧跟时事新闻事件，融合科技期刊专业性和科学性强的优势，做到信息的特色发布；由于《中国科学》杂志社旗下期刊包含中英双语版本，其传播的重点正逐渐向英文期刊（如 *Science Bulletin* 等）倾斜（见表 18-3）。

表 18-3　2018—2021 年 6 月"中国科学杂志社"的相关统计数据

年　　份	关注用户（万人）	年发文量（篇）	篇均阅读量（次）	3000+次阅读量的文章占比（%）
2018	1.3	267	689	1.9
2019	2.5	500	1880	6.8
2020	9.4	570	4945	16.5
2021 年 1—6 月	10.7	297	2131	14.8

在近几年新冠肺炎疫情的特殊时代背景下，医学护理类学术期刊公众号取得了良好的传播效果。《中华护理杂志》《中国心血管病杂志》《中国实用外科杂志》等医学护理类期刊 2021 年第二季度的总传播量分别为 1.91 万、1.51 万、1.06 万次。在以上公众号中，高阅读量、高评论量的文章选题都倾向于以下四类：时效新闻类，如新冠肺炎疫情的最新报道；知识技术类，如推广护理专利和操作难点；人文类，如临床中的真实案例或工作体验；服务类，如影响力大的科研能力培训会议、科普知识宣传和技术服务。此外，以上医学类公众号在内容编排上优势突出、规范清晰，推文整体以明亮的色彩为主，根据不同的功能及用户定位，背景图片和排版样式因内容主题而异，整体可视化效果较好。

2）人文社科类期刊分析

人文社科类期刊公众号的整体传播效果虽不及科技期刊，但近几年逐渐侧重于人文社科内容资源的整合与挖掘，降低公众阅读的门槛，赋予公众号更多"破圈"的可能性，反过来提升了期刊的学术影响力。其中传播力靠前的有《心理学报》《中国翻译》《文化纵横》等期刊公众号，篇均阅读量均超过 5000 次（见表 18-4），这些公众号关注业界动态，在图文页面展示个性化设置，同时建立微信交流群，聚合同质化人群。

表 18-4　平均阅读量达 5000 次的人文社科类期刊公众号

公众号名称	期刊名称	是否认证	平均阅读量（次）	阅读量峰值（次）
中国翻译	中国翻译	是	7303	82794
中国书法杂志	中国书法	是	5913	49979
心理学报	心理学报	是	5461	33570
读书杂志	读书	是	5703	53395
文化纵横	文化纵横	否	7601	10w+
新闻与写作	新闻与写作	是	6322	10w+
中国考试	中国考试	是	6886	10w+

以公众号《心理学报》为例，该公众号注重期刊论文在移动端呈现形式的变化，运用"流量化"思维模式将专业性知识重组，每月选择 2~3 篇适合大众科普阅读的论文，邀请作者将其专业论文压缩字数，并转换为通俗易懂的语言，使用有趣的表达方式进行二次传播。为了吸引用户的注意力，他

们还将原有专业性标题重拟为富有吸引力的大众标题，如推文《谁能支持我们天马行空》源于母刊《心理学报》中下载量较高的论文《小学高年级学生创造力的发展：性别差异及学校支持的作用》，通过对标题进行适当调整，更能引起读者的关注。在注重传播效果的同时，"心理学报"公众号还展现出学术期刊的专业性与权威性，在每篇推文底部附有"阅读原文"链接，用户不仅可以直接下载原文的PDF版、英文版、网页版，还可以看到该篇论文的三轮专家审改意见、作者修改反馈等评审附件。

此外，《北京体育大学学报》《北京师范大学学报》等高校学报类期刊在实践中不断尝试丰富文章的内容主题，关注高校内外及业界时事热点、探索学术服务、开设论文写作讲座，着力打造具有一定传播力和影响力的学术交流平台，进一步扩大了期刊自身的影响力。

（二）学术期刊短视频传播分析

1. 总体情况

随着移动视频传播平台影响力的大幅提升，短视频用户增长迅猛。据中国互联网信息中心（CNNIC）发布的《中国互联网络发展状况统计报告（第48次）》显示，截至2021年6月底，我国短视频用户规模达8.88亿人，较2020年12月增长1440万人，占网民整体的87.8%。

2021年初，据抖音发布的数据报告显示，抖音的日活跃用户突破6亿人，较2019年增长1.5倍，日均视频搜索次数超过4亿次。抖音作为国内最大的短视频平台，2021年泛知识内容播放量同比增长74%，泛知识内容播放量占平台总播放量的20%。针对学术期刊与短视频平台融合传播，据相关学者统计调查，在"中国科技期刊卓越行动计划"资助的280种期刊以及其他科技期刊中，共计15种有效的期刊抖音账号，有8种期刊账号获得了机构认证，已获得机构认证的期刊平均作品量为109个，有3个期刊抖音账号粉丝数过万。

同时，凭借私域社交特点，微信平台在2020年初推出微信视频号，截至2020年底，视频号日活跃用户数破2.8亿人，视频号总数超过3000万个。部分学术期刊依托于微信公众号日趋成熟的传播现状，也开通了微信视频号。通过对中国人文社会科学引文索引（CSSCI，含扩展版）来源期刊的调查统计，截至2020年12月底，在已开通微信公众号的508种期刊中，仅12

种期刊开设了微信视频号,约占已开通微信公众号期刊数的2.4%,约占总调查期刊数的1.5%,且部分期刊微信视频号处于未更新内容的状态。

通过统计分析,学术期刊与短视频平台的融合还在起步和探索阶段,大部分期刊尚未涉足短视频传播平台,不少期刊在传播中未能结合自身定位,缺少短视频传播经验,未能打造出理想的传播效果。仅有少部分期刊在短视频融合中能够结合自身资源特色,采用大众科普语言,制作出切合短视频传播风格的爆款视频和精品视频,借助短视频平台进一步扩大学术影响力。

2. 代表性期刊分析

本研究根据期刊短视频传播效果,选取在抖音平台及微信视频号平台运营较好的代表性的期刊展开分析。

1)抖音平台代表性期刊分析

《航空知识》科技期刊创刊于1958年,由中国科协主管、中国航空学会主办,其抖音短视频账号在短视频领域目前已发展为具备一定影响力的科技期刊头部账号。截至2021年12月25日,数据显示,"航空知识"抖音账号粉丝数高达128.2万人,获赞数1579.4万次,累计发布短视频作品数724条,点赞量过万的短视频有107条。该账号主要以航空航天知识为主要内容(见表18-5),设置了"2021珠海航展""青托工程""杂志亮点""大师讲航空""从空难事故中学飞行安全""首飞记忆""王亚男主编专栏""《航空知识》杂志亮点"共8个播放合集,合集累计播放量为6487.1万次。其中,"王亚男主编专栏"合集累计更新45条,播放量达4356.6万次,"首飞记忆"合集累计更新6条,播放量达到1278.4万次。

表18-5 "航空知识"抖音视频账号合集播放量排序(截至2021年12月25日)

合 集 名 称	播放量(万次)	视频数目(条)
王亚男主编专栏	4356.6	45
首飞记忆	1278.4	6
大师讲航空	425.2	33
从空难事故中学飞行安全	170.8	17
青托工程	144.1	62
2021珠海航展	63.9	11
《航空知识》杂志亮点	48.1	14

第十八章 学术期刊社交媒体传播发展报告

《航空知识》期刊在抖音短视频传播中，依托期刊资源，短视频内容主要分为航空领域知识科普、航空领域人物/事件纪念、航空领域最新展览、航空领域最新研究等类型，视频发布频率为 1 条/天，时长主要集中在 3 分钟以内，采用动画模拟、人物采访、实验求证等表现方式吸引受众观看。同时，在视频的制作中将学术性与科普性相结合，依托专业航空航天知识，兼具大众科普语言、动画演绎、社会热点配乐及文案，视频整体时长较短、节奏较快，贴合视频短平快的特点。在点赞量前十名的短视频中，视频文案为《"中国机长"事件真实塔台对话》的一条短视频获赞量高达 518.9 万次，评论量过 10 万条（见表 18-6）。该条视频切合社会热点，以解密真实事件的背后信息为爆点，吸引大众好奇心，对内容素材进行精心的剪辑，达到很好的传播效果。

表 18-6 "航空知识"抖音视频账号点赞量前十名的短视频（截至 2021 年 12 月 25 日）

视频标题	点赞量（万个）	评论量（条）	分享数（个）	时长（秒）
"中国机长"事件真实塔台对话	518.9	147000	31000	102
国产 C919 客机飞出战斗机机动动作	71.8	22000	2762	14
歼十战机首飞记忆：中国航空不再落后于人！	70.9	21000	1807	55
当无人机遇到野生动物	67.8	24000	3119	25
M 军公开 C17 运输机坠毁全过程影像	61.6	188	3411	52
2001 年 4 月 1 日，王伟驾驶歼 8II 拦截 M 机，烈士再也没能返航	57.6	184	1260	90
战机飞行员离心机测试：从谈笑风生到几近昏厥	53.5	20000	3131	86
世界第一"跳跃"！从太空跳向地球，世界纪录至今无人能打破	44.9	28000	3359	51
喷气发动机全功率运行温度有多高	40.9	37000	2767	43
披甲而战，荣光而归！北京援鄂医疗队回家！	31.5	24	1398	23

2）微信视频号平台代表性期刊分析

学术期刊与微信视频号主要以期刊推广、论文解读、会议推介、科普宣传、学术补充、直播带货等为主要的融合方式。以运营比较成功的科技类期刊《金属加工》期刊为例，《金属加工》期刊创刊于 1950 年，由中国机械工业联合会主管，机械工业信息研究院主办，包括冷加工和热加工两刊。

其视频账号由《金属加工》期刊与金属加工在线网站共同运营，主要内容以会议推介为主，通过专家访谈、企业推介、会议速报、网络直播等多种形式全方位展示，同时设有每周要闻、金属加工访谈、机制过人、加工真奇妙等栏目，累计发布短视频作品1024个，视频时长集中在1~3分钟以及3~5分钟。"金属加工"视频号传播具有如下三个特点：一是采用金属加工过程纪实的方式，结合生活常见金属品的制作吸引受众点击兴趣；二是切合热点，通过对热点的精准把控吸引受众；三是在"每周要闻""金粉小讲堂"栏目中，使用虚拟主持人"金小妹"AI播报的形式，与内容素材相结合，既清晰明快又独具特色。在点赞量前十名的视频中，金属加工短视频大赛相关视频共6个，金属加工行业论坛相关视频共2个，进博会相关机械视频也占2个。在亮点视频中，与相关比赛链接，利用微信视频号的私域属性成为提升期刊短视频传播力的重要方式之一。

通过统计分析，学术期刊与短视频平台的融合还在起步和探索阶段，大部分期刊尚未涉足短视频传播平台，不少期刊在传播中未能结合自身定位，缺少短视频传播经验，未能打造出理想的传播效果。小部分期刊在短视频融合中能够结合自身资源特色，采用大众科普语言，制作出切合短视频传播风格的爆款视频和精品视频，借助短视频平台进一步扩大了学术影响力。

三、学术期刊社交媒体传播面临主要问题

近几年来，学术期刊对社交平台传播的重视限度逐步提高，但社交媒体的总体普及和应用限度仍有待提高。根据现有研究中的相关统计结果显示，仍有一部分学术期刊尚未开通微信公众号或短视频账户，还有部分期刊开通账号后没有经过官方认证；已经开通的账号在名称设置、账号信息简介、菜单栏设置、关键词回复等方面仍有待完善。开通与完善账号仅仅是社交媒体运营第一步，本研究对学术期刊账号的传播现状进行整体的观察与分析，发现期刊在实际的账号规划与运营中还面临很多方面的问题。

（一）自身定位不清，缺乏特色内容

针对学术期刊微信公众号和抖音账号普遍存在账号活跃度低的现象，具体表现为总体阅读（播放）量低、点赞数少、评论留言数少等。本研究认为，其首要问题有两个：一是学术期刊在社交媒体传播中存在定位模糊不清的问题；二是期刊缺乏特色专业、有竞争力的内容。

第十八章 学术期刊社交媒体传播发展报告

一方面,多数学术期刊账号的运营人员往往忽略了在账号运营前首先应该对用户进行精准画像,再借助大数据技术对社交媒体平台的目标用户进行专业性分析。由于运营人员缺乏关于账号风格定位以及受众分析等方面的专业训练和科学规划,导致学术期刊账号对目标用户的需求理解较为模糊,影响了账号定位的精准度。部分学术期刊社交媒体账号无法适应新媒体环境,只是对母刊内容进行简单搬运,使账号内容成为另一种形式的纸本期刊。与之相对的是,有部分学术期刊账号发布的内容逐渐泛化,与期刊本身的内容渐行渐远,偏离了在社交媒体平台扩大母刊影响力的初衷。

另一方面,仍有相当一部分期刊脱离读者需求,忽视挖掘自身学科特色和行业特点,缺少行业内动态和人文内容,内容比较单一,难以长期吸引相应的作者和读者群体。有的账号虽然其行业资讯的点击率很高,但是关于母刊内容的阅读量却很低。大多数公众号对于学术动态和新闻评论等多是采用转发分享的方式,缺少期刊特色的原创内容。还有部分期刊知识产权意识不强,偶尔会出现转发原创内容却未经过作者或版权方许可的情况。

期刊编辑部在社交媒体账号运营理念上缺乏品牌化思维。无论是从形式还是从内容来看,能够让账号在社交媒体中有清晰辨识度的学术期刊少之又少。学术期刊发布的文章或短视频以图片配文字的形式居多,表现形式过于简单,且账号内容同质化严重,无法满足用户的多样化需求,也就无法形成鲜明的品牌特色。目前,学术期刊社交媒体账号的重要价值在于扩大母刊的影响力,但如何围绕母刊通过多个社交媒体平台传播联动提升期刊的品牌竞争力,是期刊编辑部需要进一步解决的问题。

(二)专业运营欠缺,资源投入不足

期刊定位不明会模糊期刊的发展方向,落到实际操作中则导致运营质量偏低。这具体体现在期刊忽略了读者的实际阅读体验,内容的媒介呈现形式单一,期刊账号发布的信息主要以文字呈现,缺少对图片、音频和视频的使用,呈现给读者的作品缺乏较为专业的精细化处理。

一方面,内容加工与设计不足,部分期刊直接将文章复制粘贴到微信公众号中推送,未经重新编排,文字密集,不便于客户端读者阅读。还有些期刊直接将 PDF 截图放到微信公众号中,基本无法在移动端阅读。少部分期刊在微信公众号检索过刊时,仅提供官网链接的方式,可读性差;对于热点文

章和热点话题，缺乏专业的策划和文案设计，只是简单地转发或者分享，在文章标题、图片设计、版式设计和内容策划方面缺乏专业创作，发文内容流于表面。

另一方面，资源不足，如在人力、物力和财力方面的投入不足，在大多数期刊编辑部，微信公众号、微博等新媒体的运营工作还是由责编兼职管理，再开展短视频新媒体的运营是十分困难的。有学者对 22 种学术期刊编辑部办刊规模进行统计，发现编辑部人员配置大都在 5~10 人，一线编辑为 2~5 人，同一主办单位的同类期刊中编辑部人员有重复，说明同一编辑部编辑身兼两种甚至更多种期刊的出版任务，编辑部不仅规模小且出版任务重。短视频的策划、制作、运营是非常专业的工作，尤其需要独立的专业运维人员和专业的新媒体团队。期刊大都存在新媒体账号运营人员配置不足的问题，导致新媒体平台运营效果及推送质量较差，未能发挥期刊媒体融合的效果。

（三）服务功能单一，互动交流不足

在账号服务功能建设方面，大部分期刊公众号设置了菜单栏，多数可提供稿件查询、论文目录、过刊浏览、论文检索、投稿指南和编辑部公告等服务项目，表明学术期刊在微信公众号的功能建设方面持续进步。然而，大多数期刊缺乏与作者和读者的互动，并未重视用户体验，活动方式仍停留在期刊单方面发布信息供用户浏览的传统媒体状态。有部分公众号建立了微社区，但是点击率和读者留言很少；极个别公众号通过用户投票评选或用户体验调查等内容与用户交流互动。

期刊在短视频账号上互动交流的意识同样较为薄弱，这导致目标受众活跃度受到限制。学术期刊短视频对用户参与交流、互动的引导不足，短视频用户参与互动的积极性没有被充分激发起来，运营人员对用户反馈的信息未进行及时、全面、系统的总结和分析。抖音等短视频平台的服务功能虽不及公众号全面，但期刊账号可以通过线上商品橱窗、购物车链接、二维码等方式服务用户购买期刊的需求，实现流量的即时转化；此外，抖音平台还有合集分区、线上直播、创建粉丝群等细致多样的服务功能，但大部分学术期刊还未尝试采用。

学术期刊在社交媒体传播中存在的问题，关键在于用户思维的缺失和服务意识的不足，对用户需求和反馈缺乏及时回应，导致用户的黏性和忠诚度

降低。另外，学术期刊在一定限度上肩负着传播学术知识的社会责任，学术期刊社交媒体的用户群体不仅局限于高校和科研院所的科研人员或相关专业的学生，还包括广大的公众，期刊编辑部还需要树立知识普及的服务意识。

四、未来发展建议

（一）内容策划优化策略

为解决学术期刊在社交媒体传播中定位不明的问题，从同类账号中脱颖而出，期刊需根据自身风格定位、社交平台的特点和新媒体传播优势制定相应的内容生产策略。

期刊应该在适应平台传播特点的基础上提高内容的精度、广度和深度，在明确自身定位与风格的基础上策划出具有学科特点的优质内容，打造出期刊的品牌竞争力。就微信公众号而言，期刊公众号应该首先明确自身定位，笔者将期刊的定位分为三类：专业型学术新媒体、行业型学术新媒体和综合型学术新媒体。不同类型的期刊在开展社交媒体传播上应有所侧重，从用户定位、平台功能、栏目设置、编辑风格等方面制定统一的传播策略，才能形成合力，提高传播优势。专业型学术新媒体应该用多样化的方式呈现专业知识本身，受众多为期刊作者、学者等，其内容策略是对母刊内容进行二次加工并向受众提供原文，也可以围绕期刊文章进行内容延伸，如作者心得、专家点评等；行业型学术新媒体则围绕学科行业丰富实时资讯、专业科普等内容，用有价值的资讯吸引用户，既要有时事热点，又要有学术思考，满足学术群体外的行业内读者的阅读需求；综合型学术新媒体的目标受众广泛、发文频率较高，涵盖国内外资讯、会议论坛、知识普及、产品宣传等多元化的内容，这类公众号应做好内容分类和栏目策划，避免因内容过多而显得繁杂。

而如何打造期刊独有的品牌形象，使之深入人心，既需要独有的优质内容，又应设置特色专栏。期刊首先应当整合学术资源和其他内容资源，丰富内容选题的多样性、保证文章专业性的同时提高时效性；充分利用作者资源，向有公众号文章写作经验的作者约稿；以及与业内知名公众号保持合作，获得持续的优质转载资源。打造特色专栏能够进一步凸显公众号的运营能力和期刊特色。

对短视频内容策划而言，在内容上应该更多地贴近生活、关注社会热点或普及科学知识，善于利用数据可视化将晦涩的科学知识转化为便于用户理解的呈现形式。视频内容可以在母刊中选择具有突破性或具有特色的文章作为蓝本，也可以邀请相关作者或领域内的专家录制综述性的演讲，还可以针对领域内的新闻拍摄资讯类短视频，打破专业科学知识在传播和接收中的壁垒。

内容适应媒介形式才能生产出精炼而生动的多媒体内容，因此在进行内容策划时还应该考虑内容与形式的匹配性。对公众号文章而言，要对文章进行必要的加工修饰，首先，从标题上需要做出调整，尽量使用生动有趣、结合实事的标题来激发读者的点击欲望；其次，文字排版应尽量做到版面整洁美观，避免文字拥挤、色彩混乱；最后，也可以适当结合与文章高度相关的图片、音频、视频等作为对内容的补充与解释。期刊还可以尝试结合其他媒介形式创新性地开发特色内容板块，文章中可以使用音频和视频以丰富表达形式。

（二）服务体验优化策略

当前在新媒体场域，传统的受众已经转化为用户，学术期刊必须要提高服务意识，借助平台优势维系与受众的关系。期刊的各项服务还需进一步完善和优化以适应用户在移动场景下对信息获取的及时性、便捷性诉求。

第一，期刊可借助平台本身的功能配合传播内容，设置灵活有趣的互动环节，激发受众互动的积极性。例如，期刊公众号也可以适当采用问卷调查、设置投票、评论区回复等多元的互动方式。如"中国考试"就曾多次发布读者调查问卷；"国际新闻界"通过投票选出受众"最想听的论文"作为"可以听的论文"系列讲座的内容；而"心理学报"的文章《学霸养成之奥秘——整合性学习观》，通过文字和视频结合的形式分享文章作者提出的整合性学习观，面对受众在评论区提出的问题，编辑在评论区分享了作者本人的回复，实现了作者与读者间的观点碰撞。

第二，期刊可借社交媒体平台改变传统固有的沟通方式，拉近与专家、编辑、作者与读者间的距离。在多种社交媒体平台中，短视频平台的互动性最强，其服务形式比较直接，其功能可以灵活运用于沟通编辑、作者、读者。编辑部可以对读者提出的疑惑进行实时的解答，外审专家可以利用直播的方式对稿件进行在线审理，同作者面对面地交流，作者和读者也可以将观看视频后的感想、意见等内容录制成新的短视频，由编辑部择优发布，这些形式增加了同作者、读者、专家联系和沟通的渠道，不仅是学术期刊选稿、审稿、用稿等组稿方式的创新，也是学术期刊服务模式的创新。在读者细分化的趋势下，学术期刊通过同短视频平台的融合可以满足读者需求，明确服务定位，以此进一步发现期刊的目标读者群和作者群，根据社会发展和期刊市场的变化进行动态调整，研究、分析、联系读者，为读者服务，提升学术期刊的服务品质。

第三，借助社交媒体平台，学术期刊通过持续的内容生产和传播，组织相应的学术交流和分享活动，有效聚焦本领域的学者群体，进而形成互联网空间上的学术共同体。

（三）平台联动优化策略

借助当下媒体大融合的发展态势，学术期刊有相当多的新媒体可以并行利用或相互利用，形成新媒体矩阵，策划平台间的联动传播。第一，应有组织、有规划、有意识地在不同平台开通账号，在不同账号上根据平台的特点发布不同的内容；第二，要对开通的多个社交媒体账号进行统一管理，要让这些账号形成集群效应，互相补充，互相关联，但又不简单重复，要编织出账号网络；第三，要充分发挥各账号的吸引流量作用，发挥社交平台的社交属性，最终达到形成期刊品牌竞争力的最终目的。

相近学科、相近类型的期刊公众号可以采用集群式的发展模式，建立微信联盟或微信行业矩阵，将各刊的刊载内容借助集群平台的栏目进行展示，共享和交流动态信息，进行整体营销，增加曝光度，树立学术期刊网络品牌。

视频作品的制作难度和成本较高，因此期刊制作的短视频不仅可以直接在相应的短视频平台上运营，也可以嵌入微信公众号、微博甚至其他新媒体中，从图文到视频的覆盖，也能够让内容更直观、饱满。在平台的选择上，则可以利用目前已十分成熟且用户基础较好的App，如抖音、哔哩哔哩等。

最后，新媒体矩阵的构建需要结合编辑部人员配备的实际情况，对于人员配备不足、经费欠缺、新媒体专业人才缺乏的编辑部，应该在过渡时期尽快引导、培养编辑兼任新媒体岗位，可先从基础用户存量较大的微信公众号入手，尽快实现PC端到移动端的跨越，定期推送优选、优化文章。各主办单位应从实际情况考量编辑部人员配置规模，尽早设立新媒体专职人员岗位。而后，在人员充沛的条件下，应引导期刊充分发挥互联网新时代媒体平台优势。利用好门户网站、学术期刊网络出版平台等 PC 端。重视微信公众号、微博、学习强国二级平台、企鹅号、头条号、网易号、知乎号等移动端媒体平台。尝试利用央视频、抖音、网易等短视频平台，实现从 PC 端到移动端，再到多元素出版的跨越，逐步构建学术期刊媒体出版矩阵。

参考文献

[1] 张晋朝，董理强，罗博. 我国学术期刊移动出版现状研究——以 CSSCI 和 CSCD 来源期刊为例[J]. 中国科技期刊研究，2021，32(7): 927-934.

[2] 丛挺，杜茂林. 学术期刊微信传播的场域冲突与融合发展路径[J]. 出版广角，2021(15): 30-34.

[3] 宋启凡. 学术期刊抖音短视频平台的发展与探索[J]. 中国科技期刊研究，2021，32(3): 365-371.

[4] 吴艳妮，周春兰，李柴秀. 中国护理科技核心期刊微信公众号运营优化策略[J].编辑学报，2021，33(3):313-317.

[5] 王涵，方卿，翟红蕾. 学术社交媒体传播内容比较及其对期刊新媒体运营的启示[J]. 中国科技期刊研究，2021，32(10): 1310-1317.

[6] 李赛，朱娜. 中国科学院人文社科类期刊出版融合现状与对策——基于 CSSCI 来源期刊（2019—2020）[J]. 中国科技期刊研究，2021，32(5): 655-661.

[7] 赵鑫，李金玉. 我国科技期刊短视频营销推广的现状、问题及对策[J]. 中国科技期刊研究，2020，31(8): 915-922.

第十九章　疫情背景下国际主要书展社交媒体账号的使用与启示

金强，姬浩楠[*]

摘要：新冠肺炎疫情背景下，世界各国的书展开始增强Twitter、Facebook、YouTube、Instagram等社交媒体的交流功能，努力克服线下宣传阻力，积极延展自身国际形象，维持其业务运维能力和国际影响力。通过基础应用数据对比，法兰克福书展、博洛尼亚国际儿童书展等知名国际书展正在增强和深化其运营特色，并在使用上呈现诸多新亮点。北京国际书展的海外社交媒体运营起步较晚，特色尚未成型、效果和优势欠佳，应该积极吸收部分已有经验，形成后发优势。

关键词：国际书展；法兰克福书展；社交媒体；北京国际书展。

一、引言

人类文明史的"书展之母"——法兰克福书展，已有600余年发展与演变历史。从公元11世纪开始，图书交易就已经在法兰克福书兴起。来自欧洲各地方的印刷商和出版商借助河运将图书运到法兰克福，开展图书贸易。1949年，第一届法兰克福书展在法兰克福市的保罗教堂举办，同时它也标志着德国多元文化生活的崭新开始。从线下的组织模式来看，各大书展多取法于法兰克福书展。1956年的华沙书展是首次在德国境外举办的书展，之后是1957年分别在贝尔格莱德和多伦多举办的书展，以及1964年的博洛尼亚国际儿童书展。1972年，伦敦书展创办。1974年，布宜诺斯艾利斯举办书展。包括20世纪80年代后诞生的多个书展，其在发展模式上均受益于法兰克福

---

[*] 金强，博士，河北大学新闻传播学院副教授；姬浩楠，河北大学新闻传播学院硕士研究生。

书展。国际书展已经成为国家间文化硬实力和软实力展示的重要平台，中国也在努力打造北京国际书展成为全球最有影响力的出版界盛世和文化交流与贸易平台之一。

直到数字化媒体时代到来，社会生活、生产方式发生剧烈变革，网络信息日益成为各行业发展进步的无形社会资产。如何在信息爆炸的新媒体时代的新挑战、新机遇下拓展，改良自身的生存方式，成为每个国际书展需要进一步考量的问题。社交媒体作为互联网时代的专业代名词，是一个将信息传播、信息共享、信息反馈等方面集于一身的现代传媒工具。尤其是在后疫情时代，举办大型线下活动仍困难重重，线上的比拼也如火如荼地展开，实体书展遭遇了前所未有的危机，但也获得了认识自我、重建价值的机遇……顺应产业环境的变化适时进行产业功能的调整，以构建社会交流对话的平台机制为枢纽，从而完成新文化媒介的身份转型，这是实体书展最大趋向的发展前景，也是其突围重生的存在意义。国际书展通过社交媒体平台一定限度上再现和复活了应该有的文化交流状态，社交媒体平台也逐渐成为国际书展拓展自身影响力与全球市场份额的一大利器。

二、研究设计与数据来源

（一）研究对象选取

本研究选取法兰克福书展、伦敦国际书展、博洛尼亚国际儿童书展、南非约翰内斯堡书展（简称南非书展）、北京国际书展作为研究对象，选取 Twitter、Facebook、YouTube 等三个国际知名社交媒体平台进行数据提取和对比研究。

（二）研究特别说明

经过对比，发现各大国际书展在 Twitter 与 Facebook 上发表的内容大体相似（在关注者的内容反馈等方面存在个性），因此在下文有关两者内容的研究分析中，笔者将两者归为一类进行论述。

（三）研究观照趋向

就研究结果而言，各大书展社交媒体于疫情前后发布的内容取向均呈现

第十九章　疫情背景下国际主要书展社交媒体账号的使用与启示

出较高的一致性，即与本书展采用线上虚拟平台举办活动的方针相结合来发表相关内容。2020年至2021年，线下文化活动数量逐步增多，线上书展的功能得到进一步丰富和拓展，并体现在了社交媒体的运用方面。相比而言，法兰克福书展对社交媒体使用的整体效果最佳。在对比分析中，本研究将法兰克福书展的社交媒体作为研究重点，其他书展不具备数据显著性的社交媒体仅作为研究参考。

三、数据对比分析

在各大书展中，法兰克福书展拥有最为深厚的历史积淀和最为广泛的社会影响，但其社交媒体账号却不是最早建立的。法兰克福书展在2009年8月建立了Twitter官方账号，于2011年6月建立了Facebook官方账号。相比之下，伦敦国际书展于2009年5月就建立了Twitter官方账号，并于2010年1月建立了Facebook官方账号。南非书展于2009年5月建立了Twitter官方账号，于2010年2月建立了Facebook官方账号。于2013年建立Facebook官方账号的博洛尼亚国际儿童书展所拥有的关注量接近于法兰克书展的Facebook关注量（7万～8万人）。创立时间较早的伦敦国际书展与南非书展在该平台上所拥有的关注量远不及博洛尼亚国际儿童书展。早期的书展社交媒体账号集中创立于2009年至2010年，而Facebook创立于2004年，YouTube创立于2005年，Twitter创立于2006年，即书展运营商并非主流社交媒体的早期用户，在各类文化展览类账号中，书展账号的活跃度和影响力都有进步和提升空间。

截至2022年2月底，于2016年建立Facebook官方账号的北京国际书展有2.3万人关注，有2.3万名用户为其点赞，整体评分为5分，其社交媒体账号的运营数据与伦敦国际书展及南非书展几乎持平。

从发布内容来看，除对图书相关活动进行宣传外，伦敦国际书展对于"国际奖项"与"慈善"方面的关注度较高，此特点在该书展三个社交媒体账号上均有体现。如伦敦国际书展在Facebook账号上曾多次发布类似推文："德国青年文学奖得主将于2021年10月22日星期五在法兰克福书展上公布，获奖者将在画册、儿童书、青年书和非小说中获得荣誉……德国青年文学奖由联邦家庭、老年人、妇女和青年捐赠，自1956年以来每年颁发，总共获得72000欧元。"此类推文重在告知有特色、有价值的文化和出版事件。

南非书展在作者群体定位方面有明显偏向，相比于白人作家，黑人作家更容易受到该书展官方媒体的关注。南非书展在每一条需要介绍作家的推文中，常同时介绍四位黑人作家，并为他们打造具有"非洲色彩"（外观色彩多为非洲国家国旗的颜色，多以深色的绿、黄、红为主色调）的人物封面。南非书展相关账号偶尔会转发一些与黑人相关的推文，如该书展经常转载名为"ANFASA"的账号的推文，该账号的用户简介与南非书展定位近似，即"为不同领域、不同地位、不同声望的作家发声"。

相比之下，法兰克福书展的展览宗旨是：允许世界上任何出版公司出版任何图书。这一理念导致法兰克福书展"能说的话""敢说的话"较多，其社交媒体账号发表的内容经常涉及"种族""言论自由"等敏感话题。该书展账号尝试以客观讲述者的身份将争议话题呈现于社交平台，但坚持客观中立的态度导致了众多用户的不满，此情况也明显反映于该书展的其他官方账号上。经数据统计，法兰克福书展在Facebook社交媒体上的整体评分低于50%。

书展账号的内容类型以及蕴含的价值取向，并不是导致书展社交媒体账号影响力差异的关键因素。各书展执行的社交媒体运营模式及所呈现的差异，在受众反馈方面有明显差异，也影响了各书展社交媒体宣传的最终效果。

（一）各书展Twitter、Facebook账号的运营特征对比

法兰克福书展发布的推文数量及发布频率位居榜首，Twitter官方账号便发布了2.1万条推文（见图19-1）。以2021年10月为例，法兰克福书展在Twitter上发布推文超350条，平均每天发布11～12条，该书展在Facebook上也呈现同样的发布速率。相比之下，伦敦国际书展在该月份在两个社交媒体上发布的推文数量只有8条，其他书展同样无法达到法兰克福书展的更新速度。

法兰克福书展Twitter和Facebook官方账号发布的内容最大限度上还原了其所举办的活动的整体过程。如针对某一活动，该书展在这两个社交媒体账号上发布的推文数量超过了10条，对一个人物的专访也发布超过4条推广，这是法兰克福书展能够保持高速率的重要原因。这一操作方式如同直播式呈现，易给受众带来信息疲劳感，且对账号运营工作人员有较高要求。除此之外，法兰克福书展账号的运营不止体现在"快"与"多"两方面，其推文的图文设计有固定模板。

第十九章　疫情背景下国际主要书展社交媒体账号的使用与启示

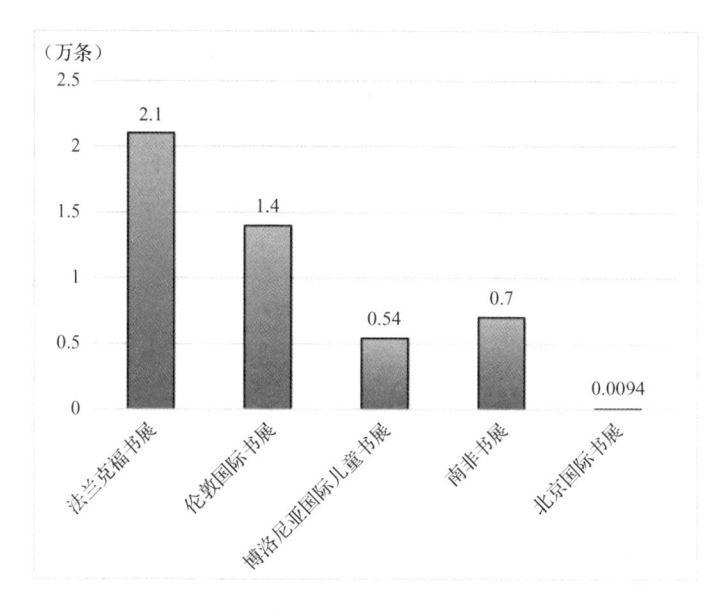

图 19-1　各书展的 Twitter 推文量化对比

法兰克福书展 Twitter 和 Facebook 账号在涉及具体人物时，呈现了固定风格，即摘出此人物在谈话中的具体表述作为文案开头。并在底部附上该人物接受访谈时的照片特写，此类模式在其官方账号的推文中较常见。

另外，法兰克福书展 Twitter 和 Facebook 官方账号会根据活动或被采访者的特征，归纳一些幽默的"笑点"来作为附加内容发布。如在一场法兰克福书展的线下采访中，多位被采访者都身穿衬衫和毛衣接受采访。于是其一条推文中官方账号描述道："我们到目前为止还不确定谁会赢得'最闪亮的衬衫和毛衣'比赛。"这种幽默感，也营造了一种温馨的文化氛围，是更加贴近人心的表达。

博洛尼亚国际儿童书展对在 Twitter 和 Facebook 上发布的文字内容同样精于雕琢，倾向于使用多种多样的表情和标点符号来丰富推文内容，如吹喇叭、笑脸、戴墨镜、书籍、星星、各类手势、感叹号等表情符号等，这些内容经常被安插在推文结尾，给受众以轻松愉悦的感受。

另外，博洛尼亚国际儿童书展 Twitter 和 Facebook 账号对于图片的运用水平较高，在图片使用及 YouTube 封面设置上，博洛尼亚国际儿童书展经常使用颇具"脑洞"的绚丽插画来装饰宣传内容。插画要素彼此之间虽然关联不大，但整体上夸张的艺术色彩及较高的点赞量，体现出了该书展较高的插

图 19-2　博洛尼亚国际儿童书展的插画风格

画设计能力（见图 19-2）。

相比之下，北京国际书展在 Twitter 和 Facebook 账号这两个社交媒体上发布的超过三行文案的推文仅有数条，多数推文仅一行，有的甚至仅发图片而无配文。在缺少文字说明的情况下，此类推文对于国外网友理解书展活动没有助益。总体来讲，北京国际书展社交媒体账号的运营模式偏于平淡，仅满足于履行自身作为"书展"而非"中国书展"的部分宣传职能（见图 19-3）。

图 19-3　北京国际书展的部分推文

第十九章 疫情背景下国际主要书展社交媒体账号的使用与启示

（二）各书展在 YouTube 平台的运营特征对比

由于南非书展与北京国际书展没有建立 YouTube 官方账号，下文仅对设有账号的其他三个国际书展进行对比分析。

在视频方面，博洛尼亚国际儿童书展的 YouTube 账号有 5.7 千人关注，发布视频总量超过 7100 条，其中最高点击量为 33.4 万次，总点击量达到 218.8 万次。这几项数据除最高点击量外，其余均超过了法兰克福书展与伦敦国际书展。

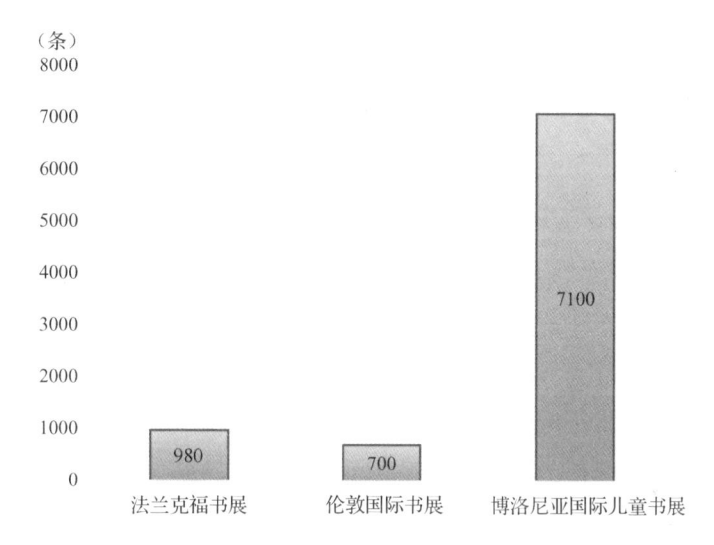

图 19-4 三大书展的 YouTube 视频数量对比

法兰克福书展的 YouTube 账号上虽保持了稳定的更新频率，但没有达到与 Twitter 与 Facebook 同样的更新频率，并一改前者"杂"而"精"的特点，对单一活动将其制作为一个视频一次性发布，部分视频的时长甚至长达 10 小时之久。在法兰克福书展视频账号界面，两分钟以内的书展宣传视频的点击量要远高于时长超过 1 小时的视频。

伦敦国际书展在 YouTube 上得到的受众反馈不及其他两大书展。在伦敦国际书展的视频界面上，大量视频均采用视频中采访某一人物的图片为视频封面，以至于在一整页视频界面中，大多视频封面均是话筒对准个人的单一样板，视频内容多为笼统介绍，有效信息偏少。另外，从内容的制作质量以及受众的反馈上来看，伦敦国际书展有意将 Twitter 与 Facebook 作为自己的主力宣传工具，对 YouTube 账号的经营明显偏弱（见图 19-5）。

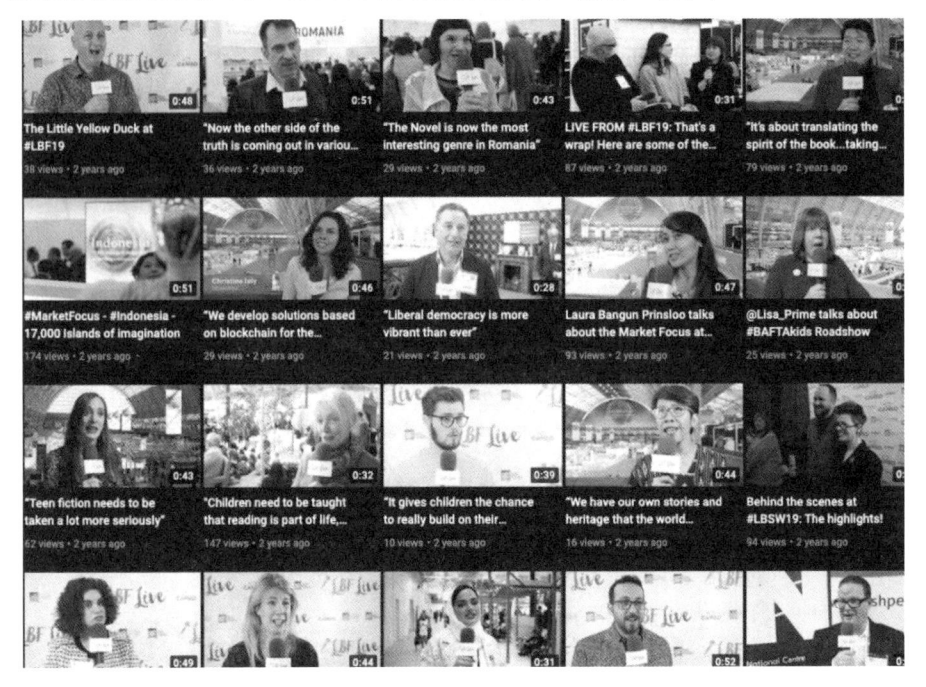

图 19-5　伦敦国际书展 YouTube 账号上视频封面的整体风格（人物配话筒采访照）

相比之下，博洛尼亚国际儿童书展的 Youtube 账号以宣传符合该书展主旨的相关活动为主，辅之宣传其他类型的相关展览活动。在 YouTube 账号界面，博洛尼亚国际儿童书展的多数视频不只宣传"博洛尼亚国际儿童书展"，还宣传了"博洛尼亚本地展会"。除与该书展活动有关的视频外，还包括宠物、化学、家具、化妆、数字化等多领域的视频。该账号中拥有最高点击量的视频是一个博洛尼亚户外运动博览会的宣传片。提供选择和尊重选择，是该书展的重要理念。

四、研究启示

疫情带来的不确定性正在多领域蔓延，文化和出版领域的国际展示平台受阻严重，唯有线上互动能够在一定限度上延续办展"初心"。因此，应该重点探讨后疫情时代国际书展社交媒体账号的使用，做好与重新恢复线下办展的衔接与贯通，甚至线上线下并行互进形态。

第十九章 疫情背景下国际主要书展社交媒体账号的使用与启示

（一）打造强有力的社交媒体矩阵，有效提高内容生产效率

从文本风格方面来看，北京国际书展的运营模式略显僵硬。其他四个书展在 Twitter 和 Facebook 账号发布的推文多超过三行，个别书展如博洛尼亚国际儿童书展还会使用表情符号来丰富表达方式，以增强亲和力。北京国际书展可以尝试用丰富的文本表达，辅之以符号和图片，对相关活动进行详细介绍与推广。

从内容形式来看，北京国际书展执着于对图书活动内容的推广，内容类型相对单一。其社交媒体上推送的内容可以以"书"为核心元素进行拓展。如伦敦国际书展注重对于人物的挖掘，此类人物获得的奖项、参与的慈善项目即便与图书关联不大，也会被视为宣传点加以推送。图书元素的相对淡化，反而可为书展带来更多关注者。由相对数据对比来看，北京国际书展的内容生产频率远低于其他书展，因此可以尝试学习法兰克福书展由大入小的切入方式，将同一个内容进行"拆分式"讲解，弥补推文数量上的不足，有助于形成连贯式的报道。

从文化推广方面来看，北京国际书展有关中国元素的推文只占少数，可以考虑对中国文化思想领域，尤其是涉及"一带一路""人类命运共同体"等具有中国特色的图书、活动，甚至是以其为创作理念的作家加以详细介绍。此类尝试也有可能会面临"推文内容不符合国外受众认知理解"的困境，因此要实现文化和出版领域的精准对外传播，打造能够落地的中国话语体系。除此之外，北京国际书展在 Facebook 和 Twitter 上推出的内容多以照片为主，配文简短。如将此模式用于 Instagram（照片墙）平台，效果将更加明显。

形成国内国际设计媒体协调统一的宣传矩阵，充分照顾国内外专业用户的内容需求和利益关切，这是做好书展社交媒体账号的重要考量。

（二）深度融入专业网民文化生活，精耕专业出版市场

社交媒体如同网民生活的第二世界，不同类型的社交媒体类似不同的生活社区，用户对于该平台的黏性不会一成不变，Twitter、Facebook、YouTube 等社交媒体平台因自身独特的功能与作用而吸引了不同类型的受众。如 Facebook 的女性用户数量比男性用户数量多，年龄超过 65 岁的用户占 56%。

Twitter 的男性用户居多，在 50 岁以下、受过大学教育的成年人群中更受欢迎。不同社交媒体带给用户的红利也各有不同，有效地整合社交媒体资源可以为书展的价值延伸提供更多的可能性。

后疫情时代，社交媒体在维持书展固有成果，稳步拓展书展受众群体方面，仍然发挥着重要作用。在疫情带来的震荡下，2021 年几大国际书展都做出不小的调整——博洛尼亚国际儿童书展和伦敦国际书展均推迟到 6 月举办；伦敦国际书展前主席托马斯·杰克斯将带领一支英国团队，在博洛尼亚国际儿童书展上举办成人书研讨会和成人书展。法兰克福书展进行机构重组，关闭了纽约办事处。受新冠肺炎疫情影响，世界各大国际书展都按下了暂停键，依托社交媒体的聚集效应，纷纷转战线上，开发线上活性。如法兰克福书展对社交媒体进行调研，了解作者、大众、参展商等群体的不同诉求；伦敦国际书展专门在 Twitter 平台上创建了作者问答区，作为伦敦国际书展书友会的一部分发挥功能。拥有多社交媒体平台账号的书展会获得相对更大的传播效益，更方便了解不同类型用户的看法，从而实现多种资源的集结。

北京国际书展仅在 Twitter 与 Facebook 上创立了官方账号，在 YouTube、Instagram 等社交媒体上没有创立官方账号，因此，北京国际书展能够得到不同类型国际用户反馈的渠道相对狭窄，容易出现社交媒体用户流失、缺乏竞争力、服务信息反馈缺失等问题。

为了进一步拓展书展自身影响力、聚集更广阔的用户群体，北京国际书展应吸纳其他国际书展的运营经验，在主流社交媒体平台均应尝试开创官方账号。利用不同社交媒体平台衔接整合各类资源，收获更多的用户意见、满足不同用户多元化的需求，在疫情时期与更多的作家、读者、出版商实现跨越时间地域的在线交流，是书展线上化变革的重要期许。

（三）着力协调上下游关系，提升书展的人文关怀

社交媒体运营的效果、反馈的质量，在很大限度上依赖于使用者的层级和自身实力的强弱。以法兰克福书展为例，在每年 10 月，来自世界各国的出版人群集德国法兰克福，2020 年，受新冠肺炎疫情影响，多频道各类线上活动共计 260 小时。同时，来自 103 个国家和地区的约 4400 家参展机构将通过网络平台进行商务拓展和推介活动。来自中国大陆的 120 多家出版机构

第十九章　疫情背景下国际主要书展社交媒体账号的使用与启示

参加此次书展。线上办展仍离不开政府的支持，德国联邦政府投入200万欧元资助本届书展转至线上。一方面，书展自身积淀的文化影响力和业界号召力，与线上平台的合理使用形成了较好的互动关系；另一方面，要不断满足用户和读者的需求，将这种无形的网络资源转化为有形的商业和文化资源。

2019年，第26届北京国际书展有来自90多个国家和地区的2600多家展商参加书展，其中海外出版机构达1600多家，现场展出了30多万种全球最新出版的图书，举办了1000多场出版文化活动。在第71届法兰克福书展期间，共举办了各类活动4000余场，共吸引全球104个国家和地区的7400多家参展商，为期5天的书展吸引观众超过30万次，创下新高。法兰克福书展在线上与线下均保持着较高的领先地位，这与该书展自身的强势实力有着密切联系。相比之下，北京国际书展在提升书展综合实力、影响力的道路上仍有较大发展空间，社交媒体的影响力仍需进一步提升，应扩充专业化运营团队，学习其他国家书展优秀的运营模式，适当进行市场化推广，拓展合作平台，提升书展的综合实力与影响力。在疫情时期，北京国际书展已经在积极尝试线上办展，并努力实现线上线下混合的方式，应继续根据疫情形势变化需要，适时调整观众规模和参展观展策略，尤其是运用好设计媒体平台，协调好上下游关系，着重增进书展的人文情怀。

五、结语

社交媒体运行的本质是增加连接和沟通的可能性，而这种互联思维的背景就是全球化和专业化。国际书展本身担负着多重使命和功能，但核心仍然是出版业和发行业。在社交媒体时代，其更多牵涉衍生品行业，但也容易受到更多不可抗力因素的影响。社交媒体账号的开通与运行，旨在增加信息通路、了解市场行情、吸引专业受众、营造意义空间。国内社交媒体的国际化运行目前还存在一定的障碍，而运用好国际上已经成熟的社交媒体平台，也应该是重要议题。北京国际书展社交媒体账号的高水平运营备受期待，对于进一步寻求大国崛起和文化自信的中国来说，意义和商业前景都未可限量。

参考文献

[1] 卫浩世. 法兰克福书展600年风华[M]. 北京：中国人民大学出版社，

2007: 3.

[2] 布莱恩·莫兰. 书展——一场价值观的竞赛[J]. 城市观察，2015(3): 24.

[3] 洪九来. 困境之由与破围之道：初论疫情下的实体书展问题[J]. 编辑学刊，2021(5): 11.

[4] 陆云. 国际书展 2021 应对疫情出新招[N]. 中国出版传媒商报，2021-01-15(1).

第二十章　中国网络文学在泰国的传播与接受研究报告

郭瑞佳，段佳[*]

摘要：东南亚地区是中国网络文学出海重要的一部分，而且中国网络文学出海的重心经历了"东南亚地区—欧美地区—以东南亚地区与欧美地区为主，覆盖40余个'一带一路'沿线国家"的变化过程。目前学界对东南亚地区的研究较少，而泰国作为对中国网络文学接受度极高的东南亚国家之一，具有样本研究价值。为跟随中国网络文学传播重心从东南亚地区转移再回归的趋势，本研究将研究视角从西方转向东方，从发达国家转向"一带一路"沿线国家，将泰国作为研究对象，深入研究中国网络文学在泰国的传播与接受。本研究认为中国网络文学在泰国的传播具有丰富的文化、经济、时代价值，具有较高的现实意义。并且基于泰国经验总结出中国网络文学出海的四条"普适性"传播策略，同时预测了中国网络文学未来在内容、翻译、产业链方面的发展趋势。

关键词：中国网络文学；国际传播；IP改编；泰国。

艾瑞咨询发布的《2020年网络文学出海研究报告》将中国网络文学出海分为了三个阶段，以出售版权为主的出海1.0阶段，以IP改编作品输出为主的出海2.0阶段，以网络文学生态输出为主的3.0阶段，并明确指出中国网络文学出海始于东南亚地区。2001年，以中国玄幻文学协会（起点中文网前

---

[*] 郭瑞佳，云南民族大学副教授，硕士生导师，编辑出版学专业负责人、出版专业硕士学位点点长，中国版权协会民族工作委员会特聘研究员，云南省民文出版基金评审委员会专家，韩国国立昌原大学媒介研究中心访问学者（2018—2019年），研究方向为国际出版、网络出版和跨文化传播；段佳，云南民族大学出版专业硕士研究生，研究方向为国际出版。

身）为代表的国内网络文学企业尝试海外探索，2003年前后，起点中文网开始面向世界出售版权。2003年至2007年这段时期中国网络文学主要输往泰国、越南、菲律宾、马来西亚、印度尼西亚等东南亚国家，且以实体书为主要传播媒介。一些中国人气网络小说在东南亚地区也同样受到欢迎，如天下霸唱的《鬼吹灯》、萧鼎的《诛仙》。输出题材多为言情、武侠、玄幻、修仙类小说或在国内已有一定知名度的热门小说。

梳理中国网络文学"南下"的历程，可以看到中国网络文学在泰国的传播是一个自下而上、由内而外逐步推进的过程。同时，在近二十年的中国网络文学"南下"期间，泰国网络文学市场凭借良好的中国网络文学的读者基础、市场传播基础以及文化基础，逐步从东南亚大市场中脱颖而出。

一、中国网络文学在泰国的传播

中国网络文学在泰国的传播及市场的不断壮大，不仅依赖于泰国人口红利、泰国网民媒介接触的加深、互联网的飞速发展以及中泰两国文化接近等外部因素，更依赖于传播的各环节。

（一）传播主体

2004年，从起点中文网开始，中国本土比较大热的IP开始在泰国出版实体书，但由于中国网络文学在泰国本土还难以实现同步更新，因此译介的重要性日渐突出。2010年左右，泰国开始出现规模化的专业译介网络文学作品，"同步更新"得到实现。并且，门户网站开始专门为中国网络文学开辟新板块，如2012年泰国本土网站Dek-d专门设立了一个网络文学板块，板块内许多翻译的中国言情、穿越等类型小说满足了时下相当一部分泰国网络文学读者的需求。2017年，掌阅与泰国红山出版集团签订合作协议并售卖9部小说的版权。同年9月，中国网络文学国际传播全球研讨会泰国专场在曼谷召开，阅文集团授权泰国实体出版和数字出版近100种作品。2018年，首届中国网络文学周上，Ookbee中文编辑兼总经理Thanitta Sorasing表示中文网络小说掀起了阅读热潮。2019年9月，阅文集团为拓展泰国网络文学市场，以1051万美元收购泰国网络文学公司Ookbee 20%的股权。2020年9月，曼谷国际书展开幕，《诡秘之主》成为全场最大亮点，泰文版《诡秘之主》由泰国知名出版集团SMM PLUS出版发行，该集团此前已经将大量中国网络

第二十章 中国网络文学在泰国的传播与接受研究报告

文学引入泰国市场，包括《庆余年》《斗破苍穹》《全职高手》《琅琊榜》《扶摇皇后》等，与阅文集团有过多次合作。

中国网络文学在泰国的传播，经历了从过去的单一输出到如今IP多元开发组合拳，从曾经只有孤零零的网络文学站点到如今企业跨国合作频繁、联系紧密的过程，可见，中泰企业也是推动中国网络文学在泰国传播的重要主体之一。在泰国，中国网络文学出版发行量排在前列的出版公司、出版社有暹罗国际多媒体有限公司（Siam Inter Multimedia PCL）、南美有限公司（Nan Mee Company Limited）、沙塔蓬出版社（Sathaporn Books Company Limited）、Kawabook出版社、乃音出版社（Naiin Publishing）等，占有市场80%以上份额。另外一些适应市场需求的新的出版社不断涌现，如红山出版社、Deep出版社、Rose出版社、中国小说翻译出版社。这些出版社对于中国网络文学在泰国的传播同样功不可没。

（二）传播内容

近年来，数字技术与文化产业的融合日益加深，数字技术的介入重塑了文化内容表达、传播、消费的生态与格局，网络文学IP的改编作品业已取得了瞩目的成绩，为网络文学增添新的传播动力，因此中国网络文学在泰国传播的内容不仅有小说，还有网络文学的IP改编作品。本部分将着重介绍中国网络文学在泰国传播的主要作品。

1. 类型文学

2005年起，中国网络文学在泰国网络上形成了一定规模的输出，题材日趋丰富，从早期单一的武侠小说发展到言情、玄幻、历史小说成为主力输出类型。这一时期，中国网络文学在泰国已经积累了一定规模的读者群体，读者分化更加明显，女频、男频网络文学在泰国迎来了一次小高潮，言情、武侠、修仙小说成为当时泰国网络文学中最受欢迎的题材。2012年，现象级网络文学IP《花千骨》向泰国输出版权，2013年《花千骨》在泰国分册分批出版，一经上市便被抢购一空，2014年该书被评为泰国书展上最受青年追捧的热门图书之一。后来《花千骨》同名电视剧在泰国热播，受到了广大泰国观众的喜爱，泰国媒体称之为"花千骨"现象。此外，同时期传播的《锦衣夜行》《鬼吹灯》《魔道祖师》等小说在泰国也大受欢迎。

· 269 ·

中国网络文学大规模进入泰国后,幻想小说和武侠小说也开始吸引大量男性读者,男频网络文学如《全职高手》《将夜》《鬼吹灯》,在书店畅销书排行榜上一直名列前茅。泰国男性群体的网络文学阅读偏好为武侠、修仙、玄幻、奇幻等类型。起源于港台的武侠小说搭乘"网络快车"不断前行,其创作手法也被注入了许多新元素,被人们称为新型"武侠小说"。

网络武侠小说受到关注与追捧,《将夜》《庆余年》《择天记》等作品成为泰国男性网络文学读者的首选读物,并且频频登上各大网站与书店的畅销书排行榜,与言情小说一同占据了大片网络文学市场。类型小说既是小说的类型,也是一种精准营销工具,其实质上是适用于商业化的市场导向型小说。读者可以根据需求,快速地选择阅读符合自我阅读口味的网络小说,这大大缩短了读者"阅读试错"的时间,也促使其更好地进行各种商业活动。

2. 网络文学 IP 改编衍生作品

网络文学 IP 改编作品是区别于文字形式的网络文学的视觉呈现形式。目前,以网络文学 IP 为蓝本改编的作品形式有电视剧(又称 IP 剧)、电影、游戏、动漫、动画,网络文学 IP 的改编实际上是基于跨媒介叙事的二次传播。跨媒介叙事指的是统筹多种媒介共同讲述故事的叙事技巧,IP 改编可以理解为围绕一个统一的世界观,在不同的媒介平台上展开相互独立,但内容逻辑高度关联的叙事。

随着网络文学掀起国内的 IP 改编热潮,大量网络文学 IP 剧涌现。中国企业抓住了泰国的泛娱乐文化需求点,在输出网络文学的同时,也积极将国内大热的网络文学 IP 剧推向泰国。2017 年 3 月,由中国国际广播网络电视台(CIBN)亚洲总站旗下的东方凯歌公司(OCTV)投资成立的中泰影视合作公司 CIBN Film 正式成立,该公司的成立旨在搭建中泰影视合作平台,融合中泰两国影视文化,极大地促进了中国电视剧在泰国的传播。泰国网民经常通过社交媒体来获取中国网络文学 IP 剧相关信息。从 2019 年开始,我国的视频 App 相继出海泰国,爱奇艺、腾讯视频等国产影视 App 在泰国用户中打开了市场,所有中国能看到的 IP 剧泰国也能同步收看,此外,泰国用户还经常使用 Netflex 观看电视剧,而一些中国网络文学 IP 剧也会在 Netflex 上线,如《陈情令》《花千骨》《微微一笑很倾城》《琅琊榜》《芈月传》等(见表 20-1)。

第二十章 中国网络文学在泰国的传播与接受研究报告

表 20-1 21 世纪以来部分中国网络文学 IP 剧在泰国传播的情况

剧 名	原著小说	播出年份	收视率或市场反馈情况
步步惊心	步步惊心	2011 年	泰国引进剧收视榜第四名
甄嬛传	甄嬛传	2012 年	泰国引进剧收视榜第二名,YouTube 播放量达 4 亿 5 千万次,评分 8.6
花千骨	花千骨	2015 年	泰国引进剧收视榜第一名
琅琊榜	琅琊榜	2015 年	平均收视率第十名
楚乔传	11 处特工皇妃	2017 年	泰国引进剧收视榜第三名
三生三世十里桃花	三生三世十里桃花	2017 年	泰国引进剧收视榜第五名
延禧攻略	延禧攻略	2018 年	泰国网络播放量超一亿次
陈情令	魔道祖师	2019 年	2019 年推特泰国热搜榜第三名,推特趋势榜多次第一名,Wetv 同期播放量第一名

(三)传播渠道

渠道通畅对于中国网络文学在泰国的传播来说至关重要,而多元化的渠道不仅能赋能中国网络文学在泰国的传播,也能提高中国网络文学在泰国的商业价值。按中国网络文学在泰国的传播阶段,可将中国网络文学传入泰国并广泛传播的渠道划分为以下四类。

1. 实体书店

中国网络文学通过中泰网络文学企业实体书版权合作的方式正式传入泰国,而实体书店作为出版社最大的销售、营销渠道,自然而然成为中国网络文学在泰国最早的传播渠道。据研究资料显示,2000 年至 2010 年泰国的实体书店数量呈增长趋势,读者阅读的媒介使用习惯仍然以纸质书阅读为主。如今,中国网络文学纸书仍然会通过泰国实体书店销售,中国网络文学纸书不仅能够参与泰国本土多种类实体图书的市场竞争中,还能取得不错的销量,甚至跻身泰国书店图书畅销榜前列。

2. 社交媒体

社交媒体是具有大众传播性质的传播媒介,具有在短时间内将大量信息快速扩散的作用,网络文学本身就依赖于网络媒介而传播,自从 21 世纪初社交媒体在泰国兴起后,中国网络文学的大量信息开始通过社交媒体传入泰国并在泰国发酵。据有关数据显示，2015 年泰国网络用户平均每天花费在社交媒体上的时间为 5.7 小时。Youtube、Facebook、Line 成为访问量最大的三大社交媒体平台。从泰国社交媒体用户数量不断增长和媒介接触习惯上可以看到，社交媒体是赋能中国网络文学信息在泰国传播扩散的一大渠道。中国网络文学的信息多通过 Youtube、Facebook、Twitter 以及网络文学网站传播到泰国，在 Facebook 上形成了中国网络文学的趣缘群体，粉丝除了内部交流，还会在网络上分享自己喜爱的小说、作者。一些视频博主会在 YouTube 上分享各种各样的中国网络文学推荐、盘点视频，视频创作者对中国网络文学的内容进行筛选、分类后制作成作品发布，为视频观看者提供中国网络文学信息服务。

3. 网络文学网站

随着泰国互联网的发展以及中泰两国基于网络文学合作的加深，以中国网络文学为主要业务的泰国网络文学网站在 2010 年以后开始出现，2015 年后创建的泰国网络文学网站更受到了中国网络文学网站的影响，目前，集中传播中国网络文学内容的泰国网络文学网站有 Dek-D、Joylada、tunwalai、Fictionlog、readAwrite、Kawebook 等。

根据 Google Play 应用商店的泰国"书籍阅读类"网站 2021 年 11 月排行数据显示，前十名中有五个是阅读或售卖网络小说的 App，分别为第一名的 readAwrite、第三名的 Fictionlog、第四名的 Meb、第八名的 Tunwalai 和第九名的 Joylada。泰国网络文学阅读、销售网站是网络文学内容的聚集地、变现地，网站的总浏览量越高，访客的平均访问页、平均访问时间越多，就意味着中国网络文学在泰国网站上获得广泛传播的可能性更大。

4. 网络书店

近十余年来，泰国传统出版业受到数字浪潮的冲击，出版社与实体书店数量大幅缩减，一些具备竞争力的出版社积极迎合媒介融合的趋势，设立了图书销售线上渠道，并且出版社官网还设有部分书籍先线上试读后购买的功能。在网络文学网站之外的网络空间，网络文学电子书和网络文学纸质书也在网络书店和实体书店进行组合销售。目前，销售中国网络文学的网络书店主要为 B2S 网站、Meb 网站。

第二十章　中国网络文学在泰国的传播与接受研究报告

（四）传播客体

中国网络文学在泰国传播的初期呈现点对点的传播形式，随着时间的增长，读者个体因相似性聚集成读者群体，传播格局又出现了点对面的传播形式。而在阅读需求、动机方面，泰国的中国网络文学读者与中国的网络文学读者具有共性。

首先，泰国网络文学读者阅读中国网络文学极为重要的动因，还是在于缓释压力或释放情感需求。日常生活的压力催生了读者对阅读爽文、虐文的狂欢，爽文、虐文叙事的极致表达既易激发读者共情，又降低了阅读门槛，读者无须像以往阅读精英文学小说一般费脑思考，拥有电子移动设备就能够在任何时间任何地点获得"逃离现实、暂忘烦恼"的阅读快感。因为捕捉到读者的这个需求，Fictionlog网站还出现了以"释放你的日常生活压力"为标题的编辑推荐专题网络文学。

其次，因为网络文学以网络为第一载体的特性，其在网络文学网站上仅具备阅读功能而不具备纸书的收藏功能，而一些泰国的中国网络文学书粉并不满足于阅读功能，在长期养成的纸质阅读习惯的影响下，对网络文学的喜爱又升级为对网络文学纸书的购买、再读、收藏。有研究显示，泰国女性网络文学读者整体上数量高于男性网络文学读者，两者不仅阅读内容类型有别，阅读方式也存在差异。女性读者喜欢购买纸质书籍，同一本书的不同版本或者同一书名的所有系列都会购买收藏。相反，泰国男性网络文学读者偏爱网上追更阅读，线下付费阅读的意愿高，收藏网络文学实体书的意愿不如女性读者强烈。但不论男性还是女性，不论读者是否为华裔或是否学过中文，阅读过中国网络文学的读者会对学习中文与中国文化产生浓厚兴趣。此外，中国古代言情小说的泰国读者群以22～29岁的职业女性为主，本科学历居多，月收入多为15000～20000泰铢（约合人民币3000～4000元）。她们的阅读频率最高为一周1天至2天，一天3个至4个小时，阅读动因之一就是图书装帧精美。

最后，随着中国网络文学阅读量的增加，一些泰国读者的需求从单一的精神层面升级到自我价值实现的层面，其中最典型的表现就是读者的身份不再单一，越来越多的中国网络文学的泰国读者还拥有了另一重身份——网络文学作者，这两重身份互相转换，互相成就。此外，在网络文学诞生之前，传统纸质出版是大多数普通人成为作家的最主要的途径，而网络文学诞生之后，网络出版也成为普通人成为作家的一大主要途径，也让具有创作思想、诉求而不具备高文学素养的读者成为作家的机会大大增加。显然，由中国网络文学发展而来的这种草根创作形式"赋权"了拥有创作理想、创作需求的泰国网络文学读者，且网络文学作者（读者）在创作内容的过程中还能够加入作者的阅读体验及自我生命体验，将以往的网络文学阅读感受有意或无意地投射于文本之中。

总的来说，泰国网络文学读者对中国网络文学的接受是以"个体情绪"为出发点，在显性的、基本的心理需求下进行的阅读行为，而"阅后再创作"则是阅读需求的升级，是泰国网络文学读者将阅读感受具化的表现。

二、中国网络文学对泰国的影响

不同的泰国受众对中国网络文学接受的表现各不相同，而具体的表现又能体现出接受限度的差异。通过不同的泰国受众对中国网络文学的接受表现，可以明晰中国网络文学在泰国的传播限度。

（一）保留中国网络文学代表性符号：营销策略与品牌打造

泰国出版社、网络文学网站出于营销策略的考虑，在设计封面的环节保留了一些中国网络文学的代表性符号，即保留了中文原版书名及中国网络文学封面的设计风格，而保留这些中国网络文学代表性符号客观上有利于中国网络文学在泰国形成品牌优势。

1. 展现中文版书名

在泰国，不论是电子版的中国网络文学还是中国网络文学的纸质书，封面基本会呈现原版中文书名和翻译版泰语书名。目前来看，中国网络文学在泰国的网络书店和实体书店都比较卖座，有着不可小觑的传播力。以泰国规模最大的复合型书店B2S为例，B2S最显眼的书籍摆放区总有中国网络文学的一席之地，其他泰国大小书店里中国网络文学的实体书也同样非常多。有趣的是，泰国的中国网络文学翻译小说无论是电子版，还是纸质版，其封面上除了有泰语书名，还保留有原本的中文书名（见图20-1）。封面保留中文

第二十章 中国网络文学在泰国的传播与接受研究报告

原版书名既方便读者第一时间就能辨识中国网络小说，又利于中国网络文学在泰国网络文学市场中形成品牌、竞争力。虽然日本、韩国的网络文学在泰国也被保留了原版书名，但因为数量比中国网络文学少得多，并不足以形成品牌优势，而中国网络文学已经具有形成品牌的有利条件。

图 20-1　泰国书店的中国网络文学纸质书区

中文书名是中国网络文学的代表性符号之一，泰国网络文学企业选择保留中国网络文学这些内容上的符号，动因有二，一是遵守版权授权合同条约，保留中文原版书名方便读者一眼就能够辨识中国网络文学，增强营销效果；二是中国网络文学在泰国图书市场具有一定的竞争力，拥有一批忠实的消费读者群体。从侧面反映随着时间的沉淀以及泰国市场的扩大，中国网络文学有望在泰国形成差异化竞争优势，打造顶级网络文学品牌，品牌的红利既能提高网络文学企业的盈利，又能扩大中国网络文学与其他国家网络文学在泰国发展的差距。

2. 延续中国网络文学封面设计风格

泰国网络文学网站和出版社除了保留了中国网络文学的书名之外，在装帧设计上还保留了中国网络文学的封面设计风格，泰国网络文学网站和出版社在未经版权方许可的情况下需自行设计封面。中国网络文学封面的设计一般呈现出与内容高度相关、去高级设计感、模板化等特点，具体体现为封面大多由"背景+主角"或者"背景+书名"的组合构成，不追求精美、华丽，但整体和谐，如青春校园言情类、霸道总裁类小说的封面设计比较花哨，喜将多种元素混合堆积使用，且多用亮色。

中国网络文学实体书、电子书进入泰国市场后，其封面风格也被泰国读者"标签化"。泰国网络文学市场起步较晚，在发展中受到了中国网络文学的诸多影响，如 Joylada 在网站发布的内容须知"明确指出作品的封面需由作者本人提供"，因而大部分泰国网络文学封面的设计风格参照了中国网络文学的封面设计。

此外，保留设计风格也是降低营销成本的一种策略。中国网络文学的一些符号特征已经被读者所接纳、熟悉，与其他国家网络文学有了视觉上的显著区分，而"模仿"更昭示着一个商业运作规律：向网络文学强国看齐。这是泰国网络文学市场对中国网络文学认可度加深的又一有力证明。

（二）借鉴中国网络文学平台机制：运营管理与平台经济

中国网络文学网站以其网络覆盖面、稳定的中介功能，以及读者市场占有份额的经济发展模式，成为网络文学生产和交易的重要平台。起步较晚的泰国网络文学平台参照中国网络文学网站，制定一系列商业运营及管理机制。

1. 参考内容生产与分发机制

2014 年前后诞生的泰国网络文学网站在探索平台运作模式的过程中，基于平台管理及发展的考虑，借鉴了中国网络文学平台的内容生产与分发机制。作品未进入 VIP 章节时，章节字数和更新速度都没有限制，但是每章 3000 字和每章 3000 字以下得到的积分不一样，每章达到 3000 字以上积分会更多，作品进入 VIP 章节后作者每个月至少需要更新四个章节且每章字数需在 3000 字以上。起点主站、九天中文网、昆仑中文网规定作品字数满 10 万字的作者即可获得签约资格，创世中文网、云起书院、起点女生网、小说阅读网、红袖添香、潇湘书院则规定作品满 5 万字的作者即可获得签约资格，只有签约作品才可获得稿酬，起点中文网还规定已过审的作品无法修改内容。

在内容生产机制方面，泰国网络文学网站 Fictionlog 针对作者制定了一套小说创作规则，明确了小说出版的条件和创作指导方针。例如，作者作品必须原创，不能抄袭。没有侮辱、诽谤或损害国家体制的内容；还有一些对语言、内容、封面和插图的规定。同时，网站还规定同人小说仅能阅读，不

第二十章　中国网络文学在泰国的传播与接受研究报告

可用作盈利。若作者违反了条款，其作品将被平台警告修改或直接删除。更新周期方面，Fictionlog 要求作者必须每周更新，以防止读者流失，除了提供章节小说外，Fictionlog 还销售电子书。

在内容分发机制方面，Fictionlog 不仅设置了网络文学排行榜 top50，还引入了类型小说分类机制，将已授权的翻译小说与原创小说先分类，再基于此将小说划分为言情、武侠、幻想、科幻、耽美、同人、犯罪悬疑、恐怖、轻小说等类型。同时，Fictionlog 的内容推荐机制采用算法推荐加人工推荐的方式，首先根据用户的喜好由系统初步筛选一些用户个人可能喜欢的小说后，再结合人工编辑进行基于经验、数据判断的符合多数读者阅读口味的小说推荐。

显然，在借鉴了中国网络文学网站的内容生产与分发机制后，泰国网络文学网站在内容方面正在经历由粗放型运营管理向精细化运营管理过渡的阶段，网站的运营管理在较短时间内步入了正轨。

2. 借鉴阅读付费机制

2003 年，前起点中文网 CEO 吴文辉开创了网络文学的 VIP 阅读制度，即按章节付费阅读制度。出于平台发展的考虑，泰国网络文学网站不仅借鉴了中国网络文学网站的生产与分发机制，同时也战略性地选择了向中国网络文学巨头公司借鉴阅读付费机制。

泰国网络文学网站的付费机制，都是起点中文网 VIP 阅读盈利制度的化身。显然，起点中文网经过时间、市场验证过的成功模式已经具备平台经济的特征，这种平台经济被同属于亚洲文化圈的泰国网络文学平台所借鉴，是对中国网络文学商业运作模式在泰国良性发展、传播的肯定，市场选择了"中国模式"，也侧面反映了中国网络文学平台的商业模式在泰国具有极高的适应性。

（三）网络文学 IP 改编：情感延伸与二次创作

IP 剧作为网络文学改编的一种形式受到广大泰国网络文学读者及观众的喜爱，甚至一些对中国网络文学 IP 剧着迷的粉丝还对 IP 剧自发进行了二次创作。网络文学 IP 剧是基于网络文学原著改编的影视化作品。在泰国，中国网络文学 IP 剧受到泰国受众的高度喜爱，原因在于中国网络文学的 IP 剧大多数能够基本还原小说情节以激发原著书迷及观众的情感投入,并且 IP 剧在泰国基本能够做到"零时差"同步播出,如中国网络文学的 IP 剧《花千骨》在泰国播出后就收获大批粉丝。

网络文学作为一种可再生文化资源,在消费需求升级的时代背景下,IP 剧就是对网络文学资源的开发再利用。一方面,一部分网络文学原著粉丝裂变为影视剧观众,而另一方面,未阅读过原著的电视剧粉丝又有可能出于对原著内容的好奇去主动"补课"原著,成为原著的新读者、新消费者、新粉丝,于是 IP 剧与网络文学形成互哺效应。中国网络小说文本优势产生的拉力,以及由自我情感满足和寻求群体认同所产生的推力,两力汇合成为受众尤其是粉丝从原生市场向衍生市场跨界迁移的主要驱动力。可见,小说读者和影视观众共同构建了网络文学 IP 影响力的基本盘。毋庸置疑,网络文学 IP 剧使观众转化为网络文学粉丝的可能性大大增加,推动基于网络文学的粉丝文化快速形成。目前,IP 改编剧是推动中国网络文学扩大泰国市场的重要形式之一,同时,泰国互联网"Z 世代"养成的视觉消费新习惯正在发挥着促进网络文学 IP 深入泰国市场的作用。

(四)重构中国网络文学的内容及呈现形式:阅读偏好与技术赋能

泰国网络文学读者对中国网络文学的接受限度持续加深,已经从对中国网络文学已有成就的学习、借鉴深入为对中国网络文学内容的消化、吸收、再创新。同时,随着新媒体技术的发展,网络文学的内容不再只有纯文字这一呈现形式,还可以以音频、视频、图片等富媒体的形式呈现。因此,出于迎合泰国读者阅读口味、泰国数字阅读趋势的目的,泰国网络文学作者在接受中国网络文学的过程中又将中国网络文学的内容进行重构。

1. 题材的本土化创作

中国网络文学在泰国传播的初期,凭借文化接近性等优势迅速获得了一批原始读者,且填补了泰国网络文学市场的空白。随着传入泰国的作品类型增多,质量越来越高,内容也相应地对泰国读者阅读素养的要求越来越高,而读者在阅读的过程中又常因为翻译质量良莠不齐、中国文化常识欠缺等原因,易产生理解障碍,因此文化折扣效应日渐显现。文化折扣带来的一个结果就是泰国读者对中国网络文学作品自行解构,许多基于中国网络文学改编

第二十章　中国网络文学在泰国的传播与接受研究报告

的泰国网络文学开始大量出现,但这些泰国网络文学都是在中国类型网络文学的框架下改编而来,且呈现形式仍为纯文字。这些符合泰国读者阅读口味的类型网络文学迅速获得了大批读者的喜爱,一些网络文学还被翻拍成电视剧,如以泰国农场为背景的《直到天空迎来太阳》。

2. 呈现形式的创新

随着泰国网络文学市场逐步与国际接轨以及泰国数字阅读市场的发展,泰国网络文学作者逐渐适应中国网络文学,泰国网络文学创作呈现出一些新现象。一方面,保留了中国网络文学内容"重爽点、划类型"的特点;另一方面,对"网络文学"的呈现形式进行了一些创新,如对话式小说。对话式小说是基于阅读形式创新的新型网络文学,利用音频、视频、图片等富媒体表现形式来呈现小说的内容。

泰国网络文学对于中国类型网络文学的另一种形式上的创新,是视觉小说。视觉小说是动画、幻灯片、小说、游戏的结合体。在欧美,视觉小说一般指日本的冒险游戏(如恋爱冒险游戏)。而在泰国,视觉小说的"小说性"已经远远大于"游戏性"。目前泰国的视觉小说注重情节发展,"游戏性"几乎消减为零,基本只保留了"强交互"这一游戏性质。可见,视觉小说作为冒险游戏的类型之一,在与中国网络文学结合后,已然在泰国出现了具有划时代意义的变体。

可见,在数字阅读时代下,对话式小说、视觉小说是摒弃了传统纸书出版形式的、完全基于互联网消费行为诞生的新型网络文学,也是类型网络文学基于新媒体技术发展的产物。对话式小说、视觉小说"类型"的内核没有改变,改变的只是内容的呈现形式,这是中国类型网络文学被泰国网络文学创作者内化的极致表现。

三、中国网络文学在泰国传播的多重价值

中国网络文学本身是中国文化的一分子,文化的海外传播首先以文化价值为导向。而网络文学作为一种精神文化商品和物质文化商品,在泰国传播的过程中,天然具备了"文化贸易"与"文化政治"的属性。一方面,中国网络文学在泰国传播属于一种文化贸易行为,一种跨国文化贸易关系的长期良性循环发展,必然能够具备一定的商业价值;另一方面,中国网络文学在

泰国传播时，其"国家文化"的身份如影随形，因而，网络文学不再只是网络文学本身，无形中也成为国家的形象大使。

（一）文化价值

网络文学在泰国传播的价值之一在于，泰国网络文学受众认同了中国网络文学背后所蕴含、携带的中华优秀文化，但文化认同并非一蹴而就，必须经历文化输出、文化落地的环节。网络文学之所以能够畅行海外，是因为海外受众具有消费文本的媒介技术条件和文化能力，他们在观看过程中，能够认同网络文学带来的全球化文学想象。虽然网络文学又被称为"小白文"，相较于传统文学，阅读门槛低，但汉语作为一门高语境语言，在跨文化传播的实践过程中仍然遇到了困难，具体表现为翻译质量得不到保证、翻译速度难以提高。造成此问题的原因有二，其一为译者本身的能力有待提升，其二为文化差异导致的理解障碍。中国网络文学在泰国的文化输出促进文化认同的逻辑可以概括为：从泰国读者阅读中国网络文学到泰国读者通过中国网络文学的讨论组、评论区进行文化深度参与，再到由于官方更新速度慢、语言中介化带来的文本意义消解而出现的野生翻译、机器翻译、粉丝翻译行为，最后到网络文学产业链上游企业对中国网络文学代表性符号的保留以及对中国网络文学网站机制借鉴。中国网络文学作品在泰国的数量越来越多、呈现形式越来越多样。而量变促成质变，只有中国网络文学在泰国形成规模输出，读者的参与更深、更广，文化才具备被广泛认同的可能性。

泰国网络文学作者以中国网络文学为框架的改编或原创作品越来越多，中国网络文学在泰国的数量也呈逐年上升趋势，这是中泰两国网络文学和谐共生的一个重要事实。随着中泰两国泛娱乐的不断发展，粉丝文化与网络小说结合的同人小说逐渐走进大众视野，如今，同人小说在中泰两国网络文学界都是主流网络文学类型。值得注意的是，同人小说是泰国作者对中国网络文学以及中国网络文学IP改编作品的人设、内容内化后的表现，这种行为构成了中泰网络文学文化共生的第二种表现形式。

不论何种类型的网络文学，泰国作者都偏爱将小说背景设定为古代中国，这是因为泰国网络文学作者多为年轻一代，这一代接受的中国古代文化的教育比中国现代文化多，且从小观看中国古装剧，深受其影响。此外，创

第二十章　中国网络文学在泰国的传播与接受研究报告

作"中式泰味"的网络文学对泰国作者的要求比改编中国网络文学更高、更多。一方面，泰国作者不仅需从题材、内容、背景设置、人物设定等网络文学内部元素效仿中国网络文学，甚至对封面设计、书名、笔名等网络文学外部元素也会加以模仿。另一方面，模仿不等于机械照搬，泰国作者仍然会根据作品类型、情节设计、人物设定的需要进行更多的本土化创作。因此，融合了中国网络文学文化、中国历史文化、中国文字内涵以及泰国多方面文化的"中式泰味"网络文学就成为中泰文化对话的一种具象表现形式，也成为中泰网络文学文化共生的第三种表现形式。

（二）商业价值

中国网络文学作为中国泛娱乐文化领域中第一批大规模在泰国获得成效的内容行业，给予了中国其他内容行业甚至数字产品出海泰国的动力。目前，中国网络文学在泰国的市场趋于成熟，带动其他内容行业（如动漫、游戏行业）出海泰国，从各内容巨头公司的动态中可以发现，大量中国内容行业开始布局泰国泛娱乐市场。

中国的漫画企业相继在泰国市场布局、发力。2015年，腾讯漫画针对泰国漫画市场，上线了漫画阅读平台WeComics TH。Wecomics TH上的漫画涵盖恋爱、热血、玄幻、校园、刑侦、悬疑、仙侠、穿越、搞笑等类型，目前，下载量已超1000万次。一直以来，日本的动漫、漫画领先于其他国家，中国漫画、动画的全球竞争力还尚显不足。但经过国内漫画行业人员的不断摸索与努力，国漫正在开辟一条漫画的竞争新赛道。

国内短、中、长视频头部产品也陆续出海泰国。2019年，腾讯视频海外版Wetv、芒果TV登陆泰国，Wetv现已成为泰国网络用户最常使用的中国电视剧观看软件。2020年，爱奇艺、泰国版哔哩哔哩于泰国上线。2020年初，Wetv与泰国三台的运营商BEC World宣布达成战略合作，双方将通过各自的互联网视听平台向用户提供泰剧内容。泰国三台在泰国拥有较高的收视率和稳定的收视群体，每年平均会制作播出几十部电视剧。

中国手游厂商也纷纷出海泰国。根据App Annie数据显示，在2020年6月至8月泰国游戏下载榜、收入榜中，中国手游上榜数已近总数的一半，几乎占领了泰国游戏大半江山。

商业行为天然具有趋利性,越来越多的中国泛娱乐内容企业进军泰国或者东南亚市场,正是因为东南亚市场已然拥有适合泛娱乐内容发展的优质土壤。据 Forrester 平台数据显示,2025 年泰国将成为东南亚国家中线上消费增长速度最快的国家,一定限度上也预示了泰国是东南亚国家中的综合潜力股。生产与消费构成了网络文学产业的一对辩证关系。从生产端看,不论是全职的还是兼职的中泰作者、译者,都通过网络文学这一纽带实现了个人经济价值;而上升至整个产业来看,正因为中国网络文学的出现和中国网络文学在泰国传播力的提升,使整个网络文学市场对泰国作者、中泰译者的需求增长。因而中国网络文学在泰传播,在某种限度上既创造了就业又带动了相关就业,而人才的培养、持续输出又稳定了整条产业链。

网络文学生产共同体在跨文化交流中也能起到培养泰国年轻一代对中国的认同感的作用。中泰生产关系的协同,是时代的选择,因为如果没有中国网络文学,泰国网络文学网站的用户体量就存疑,如果没有泰国网络文学网站,中国网络文学传播面就难以扩大。中泰网络文学生产链已然形成了命运共同体。中泰网络文学产业链所形成的共同体意识,也是网络文学从文学走向成功学过程中总结出的一套具有实践指导意义的方法。

(三) 时代价值

网络文学多样化的题材、类型、主题和写作风格,既彰显了网络文学强劲的活力,也从不同层面满足着读者的精神需求和情感想象,成为社会心理和时代流行风潮的重要表征。与经典的传统文学作品相比,网络文学总难以摆脱口水话表达多、文本情节不可推敲的初印象,然而,当大众或者学者将网络文学看作文学界里的底层文学时,往往忽视了"底层文学"受众基数强大的事实。正是因为中国网络文学以"爽点"出圈,以"草根"闻名,以低阅读门槛吸纳受众,才能在贫富差距巨大、全民文化教育限度偏低的泰国拥有良好的受众基础。

从影响范围来看,中国网络文学出海 1.0 时代以东南亚市场为主,2.0 时代传播地区的重心转移到了欧美、日韩国家,如今网络文学出海进入 3.0 时代,中国网络文学企业意图在全球构建以泛娱乐 IP 为中心的商业生态体系。3.0 时代以阅文集团为首的企业积极开拓着海外市场,但与欧美网络文学企

第二十章 中国网络文学在泰国的传播与接受研究报告

业的合作并不顺利。最典型的事件莫过于阅文与美国最大的网络文学网站"Wuxiaworld"在付费模式、翻译人才方面尝试合作，但最终以破裂告终。相反，如今东南亚网络文学市场逐年下沉、日趋成熟，部分国家市场表现突出，IP开发呈现多元化的趋势，中国网络文学商业模式输出泰国目前也未出现"不良反应"，整体发展趋势向好。目前中国网络文学在泰国网络文学市场的竞争优势比较明显，在中国网络文学出海全球的版图中泰国的区位优势明显。中国网络文学在泰国的有效传播有利于带动中国网络文学在东南亚地区的纵深传播。

网络文学影响力渐长，价值越来越多元，促使中国网络文学的海外传播从民间文化交流成为商业资本布局和国家战略发展规划的一分子。目前，中国网络文学所孕育的草根用户、知名写手、出版机构、商业资本以及政府部门等主体相互配合的社会生产关系已渐渐输出至全球，我们完全能够看到中国网络文学资本创造性运用全球化规律，正在溢出旧模式和小格局的探讨范畴，实现全球文化生产力及其生产关系配置。因此，构建跨文化的网络文学共同体，以及"一带一路"文化合作的"区域共同体"，也是对共建"一带一路"倡议的践行。

参考文献

[1] 游辉彩. 中国网络小说在泰国的译介与传播[J]. 桂林师范高等专科学校学报，2020(5): 88-89.

[2] [泰]蓬佩伦·坤落. 中国古代言情小说的读者行为及满意度分析[D]. 曼谷：泰国法政大学传媒学院，2016: 5-6.

第二十一章　我国数字农家书屋建设现状研究

陈康，刘丹，王倩倩[*]

摘要：数字农家书屋作为农家书屋的提档升级，是我国现代公共文化服务体系的重要组成部分。经过近年来的建设与探索，目前全国各省市已逐渐建成一定规模、各具特色的数字农家书屋。本报告采用网络调查法、电话访谈法、对比分析法等方法，对我国目前数字农家书屋的建设现状进行详细调研，主要包括建设主体、资源类型、资源主题分布、新媒体使用情况等，旨在总结现有建设现状及存在的问题，以期为数字农家书屋建设提供参考。

关键词：数字农家书屋；建设主体；资源类型；资源主题；新媒体。

一、背景

（一）社会环境与政策支持

农家书屋是政府为满足农民群众文化学习的需求，在各行政村建立的以书籍借阅为主要形式的公益型文化服务设施。2005年作为我国国家重大文化惠民工程，农家书屋工程开始试点，并于2012年完成，共建成600449个农家书屋。随着互联网络、数字化技术、计算机技术的不断发展，数字农家书屋建设逐渐提上日程，作为农家书屋的升级，数字农家书屋是充分整合现有农家书屋资源，利用卫星、互联网等技术，建立以数字化资源为核心、运用互联网进行管理、通过多媒体平台传播信息资源的移动化信息服务机构。据国家新闻出版署统计，截至2019年年底，全国各地通过运用宽带互联网、移动互联网、广播电视网、卫星网络等技术手段，建设数字农家书屋12.5万家。

---

* 陈康，金陵科技学院人文学院数字出版系，副教授，研究方向为数字内容产业；刘丹，金陵科技学院人文学院数字出版系，讲师，博士，研究方向为数字信息资源建设；王倩倩，金陵科技学院人物学院数字出版系，副教授，博士，研究方向为电子商务。

第二十一章　我国数字农家书屋建设现状研究

2017年，国家新闻出版广电总局在《关于深化农家书屋延伸服务的通知》中指出，强化"互联网+书屋"思维，提升农家书屋服务水平。2019年2月，中宣部等十部委联合印发《农家书屋深化改革创新提升服务效能实施方案》，要开展农家书屋数字化建设，增加数字化阅读产品和服务供给。

全国各省市也积极响应，陆续制定相关政策。2014年，广东省人民政府办公厅印发《实施珠三角规划纲要2014年重点工作任务》，对有关单位要求开展数字农家书屋工程建设。2020年，安徽省新闻出版局印发《安徽省"农家书屋助力乡村振兴战略行动"实施方案》，提出开展农家书屋数字化提升，实施数字乡村战略，增加数字读物供给，要求按照每年50%的速度递增数字读物，逐步做到进入农家书屋的图书、报纸和期刊都能够提供电子版。

（二）各地域数字农家书屋建设实践

2021年，湖北省启动"万村数字农家书屋建设"项目，该项目被列为湖北"我为群众办实事"实践活动"十大惠民、四项关爱"实事项目，以"顶层设计，统一建设，分级管理"为思路，用"云+端+大数据"模式的阅读服务，构建省、市、县三级组织管理体系。

河南省在省委宣传部指导下，由河南电子音像出版社与河南省新华书店发行集团联合开发，于2019年完成了全省5448个试点村的部署。作为关注"三农"、服务"三农"的重点项目，河南新华数字农家书屋积极推动贫困地区公共文化服务体系建设，进一步提高贫困地区文化服务效能，在革命老区文化建设中已取得良好的社会效益，搭建了书香河南多终端全资源阅读平台，内含图书10万多本、有声读物3万多集、视频3000多部。平台设备自带Wi-Fi功能，连接后可直接使用，不耗费农民流量。更为方便的是，安装App后，可以在任何有网络的地方免费下载App内的所有资源并离线阅读，实现公共资源的价值最大化，为读者提供高效、便捷的数字化信息服务。

2015年11月，安徽省首个数字农家书屋在滁州市定远县蒋集镇农家书屋上线，提供免费在线看书、听书、看电影，以及书籍、音视频下载等服务。据安徽日报统计，截至2019年6月，安徽省15441个农家书屋中，已完成数字化建设9119个，占比接近60%。数字农家书屋能够支持网站、手机App、微信公众号等多种阅读途径，截至2019年6月底，安徽数字农家书屋App

用户下载量25147次，微信公众号粉丝数量22302个。

2015年甘肃省开始建设基于无线网络的数字农家书屋，2016年3月，基于无线Wi-Fi，"数字农家书屋"智能手机客户端开始走进甘肃省大山深处的村落，当村民的移动终端设备进入无线网络覆盖区域，登录农家书屋欢迎页，安装客户端，即可阅读电子图书、多媒体资料、杂志等。除此之外，为满足农村留守老人、儿童、残疾人士等不便阅读的人群需求，甘肃数字农家书屋借助百度语音技术，开启"语音服务"，推出"听书"功能，更全面地满足了村民不同类型的阅读需求。

二、数字农家书屋建设主体

通过对全国不同省市的数字农家书屋的建设主体进行调研发现，目前数字农家书屋大多由当地市（县/镇）政府牵头建设，也有部分由村委会、党支部、社区、街道办、文化主管部门、公共图书馆等公共部门和少数私营企业为建设主体。总体而言，数字农家书屋的建设主体呈现多样化分布。表21-1列出了全国部分数字农家书屋建设主体的情况。

表21-1　全国部分数字农家书屋建设主体的情况

序号	书屋名称	建设主体	序号	书屋名称	建设主体
1	东方红书院	麦绍源（个人）	9	马坝村委农家书屋	马坝镇文化站
2	紫南村农家书屋	紫南村党委	10	菱塘村农家书屋	菱塘村委
3	枫溪区枫二村农家书屋	潮州市潮州市文广旅体局	11	蕉岭县农家书屋	蕉岭县委
4	蕉园农家书屋	广东省政府	12	莒县峤山镇农家书屋	山东省日照市莒县委
5	东沙街金字社区农家书屋	广州市政府	13	宁津县农家书屋	山东省德州市宁津县委
6	小榄镇绩东一社区图书馆	中山市政府	14	临清市烟店镇牛张寨村农家书屋	山东省聊城市临清市烟店镇党委、政府
7	矿山书屋	矿山社区委员会	15	德城区天衢街道于赵社区农家书屋	山东省德州市德城区天衢街道于赵社区委员会
8	金湾图书馆	珠海市政府	16	威海市高区田和街道田村社区农家书屋	山东省威海市高区田和街道田村社区委员会

第二十一章 我国数字农家书屋建设现状研究

续表

序号	书屋名称	建设主体	序号	书屋名称	建设主体
17	东陈农家书屋	山东省淄博市沂源县委员会	30	上海市金山区亭林镇亭西村农家	金山驾校
18	潍坊市农家书屋	潍坊市文化广电新闻出版局	31	江津区白沙镇恒和村农家书屋	白沙镇党政办
19	沈高镇河横村农家书屋	沈高镇文化委员会	32	长石村农家书屋	九龙坡区委宣传部
20	板浦镇城北村农家书屋	板浦镇文化委员会	33	大柱村数字农家书屋	重庆市合川区钱塘镇委员会
21	丰乐社区农家书屋	常州市人民政府	34	拱桥村数字农家书屋	重庆市大渡口区跳蹬镇委员会
22	焦作市丰收社区数字农家书屋	焦作市丰收社区联合河南省新华书店发行集团有限公司	35	石堰村数学农家书屋	重庆市九龙坡区华岩镇石堰村委员会
23	荥阳市农家书屋公共电子阅览平台	荥阳市市政府	36	回龙坝村农家书屋	重庆市沙坪坝区回龙坝镇回龙村委员会
24	孟州市莫沟村"老苗书馆"	孟州市西虢镇莫沟村村委会	37	河鱼村农家书屋	重庆市城口县委员会
25	平顶山宝丰县大营镇清凉寺村农家书屋	平顶山宝丰县文广局	38	统战读书角	徐州市铜山区棠张镇统战办公室
26	开封市数字农家书屋	开封市文广新局	39	新安街道农家书屋	无锡市新吴区新安街道街道办
27	新乡市数字农家书屋	新乡市文化广电新闻出版局协同大河书局	40	窑湾镇印象书吧	新沂市人民政府
28	安阳市数字农家书屋	安阳市文广新局	41	新圩村农家书屋	新沂市人民政府
29	安徽省合肥市肥东县撮镇镇新安社区农家书屋	安徽省合肥市肥东县文广新局	42	宿城区埠子镇肖桥村二丫三留守人员服务社	江苏省宿迁市宿城区埠子镇肖桥村委员会

从表中的数据来看，市级、县级的数字农家书屋，大多以当地政府为主体建设，其监管体系更加完善，能更好发挥决策、执行、监督三位一体的运作效能，在政策供给、资源整合及渠道平台搭建等方面充分发力，在推动乡村振兴方面起到重要作用；书屋所在地为社区、街道的建设主体以委员会、

街道办居多，此类书屋的主办方对服务对象了解更深入，社区委员会以书屋为依托，举办众多"读书会""阅读节"等活动，更大限度地满足受众需求，激发务工、务农人员及留守儿童等的阅读兴趣；公共图书馆等参与数字农家书屋的建设，能够高效实现资源共享，图书资源的及时供给持续为书屋输入文化产量；以私企等为主体建设的数字农家书屋，其建设模式更加灵活，所在地多为发达的城市，"书屋+"的模式使文化服务多元化，更有利于提高群众的参与度。

三、数字农家书屋资源类型

本报告采用网络调查法对广东省、河南省、安徽省、上海市、山东省、重庆市、江苏省等省市数字农家书屋的资源类型进行了详细调研，从调查结果上看，数字农家书屋的资源类型主要包括纸质书、电子书、有声书、影视资料、公益讲座、电子期刊等。表 21-2 列举了全国部分数字农家书屋资源类型。

表 21-2　全国部分数字农家书屋资源类型

省　市	书屋名称	资源类型
广东省	东方红书院	电子书、影视资料
	紫南村农家书屋	电子书、阅读活动
	枫溪区枫二村农家书屋	电子书
	蕉园农家书屋	阅读活动
	东沙街金宇社区农家书屋	影视资料
	小榄镇绩东一社区图书馆	电子书
	矿山书屋	电子书
	金湾图书馆	电子书
	马坝村委农家书屋	电子书、阅读活动
	菱塘村农家书屋	电子书
	蕉岭县农家书屋	电子书、影视资料
河南省	焦作市丰收社区数字农家书屋	电子书、影视资料
	荥阳市农家书屋公共电子阅览平台	电子书
	孟州市莫沟村"老苗书馆"	有声书

第二十一章　我国数字农家书屋建设现状研究

续表

省　市	书屋名称	资源类型
河南省	平顶山宝丰县大营镇清凉寺村农家书屋	纸质书、有声书、影视资料
	开封市数字农家书屋	纸质书、有声书、影视资料
	新乡市数字农家书屋	纸质书、有声书、影视资料
	安阳市数字农家书屋	纸质书、有声书、影视资料
安徽省	安徽省合肥市肥东县撮镇镇新安社区农家书屋	纸质书、有声书、影视资料、电子书
上海市	上海市金山区亭林镇亭西村农家	电子书、纸质书、阅读活动
山东省	莒县峤山镇农家书屋	阅读活动、电子书、纸质书
	宁津县农家书屋	线下阅读活动、纸质书
	临清市烟店镇牛张寨村农家书屋	影视资料、电子书
	德城区天衢街道于赵社区农家书屋	电子书、纸质书
	威海市高区田和街道田村社区农家书屋	电子书、纸质书
	东陈农家书屋	电子书、纸质书
	潍坊市农家书屋	纸质书
重庆市	江津区白沙镇恒和村农家书屋	纸质书、阅读活动、电子书
	长石村农家书屋	阅读活动、主题征文活动、纸质书、电子书
	大柱村数字农家书屋	纸质书、有声书
	拱桥村数字农家书屋	纸质书、电子书、阅读活动、公益讲座
	石堰村数学农家书屋	纸质书、有声书、电子书、阅读活动
	回龙坝村农家书屋	纸质书、阅读活动
	河鱼村农家书屋	阅读活动、纸质书、电子书
江苏省	沈高镇河横村农家书屋	纸质书，电子书
	板浦镇城北村农家书屋	电子书、有声书
	丰乐社区农家书屋	纸质书、阅读活动
	统战读书角	纸质书、有声书
	新安街道农家书屋	电子书、电子期刊、有声书
	窑湾镇印象书吧	电子书、有声书、阅读活动
	新圩村农家书屋	阅读活动、有声书
	宿城区埠子镇肖桥村二丫三留守人员服务社	阅读活动、电子期刊

(一)纸质书与电子图书

2007年《关于印发〈农家书屋工程实施意见〉的通知》发布后,各省市的农家书屋开始陆续建设,书屋主要以纸质图书资源为主。随着互联网络、数字化技术、计算机技术的不断发展,各省市开始了数字农家书屋的建设,作为农家书屋的提档升级,大部分数字农家书屋在已有农家书屋纸质图书资源的基础上增加数字化阅读产品和服务,从而实现农家书屋的数字化升级。

在此次调查收集到的各省市数字农家书屋的数据来看,在42家农家书屋中,配有纸质书的有27家,占比为64.3%;配有电子书的有26家,占比为61.9%。目前数字农家书屋中纸质书与电子书的覆盖率相对较高,尤其是山东省和重庆市,山东省的7家书屋以及重庆市的7家书屋都配备了纸质书和电子书,纸质书与电子书的同时配备,为各乡镇打通了通往时代前沿的大门,实现了以文化助力乡村振兴的重要一步。

(二)有声书

随着"互联网+"的发展,有声书应运而生。有声书,即有声音的书。《辞海》中将其定义为录制在磁带中的出版物,也就是人们常说的可发音的"电子书"。它使人们实现了眼睛的自由,也为数字农家书屋带来了新的机遇,给村民带来了别样的体验。从调研结果来看,部分省市的数字农家书屋已经引入有声书。有声书能够有效解决部分农村老年群体不具备识字能力、没有足够宽裕的时间等情况,能够打破时空限制,让农民随时随地获取知识,由无声变为有声,多方位满足村民的文化信息需求。

在此次调查的42家数字农家书屋中,有12家配备有声书资源,占据28.6%。虽然占比还不高,但却对数字农家书屋的建设具有重要的建设意义。有声书与纸质书、电子书的最大区别主要在使用方法方面,有声书是用耳朵去听,拓展了村民的知识获取渠道,并且能够让知识的呈现更加生动形象。

(三)阅读活动

从调研结果来看,阅读活动是目前数字农家书屋建设的亮点之一,42家数字农家书屋中有16家会定期或不定期举办阅读活动。数字农家书屋的管理者会根据不同的季节、节日、国家重大活动等策划举办不同形式的线下阅读活动，如春季所开展的"全民阅读春风行动"、冬奥期间的"庆冬奥、闹元宵、品书香"的主题阅读活动、八一建军节时的"红色故事分享会"等。每年，各式各样的线下阅读活动都会如期在全国各地的数字农家书屋中开展。

四、数字农家书屋资源主题

通过对全国部分省市的数字农家书屋资源主题进行检索、汇总、整理和标引，可以看出资源主题主要分布于社科人文、农业生产、传统文化、少儿读物、法律、历史传记、政治经济等领域。各类型主题资源数字农家书屋数量分布（部分）如图21-1所示。通过词频统计可以看出，社科人文和农业生产类相对较多，在42家数字农家书屋中，分别有26家拥有社科人文类，23家拥有农业生产类；其次为少儿读物、传统文化、经典文化等主题类型（见表21-3）。

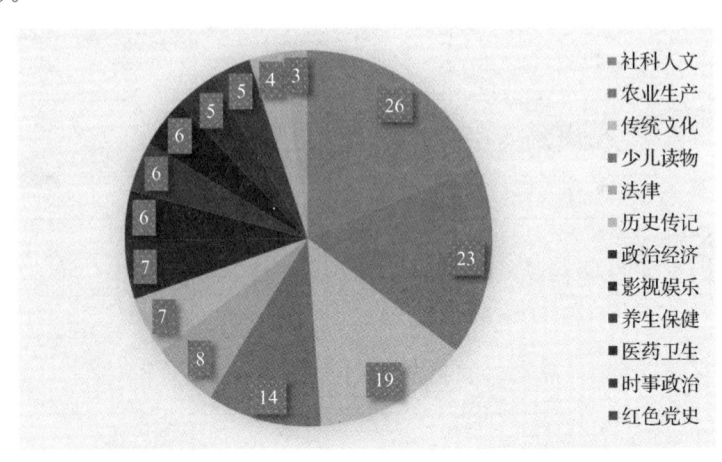

图 21-1　各类型主题资源数字农家书屋数量分布（部分）

表 21-3　全国部分数字农家书屋资源主题分布

省　　市	书　屋　名　称	资　源　主　题
广东省	东方红书院	政治经济、传统文化、医药卫生、农业生产
	紫南村农家书屋	传统文化、社科人文
	枫溪区枫二村农家书屋	红色党史、历史传记、传统文化、少儿读物

续表

省　市	书屋名称	资源主题
广东省	蕉园农家书屋	社科人文
	东沙街金宇社区农家书屋	农业生产、传统文化、社科人文、法律
	小榄镇绩东一社区图书馆	社科人文
	矿山书屋	社科人文
	金湾图书馆	政治经济、历史传记、艺术、社科人文
	马坝村委农家书屋	红色党史、农业生产
	菱塘村农家书屋	影视娱乐
	蕉岭县农家书屋	社科人文、法律、医药卫生、传统文化
河南省	焦作市丰收社区数字农家书屋	社科人文、影视娱乐、农业生产、时事政治
	荥阳市农家书屋公共电子阅览平台	农业生产、务工培训、传统文化、医药卫生、养生保健、军事世界、少儿读物
	孟州市莫沟村"老苗书馆"	社科人文、少儿读物、农业生产
	平顶山宝丰县大营镇清凉寺村农家书屋	社科人文、影视娱乐、传统文化、农业生产、时事政治
	开封市数字农家书屋	社科人文、影视娱乐、传统文化、农业生产、时事政治
	新乡市数字农家书屋	社科人文、影视娱乐、传统文化、农业生产、时事政治
	安阳市数字农家书屋	影视娱乐、传统文化、农业生产、政治经济
安徽省	安徽省合肥市肥东县撮镇镇新安社区农家书屋	红色党史、传统文化、农业生产、养生保健
上海市	上海市金山区亭林镇亭西村农家	养生保健、农业生产、少儿读物
山东省	莒县峤山镇农家书屋	农业生产、法律、少儿读物、医药卫生、社科人文
	宁津县农家书屋	农业生产、法律、社科人文、历史传记、养生保健、经典文学
	临清市烟店镇牛张寨村农家书屋	政治经济、法律、社科人文、少儿读物
	德城区天衢街道于赵社区农家书屋	少儿读物、社科人文、医药卫生、政治经济
	威海市高区田和街道田村社区农家书屋	少儿读物、公益教育、社科人文
	东陈农家书屋	传统文化、社科人文、生活健康、农业生产、少儿读物
	潍坊市农家书屋	传统文化、社科人文

续表

省　市	书屋名称	资源主题
重庆市	江津区白沙镇恒和村农家书屋	少儿读物、社科人文、农业生产
	长石村农家书屋	农业生产、社科人文
	大柱村数字农家书屋	政治经济、社科人文、少儿读物、历史传记
	拱桥村数字农家书屋	农业生产、社科人文、少儿读物
	石堰村数学农家书屋	社科人文、公益教育、国家政务
	回龙坝村农家书屋	科技创新、传统文化、历史传记、少儿读物
	河鱼村农家书屋	农业生产、科技创新
江苏省	沈高镇河横村农家书屋	农业生产、科技创新
江苏省	板浦镇城北村农家书屋	红色党史、公益教育
	丰乐社区农家书屋	传统文化、历史传记、地理、法律、时事政治、农业生产、养生保健
	统战读书角	历史传记、传统文化、社科人文
	新安街道农家书屋	公益教育、养生保健、传统文化
	窑湾镇印象书吧	传统文化、农业生产、社科人文
	新圩村农家书屋	农业生产、政治经济、法律、医药卫生、少儿读物、
	宿城区埠子镇肖桥村二丫三留守人员服务社	法律、传统文化、红色党史

（一）弘扬红色经典，农家书屋成为党史学习新阵地

党史资源是数字农家书屋的重要主题资源之一，数字农家书屋作为红色教育的前沿阵地，增设党刊、党报，举行"党史读书会"等实践活动，打造"红色加油站"，并充分利用公众号、App及网站的推送，通过与线下"红色读书角"交互融合，激发群众学习热情，为乡村振兴增添精神动力。如云端临漳里集镇举行了"红色书屋揭牌仪式"，通过开设红色专栏，举行党史知识竞赛，开展党史微课堂等活动，变成群众的"精神粮仓"。江苏省宿迁市宿城王关集镇农家书屋举办"暑期学党史，助力新成长"系列活动，制作相关画册、话本。该书屋为党史学习开辟了红色阅读专区，存放红色书籍和相关材料2300余册，内容囊括国家百年党史、杰出人物传记等，还有大量红色故事绘本和儿童红色读物，让民众阅读红色经典，传承红色基因。

（二）着重突出"农"味，实现"三农"全覆盖

数字农家书屋建设，是助力乡村振兴的一个重要环节。书屋的服务对象是广大农民，需要针对广大农民的个性化、多元化需求，合理制定内容资源分配方案。从调研结果来看，在42个数字农家书屋中，有23家都包含农业相关主题资源，占比高达54%，数字农家书屋的资源主题"农"味突出，能够有效保障农村科学、文化、教育的学习，包含农业生产、农林牧渔、文学艺术、军事政治等与百姓生活密切相关的内容。

（三）加强青少年阅读，丰富精神文化生活

数字农家书屋的服务对象除了广大务工务农群众外，还有儿童群体。为缓解学生群体"教育难"的问题，数字农家书屋加强了对青少年阅读资源的投入，农家书屋通过增加大量的少儿读物、举行读书活动、开展阅读游戏、举行座谈会等形式，丰富了青少年的课外文化生活。突出阅读红色故事，激发少年儿童传承红色基因的浓厚感情；举办农村少年儿童阅读实践活动，让儿童通过阅读、写作、书画等方式重温历史，让数字农家书屋成为涵养爱党情怀、丰富精神文化的第二课堂。数字农家书屋注重青少年阅读资源的建设，加强青少年阅读，有效促进了农村儿童的全面发展和健康成长。

（四）宣传医疗卫生常识，增强百姓健康意识

作为一项文化惠民的重大工程，数字农家书屋与新时代文明实践有机融合，提供众多医疗图书下乡服务。目前农村仍然存在着一些"小病不看"的现象，针对这一现象，数字农家书屋将医疗健康类主题作为资源建设的重点之一，可以为百姓提供健康科普指导，普及医疗卫生常识。百姓通过阅读医疗相关书籍，能够避免不实信息的误导，正确认识常见病的防治，增强健康意识。

五、数字农家书屋的新媒体使用

随着网络、移动终端设备的不断普及与发展，部分数字农家书屋依托各种类型的网络传播形式，开发形成微信小程序、App、H5在线阅读等。村民可以直接通过手机阅读电子图书，并且可以通过公众号了解省内各地方数字

农家书屋的近况、举办的活动等。新媒体与数字农家书屋的结合，能够充分发挥新媒体的优势，如借阅方便快捷、信息及时性强、阅读资源丰富、服务多元化等，有效推进数字农家书屋的建设与发展。

在数字化阅读的时代浪潮下，信息技术积极推动农家书屋高质量运行。河北省结合农家书屋建设实际，推出了农家书屋的数字化阅读平台——"冀农书屋"微信公众号。村民在公众号上可以及时了解有关"冀农书屋"的新闻、活动等资讯类消息，随时点击相关栏目听书、阅读，参与读书活动、交流读书体验等。平台内数字资源众多，主要包括电子书、期刊、音频、视频四种形式，内容涵盖党政党建、文学、少儿、农业科技、卫生健康、教育、综合类等20000余册数字化阅读资源。其中，村级管理员可在平台上登录"冀农书屋"百姓点单系统，根据本村村民实际需要，自由选购本村所需图书等音视频资料，满足农家书屋个性化阅读需求。随着"冀农书屋"数字化平台的不断建设、完善，它将会真正成为农民"家门口的图书馆"，掌握先进技能的"加油站"。

六、目前存在的问题

（一）数字内容资源难以长期保存

数字农家书屋打破了传统农家书屋以纸质书为主的阅读模式，增加了有声书、电子图书等依托互联网的新型图书资源。随着数字化资源的不断增加，如何对这些数字资源实施长期保存，是数字农家书屋面临的一个重要问题。长期保存主要有两大途径，一是长期存储，二是长期可获取。数字资源必须存放在一定的载体上，达到长期存储的效果。鉴于此，数字农家书屋不仅需要建立相应的数字资源体系，同时也需要建设能够对数字资源实施长期保存的载体，并进行专业性的技术维护，这在一定限度上会增加数字农家书屋的运营投入和建设难度。

（二）数字农家书屋管理规范参差不齐

从全国数字农家书屋建设的调查结果来看，各省市在数字农家书屋建设主体、主管部门方面有所不同，如村委会、党支部、社区、街道办、文化主管部门、公共图书馆等，相应的管理也参差不齐。部分数字农家书屋的管理人员由村委会的村干部兼任，少数由农民担任，在书屋管理方面缺乏相应的管理经验，缺少专业的图书管理员在数字农家书屋任职，农家书屋的管理现状不容乐观。同时，部分数字农家书屋存在管理监督制度缺失的问题，在书屋建设与维护过程中，缺少统一的建设规划、标准和管理规范等，在建设方面主要由数字技术公司主导，各地政府分头实施，不同书屋的管理制度差异较大。

（三）数字农家书屋缺乏翔实、及时的数据报道

在此次项目数据采集过程中，项目组成员主要通过网络搜索引擎、学术资源数据库、微博、微信公众号以及政府发布的文件等途径来进行，并采用了电话访谈法、微博留言、文献调查法等方式加强数据挖掘深度。通过调查发现，目前全国各省市在数字农家书屋建设方面缺乏数据报道。在部分数字农家书屋的简介中，并没有相应的管理部门联系电话。在利用微博、微信公众号、短视频等新媒体平台进行调研时，发现数字农家书屋在新媒体平台上的宣传报道也相对较少。在报道内容深度方面，在数据采集过程中发现，无论是政府公告、新闻报道等，大多省市都存在对数字农家书屋建设情况一笔带过的现象，缺乏翔实的信息内容，如建设主体、管理部门、管理规范的介绍等。

参考文献

[1] 陈含章. 我国数字农家书屋建设现状及模式探析[J]. 出版发行研究, 2017(9): 24-28.

第二十二章　新媒体编辑技能培养研究初探

周康，王雨菲[*]

摘要：随着现代社会发展进程的加快，从纸本图书到数字出版物，从文案加工到营销策划，出版发生的变化也同样反映在编辑的职业素养需求变化上。本文调研了当前我国出版单位新媒体编辑的现状，出版业对编辑的职业素养提出了新的要求，以适应当前社会环境发展变化的需要。本文将传统编辑的职业素养需求与新媒体职业素养需求进行了对比分析。对新媒体编辑技能的培养进行了探讨，以积极探索出一条适应行业发展的新路径。

关键词：新媒体编辑；技能；课程；教育。

新媒体虽然在社会上达到最大限度的普及，但自身的内容质量不能与之完全匹配，以抖音、快手为代表的短视频虽然取得很高的经济效益，但其内容格调整体不高，微信公众号往往涉及营销、洗稿等，标题党、新闻写作机器人等劣质内容比比皆是，新媒体在技术进步的同时，改变内容质量欠佳的局面，关键在于目前新媒体编辑的人员队伍建设跟不上，新媒体编辑数量庞大，但职业素养、专业技能、业务水准等与传统纸媒体、电波媒体编辑不能同日而语。新媒体编辑的职业技能等必须跟上新媒体发展的速度，需要对新媒体编辑技能培养体系进行研究。

一、新媒体编辑技能体系的环境要求

随着现代社会发展进程的加快，从纸本图书到数字出版物，从文案加工到营销策划，出版发生的变化也同样反映在编辑上。

---

[*] 周康，北京印刷学院新闻传播学院教师；王雨菲，北京印刷学院硕士研究生。

（一）媒介类型

从媒介类型上看，各种出版物类型丰富，除了图书、报纸、期刊、音像制品等传统分类之外，数字出版物的新类型不断出现，随着计算机技术、网络技术的发展，新型的数字终端也不断渗透到出版业，平板电脑、手机、阅读器等也同样能够承载信息。从纸媒到数媒，不同的媒介类型所对应的编辑人员是不一样的，传统编辑以文字加工为主，数字编辑在文字加工之外，设备操作、软件应用等技能更为突出。

（二）工作对象

从工作对象上看，编辑面对的工作对象就是信息，传统出版以纸质的书和报刊为主，信息主要以文字、图片、图表形式呈现，编辑能够进行纸面意义上的内容加工就能很好地完成工作，在纸质出版物之外，各种能够呈现信息的数码设备也在充当现代出版的载体，数码设备在文字、图片之外，更擅长呈现声音、图像、动画、视频等信息形式，相较于图文信息，这些多媒体、富媒体、数字化的信息形式与现代社会的读者阅读习惯更为匹配。而对于编辑而言，对纸媒图文信息的加工和对数字化信息的加工，虽然在内容上是相通的，但使用的设备、软件，以及传输、销售的渠道等却是全新的。

（三）从业人员

从从业人员上看，传统出版的从业人员的分布集中于出版业集中的区域，我国出版业以北京、上海最为集中，相应编辑人员比例也集中于北京、上海，其他出版业较为发达和集中的城市也有部分编辑，但缺乏出版社、期刊社的城市，编辑就主要集中于地方报社等少量单位。现代出版在传统出版之外，新的数字化出版形态凝聚了新的人员加入，音像出版、数字出版等都使出版业成立新的单位，出版社组建新的部门来进行生产。从以往的图书编辑发展到报纸编辑、期刊编辑，以及随着各种类型新媒体的出现，甚至广播电视以及网络等带有内容传播单位的从业人员也都被冠以"编辑"这一名称。

二、新媒体编辑的部门设置与岗位设置

全国图书出版社的在职编辑约6万人，调研组在山西、上海、辽宁三省

第二十二章 新媒体编辑技能培养研究初探

（市）集中进行了调研，分别就三省（市）的图书出版社、编辑进行数据统计和问卷调查，共统计图书出版社 59 家，涉及员工总数为 5406 人，问卷投放涉及编辑 2600 余人，回收有效问卷填写 992 份，有效问卷比例为 38.15%，回收量超过 30%，符合置信区间。对问卷统计、填报数据进行统计、分析，出版社人员规模普遍不大，主营出版领域集中在教育出版、专业出版及学术出版等方面，在产品类型上以图书为主，也兼顾向数字出版物发展。

出版社在部门设置方面，与出版社所在地域、城市经济水平关系紧密，大社部门设置较为齐全，小社部门设置较少。

以超过 50% 为标准，社长办公室、总编办公室、编辑部、财务部、出版部、发行部普遍设置。较少设置的部门为技术部门、数字出版部门、营销部门。

部分出版社设置了执行功能更为详细的部门，如数媒营销部、重点项目工作室、在线教育项目室、版权部、质检室、营销部、社务办公室、党群办公室、期刊编辑部、教材出版中心、渠道营销部、印务部、商务品牌运营部、出版发行部、综合办公室、技术部等（见表22-1）。

表 22-1 出版社部门设置

统计类别	辽宁地区	山西地区	上海地区
社长（行政）办公室	85.71%	100.00%	78.57%
总编办公室	92.86%	87.5%	88.1%
财务部	100.00%	100.00%	95.24%
人事部	50.00%	75.00%	66.67%
法务部	0.00%	0.00%	14.29%
海外合作部	7.14%	12.50%	33.33%
网络信息部	0.00%	0.00%	33.33%
后勤与资产管理部	14.29%	25.00%	26.19%
校对部	78.57%	25.00%	69.05%
美术编辑部	21.43%	62.50%	71.43%
音像出版部	7.14%	12.50%	21.43%
新媒体部	21.43%	37.50%	16.67%
数字出版部	50.00%	37.50%	54.76%
出版部	85.71%	50.00%	88.10%

续表

统计类别	辽宁地区	山西地区	上海地区
数字产品制作部	28.57%	12.50%	26.19%
市场部	35.71%	0.00%	59.52%
发行部	78.57%	87.50%	66.67%
储运部	35.71%	12.50%	33.33%
读者服务部/出版社门店	0.00%	0.00%	38.10%

目前出版社通常在数字出版部、新媒体部等部门设置之外，要求部分编辑在文案业务之外兼职经营本社微博账号、微信公众号，或者由计算机专业背景的编辑在负责本社内部局域网运行、网站运行之外兼职承担，很少有出版社专门招聘专任新媒体业务人员。

新媒体编辑目前更多存在于经营更为灵活、市场化限度更高的综合类网站、消费类期刊社、报社等融媒体平台，这些媒体单位的编辑分工与岗位设置带有强烈的新媒体编辑特质，但不一定以"新媒体编辑"命名；而与之伴随的则是，微信公众号、社交平台账号等带有强烈个人色彩的内容输出方式，虽然新媒体色彩明显，但很难认同其运营者的"编辑"色彩，各媒体之间及内部都不同限度地涉及"新媒体编辑"业务，而在具体的"新媒体编辑"人员设置及自我认知上，则存在巨大的差异，存在网络编辑、数字编辑等概括性称谓，也存在流媒体编辑等具体岗位性称谓。

出版社内部涉及数字出版业务、新媒体业务的部门设置和岗位设置难以应对社会上新媒体广泛应用的现实，是由于出版社主营业务为图书，图书生产的周期较长且内容需要深度加工，天然与注重时效的新媒体不匹配，但在期刊社、报社等出版周期短的出版机构，各种新媒体部门和岗位的设置与市场对应的限度就非常高，而网站、电波媒体则天然拥抱新媒体，各种部门设置、岗位设置注重与市场对接，同时也注重与行业上下游的衔接。各种细分部门的设置，与自身在频道、栏目的划分进行对应，专人专职，体现了较强的"专业化""专门化"色彩。

但必须注意到，传统出版、传统媒体，在人员招聘时较为看重人员的专业性，希望员工学科背景与单位主营领域一致，做专业化出版，而新媒体单位的数量大，对人员需求极大，进行人员招聘时，在划定基本的学历门槛后，对具体的专业要求无法做到像传统媒体一样，作为员工的"小编"对所在媒体的具体内容板块、频道、栏目，更多是在完成搬运工作，这既与新媒体的新闻采访权限相关，但更多的是与新媒体行业的低准入门槛相关——新媒体的时效性使其很难像传统媒体一样对内容精细加工。

但出版业，对图书编辑已经建立一整套以出版职业资格考试为门槛的职业准入制度，也建立了较为完备的职称晋升制度等，日常对编辑工作的管理、考核等有较为完备的制度。而这些制度在新媒体单位还不够完善，相应的工作人员的职业准入条件、技能标准等也有一定欠缺。

因此，在新媒体行业本身对内容质量难以把控的情况下，必须通过新媒体编辑自身的职业素养和完善的职业技能来提升内容质量。编辑的职业素养需要国家、行业的长期引导，新媒体编辑的职业技能则可以通过高校、培训机构的短期培训取得一定成效。

三、传统编辑的技能体系

新媒体虽然从词汇本身，到行业、编辑，都强调"新"，但从业编辑仍以传统编辑为主，诸多网站、App创办人等也往往和传统出版关联甚深，很多新媒体编辑也有传统出版的工作经历，也为新媒体行业带来了大量经验。因此，研究新媒体编辑的技能体系，需要从传统编辑的技能体系进行梳理。

（一）选题策划技能

出版物本身具有双重属性，出版业也一直在积极发扬社会效益，从国家到社会、大众，对出版社的评价更多集中于社会效益层面，但好的经济效益能够保证出版业健康、长期发展。优秀出版物必然是社会美誉度与经济效益双丰收。在出版业、传媒业逐步实现"转企改制"之后，出版物的销售决定着出版社的盈利能力，编辑必须有能力保证自己所策划的出版物是符合市场需要、具有一定市场的出版物，选题会等各种形式的内容筛选都是出版社对出版物从策划阶段就开始的社会效益、经济效益论证，编辑的选题策划技能是核心技能。

（二）文案加工技能

作为整个出版业的内容加工者，长期以来编辑所具备的基本技能就是文案加工技能。编辑需要有能力对各种文稿进行符合编辑规范的加工，从基本的字、词、句，到标点符号、段落划分等，作者的稿子只有经过编辑的加工，才能消除各种错误，编辑资源是出版资源中最为核心的资源，文案加工技能是对编辑最为基本的技能要求。

编辑的编辑加工技能，在文字规范等基本方面之外，也需要有所拓展，编辑对内容的理解，编辑和作者、美编之间的沟通，会带来更符合内容表现的装帧设计，编辑通过对图书成本的核算以及和印务部门的沟通，会给出更符合市场价格预期的图书定价，这些技能也可以笼统算作编辑对文案的精细加工方面，编辑必须能够让所加工的内容要素适应出版呈现的规范要求和基本美感，能够在具体的内容传递之外给读者带来视觉和内心的双重愉悦。

（三）市场营销技能

长期以来，我国的出版业由出版社进行图书生产，新华书店系统进行销售，出版物的生产和经营是分离的。出版社对市场了解不足，生产的出版物与读者需求之间存在差距，经常性滞销、库存严重，造成很大浪费。这种情况在出版业的历次改革中已经逐步改善，出版社的发行部门也逐步扩大在发行上的影响力，通过开拓二渠道、出版社网店、读者服务部（出版社自营书店）等多重形式扩大销售，发行部门也在出版社生产组织上以参加选题会等多种方式影响生产。编辑则被出版社要求在传统的文案加工业务之外，在生产流程的前期进行选题策划、开发作者，后期能够辅助发行部门与市场联络，编辑需要有能力与渠道对接，负责各渠道销售文案，甚至陪同作者共同出席活动为宣传造势，编辑在生产流程上的业务拓展在传统的"编辑六艺"之外，突出体现在各种市场营销技能上。

四、新媒体编辑的技能需求

随着新时代的发展，对新媒体编辑的技能体系提出了新的要求。对照出版社长期以来确立的编辑技能体系，新媒体编辑应该具备的编辑技能需要涵盖以下方面。

（一）选题策划技能

选题策划在以出版为代表的媒体领域中的重要性毋庸置疑，传统编辑也以选题会、头脑风暴等多种方式进行选题论证和优化，但对于新媒体编辑，

第二十二章　新媒体编辑技能培养研究初探

"新"在于，相较于传统出版物，以数字出版物、App 为代表的新媒体形式更类似于一个独立的产品，而同传统出版较慢的生产周期所带来的一定限度的保护期不同，市场上同质商品的模仿、跟风和竞争几乎不需要时间，在软件、硬件处于同一起跑线的情况下，新媒体时代对首发产品的"模仿"所需要的时间大大减少，推送借助于网络几乎不需要物流和时间，这使新媒体编辑需要更强的选题策划技能，编辑需要能够从无到有的选择特定内容进行选题策划，并在此基础上进行加工，在新媒体产品的策划阶段就必须完成整体设计，从内容呈现、界面设计、交互设计、反馈收集、后续开发等各方面进行全方位的策划，保证在市场上对该内容产品的持续领先。

传统出版的选题策划主要围绕内容进行，新媒体编辑的选题策划在内容之外，还需要对读者数码设备软硬件基础、设备界面、功能设计、交互设计、界面信息抓取、信息反馈、后续开发等进行规划，必须实现内容与形式、读者、市场的高度匹配，才能保证选题策划的优质执行。

（二）营销技能

出版业对编辑提出的新要求是编辑要提升营销技能，在传统出版中，营销技能更多体现在编辑对销售渠道的把控和与书店的交流上。现代社会中存在各种类型的网络书店，网络书店无店面营销，是以网络界面上的内容介绍来吸引读者购买，这种销售方式需要对读者进行页面引流，也需要在网站的内容展示上配备内容介绍、阅读笔记、读者推荐等各种"辅文"类性质的文案，甚至可以以各种音频、短视频形式来介绍，这些都对编辑提出了更高的要求。

同时，现代社会中各种 SNS 软件已经具备了平台性质，也吸引了大批忠实用户，如何将这些用户转化为读者，编辑如何在这些新兴平台上进行营销，编辑有没有能力利用新兴渠道来提高出版物的销量，时代对新媒体编辑在流量吸引方面也提出了要求，流量依赖媒体形式而动，网络引流、短视频引流等也使传统意义上不需要直接面对读者的编辑必须能够熟练运用新媒体，从幕后走向前台。

（三）人际协调、团队合作技能

编辑的交流对象主要是作者、同事，也会延伸到读者层面，但整体而言，编辑工作通常是与社会关联度较低的文字编辑加工工作。

随着时代发展，出版产业链上下游不断延伸，社会分工不断细化，印刷技术不断进步，销售渠道延伸，终端门店呈多样化，出版周期缩短。出版社希望编辑能够完成一本图书从选题策划、文案加工、装帧设计到投入市场销售和再生产的全部流程，这种生产流程所需要的知识门类、专业技能，事实上已经超出了编辑个人能力的边际，能够高质量完成全流程出版工作的编辑的数量严重不足，在出版业中除了建立内部的出版社分部、挂靠工作室等举措以团体协作完成工作的同时，也迫使部分出版社出现策划编辑挖掘选题、联系作者，然后分工给文字编辑进行加工的情况，这就要求编辑具备人际协调、团队合作技能。

在新媒体时代，工作范围更为扩大，编辑需要面对的工作关系，除了社内的各部门、产业链上下游之外，还增加了硬件基础、软件开发等新领域，并且随着在各种社交平台上兴起的带货热潮，也有出版社等媒体单位将社交平台作为产品售卖、内容传播、品牌打造的新途径，这对编辑又提出了录音摄像、布景灯光、剪辑播出、评论引导等各种新的技能要求。新媒体时代的编辑需要具备"内容加工"与"媒体运用"等多种思维，一个编辑往往无法兼具所有技能，只能通过团队间的有效沟通、高速协同来共同完成工作。

（四）审美水平和行业敏感度

现代出版业追求双效实现，在选题策划阶段就需要融入整体设计的思维，但在实际执行中，责任编辑与美编对接，出版社出版部与印厂对接，投入市场的成品往往是出版社与印厂多方平衡的结果，设计实现往往大打折扣，并且囿于出版物价格体制，很多好的设计创意往往不能投入应用，导致的结果是纸质出版物整体上较为单一，通常编辑考虑最多的是内容的编辑、成本控制、印制质量，出版物的美感较为次要。

而在新媒体时代，出版物形态有了更多选择，这不仅仅体现在纸质出版物能够以更为精美的方式进行印制，也体现在纸质出版物的内容可以以多种数字化的方式，在不同的新媒体设备上呈现，在不需考虑印制成本的情况下，对读者眼球的吸引会排在内容质量之前。新媒体编辑在不考虑印制成本的情况下，在装帧设计上有了更大的空间，能够进行更多的设计。同时，数字化设备在内容显示上也拥有更多的界面选择，从开本、纸张颜色（屏幕模拟）、字体、字号的选择，到界面模拟的装帧方式、翻页设计、目录检索等，在基本技术一致的情况下，能够吸引读者的因素更多依赖于所体现的视觉美感。因此，新媒体编辑的审美水平显得极为突出。

（五）职业素养

新媒体编辑相较于以往，需要有高超的职业素养，新媒体工作节奏远远快于传统媒体。新媒体编辑往往在手机上上操作电子文档，直接发送到微信公众号、微博、新闻客户端，并且随着手机等各种移动数码终端功能的提升，移动办公已经成为现实——这在提高工作效率的同时，也意味着工作时长的延长和工作压力的加大。这需要新媒体编辑能够随时随地进行工作，对新媒体编辑的业务能力、工作能力、抗压能力等都提出了更高的要求。

综上所述，新媒体编辑应具备的技能体系比传统编辑的技能体系更为复杂。

五、新媒体编辑技能需求分析

新媒体编辑的特殊性是与新媒体紧密联系在一起，由于"新媒体"本身还是一个处于不断发展中的词汇，本章只能粗略地从新媒体的一些方向性问题入手。

（一）新媒体部门设置

各种传统媒体都在不同限度地应用新媒体技术和拥抱新媒体，传统媒体从行政办公到业务工作，都逐步在向无纸化、电子化、数字化转向，不同媒体单位采用的这些软硬件设施在基础工作之外，是否足以完整地支撑起出版业务、媒体传播业务、数字出版业务的运行，还存在一定问题。新媒体运营对软硬件、计算机技术的依赖限度都和传统媒体有着很大差别，设置新媒体相关部门只是一个开始。

（二）新媒体编辑岗位设置

新媒体部门设置和软硬件配置是新媒体编辑工作的基础，还需要具体的新媒体编辑岗位设置。

部分出版社让编辑兼职完成网站维护、信息发布、公众号运行等工作；

部分设置了新媒体编辑，但相应的出版社数字出版业务、数字出版平台等还在起步阶段，体现不出新媒体编辑的专职属性；数字出版、数字平台等业务开展较好的出版社在岗位设置上更多是以技术特性来设置岗位，与计算机行业名称趋于一致。种种情况还没有体现出新媒体编辑的特殊性。

在市场活跃度高的报刊、电波媒体等媒体单位设置的新媒体岗位，岗位设置细致，并且以层级的人员关系来划分权限，与出版社形成对比，对市场反应灵活，在运行、经营上能够体现新媒体特性。

（三）新媒体编辑工作内容和方式

在部门设置、人员岗位设置之外，新媒体编辑工作内容也具有特殊性。

传统编辑的工作内容主要在于内容编辑加工，较少有在选题策划、整体设计、市场营销等方面的延伸，虽然行业希望编辑能够"一专（文案加工）多能（其他业务）"，成为"全流程编辑"，但传统编辑工作内容的重点还是在内容领域深耕和拓展。

新媒体编辑的工作内容实际上带有强烈的"逆推"色彩，传统编辑工作的起点是作者已经创作或者组织作者进行创作，而强烈的即时性和竞争性给新媒体编辑带来的思维方式则是根据市场信息判断需要何种类型内容，参考大数据、算法等信息技术进行读者推送，"迎合读者"的成分比"引导读者"更为强烈，和传统编辑相比，新媒体编辑的工作内容更容易被市场风向左右。

新媒体编辑的工作方式与传统编辑相比，最为显著的特征是全程使用数字设备、数字技术，新媒体的"新"首先在于媒体形式和传播途径，作为新媒体编辑必须充分掌握和挖掘新媒体的技术特性并加以运用，从信息获取、内容采集、内容加工、层级审核、内容推送到实时反馈的全过程，都是各种技术组合应用的结果。

（四）新媒体编辑工作目标和实际效果

编辑行业是特殊行业，所编辑的产品承担着国家意识形态的传递、社会舆论风气的引导、优秀文化的积累和传播、人民群众的娱乐提供等多重功能。长期以来，我国编辑队伍也很好地承担了这一工作目标，取得了很好的社会效果。传统编辑队伍都是在具有较高文化的基础上，经过一段时期的培训，取得职业资格才能真正上岗，而在互联网急速扩张的风口上，新媒体人员的缺口过大，在招聘时门槛降低。自媒体间相互抄袭、洗稿，营销号炒作等乱象在新媒体时代频繁出现，这与大量新媒体编辑的工作目标设定直接相关，过于重视各种KPI数据考核，以数量代替质量，以信息到达代替信息接受，客观导致了各种新媒体公信力不足，信息虽然传播但传播效果不足，既发挥不了新媒体的优势，又为新媒体形象抹黑。这种恶性循环不利于新媒体编辑在业务技能上的提升。

（五）新媒体编辑的人员管理

传统媒体经过长期发展，建立了一整套的人员管理方案，最核心部分为行业人员进出制度、人员职称晋升机制及薪酬管理、人员工作目标设置及考核、人员培训及继续教育等。

新媒体公司，虽然在岗位名称上有"助理""频道编辑""频道总监"等诸多设定，但很少纳入编辑职称系列，在整体队伍人员身份模糊的情况下，难以在管理上有的放矢，人员身份管理模糊带来的行业间人才交流、人员进出、职称晋升等问题影响队伍的稳定和健康发展。

六、对新媒体编辑技能培养需求的满足

提升新媒体编辑队伍的技能需要一整套的培训方案来予以满足。但对目前社会所存在的各类型相关教育和培训进行总览，离合格的新媒体编辑培训还存在较大的距离。

（一）传统编辑出版专业的课程体系

新媒体编辑从传统编辑中分化和演进而来，本身应该具备传统编辑的技能。编辑出版专业教育在我国经过较长时期的发展，其课程体系在专业课程设置、行课逻辑、理论课与实践课配合等方面，各学校虽然有所侧重，但对出版学、编辑学、编辑出版史、出版法律法规等核心课程的认定是统一的，相关专业选修课等也能很好满足行业需求，各高校编辑出版专业学生经过四年学习，能够很好融入行业，但存在的问题是总体人数少，虽然能够满足传统出版业的需求。但相对于新媒体行业而言则严重不足，同时也存在着一定的与新媒体相关业务对接不畅的情况。

（二）新媒体编辑相关专业的课程体系

但在新媒体编辑相关专业的专业教育上，则缺乏相对公认的课程体系，新闻学、汉语言文学、数字出版、网络与新媒体等专业名称繁多，各高校根据自身原本专业设置，采取"核心课程"为主，"专业课程"为辅的形式，通过若干带有不同新媒体性质的课程与原专业课程叠加，使学生能够迅速切入新媒体行业。但媒体行业本身特性突出，新媒体技术日新月异，学校本身的课程设置均相对滞后，造成学生进入行业后上手快，但后劲不足，专业意识、媒体意识不强，虽然能够充分发挥新媒体技术优势，但在内容鉴别、编辑加工、舆论引导等方面顾此失彼，同时，高校所能提供的学生人数，仍不能满足社会需求。

（三）社会机构所提供的行业培训

行业协会、学会、培训机构等各类型的团体，针对行业人员开展的行业培训，也是对学校专业教育的有益补充。

但这种培训往往以短期、集中培训的形式进行，能够补充的行业信息有限，且内容设置上也有一定的滞后性，新媒体类型众多，培训课程相对单一，很难做到针对性。

在新媒体时代，已经逐渐形成出版物的纸质形态与出版物的数字形态等其他新型形态并存的局面。与之并行的是编辑的新的技能体系。并且，在专业教育、社会培训还都存在一定不足的情况下，需要积极探索出一条适应行业发展的新路径以对新媒体编辑进行培养。

参考文献

[1] 周康,刘晨旭. 我国图书编辑队伍职业素养调查——基于上海、山西、辽宁三地的调研与分析[J]. 中国出版，2021(15): 28-34.

[2] 汤华. 新媒体编辑应具备的基本素养探讨[J]. 新闻研究导刊，2022，13(2): 139-141.

[3] 王伟巧. 媒体融合背景下新媒体编辑再定位[J]. 西部广播电视，2021，42(24): 173-175.

[4] 董素青. 全媒体矩阵中新媒体编辑素养能力提升策略[J]. 新闻文化建设，2021 (20): 61-63.

[5] 张黎黎. 编辑工作者应对全媒体融合发展的策略分析[J]. 新闻传播，2021(14): 62-63.

[6] 程红妹. 做一名合格的新媒体编辑[J]. 中国地市报人，2022(3): 133-135.

第二十三章　出版社微信公众号营销路径和策略分析

尹力，徐渝，朱景怡，侯林珈[*]

摘要：随着互联网技术的迅速发展，传播渠道、媒体格局出现了革命性颠覆，在传统出版机构顺应数字化转型趋势之时，充分利用微信公众号是传统出版机构营销转型升级的重要一环。本文通过对十大优秀出版社微信公众号进行分析，了解其营销现状、瓶颈与困境，进一步对出版社微信公众号的运营提出优化策略。

关键词：出版社；微信公众号；营销。

一、引言

随着互联网技术的迅速发展，传统出版业发生了巨大的变革。新媒体的诞生促使人们习惯于通过网络获取信息，图书营销也逐渐从线下转移到线上。根据《2020年中国图书零售市场报告》，实体书店线上渠道销售规模达79%，同比增长7.27%。根据《2021年出版业新媒体研究报告》，2020年图书线上销售码洋占比已接近80%，有80%的用户通过新媒体平台来获取图书信息。其中，微信作为新媒体平台最大的流量池成为出版社图书营销的优先选择，根据新榜数据，截至2021年12月31日，全国586家出版社共设立了433个微信公众号，开通率达73.89%，其中通过认证的有344个，认证率为79.45%，这相比2013年20%的开通率和17%的认证率已有显著提升，可

---

[*] 尹力，浙江传媒学院新闻与传播学院教师，博士，硕士生导师，研究方向为传媒与社会；徐渝，浙江传媒学院新闻与传播学院硕士研究生，研究方向为新媒体传播；朱景怡，浙江传媒学院新闻与传播学院硕士研究生，研究方向为社交媒体与青年文化；侯林珈，浙江传媒学院新闻与传播学院硕士研究生，研究方向为数字媒体与智能传播。

见出版社对微信公众号营销逐渐重视。当下，微信公众号作为出版社微信营销的主体，在发布图书信息和提供营销服务上发挥着至关重要的作用。因此，本文对十大优秀出版社微信公众号进行分析，探究其在营销中的成功之处，同时指出其存在的问题并提出解决方案，希望为出版社的良性发展提供借鉴意义。

二、研究对象和方法

本文选取《2021年出版业新媒体研究报告》中出版社微信公众号影响力榜单前十名的出版社进行研究。以2021年1月1日到2021年12月31日的微信公众号推文为样本框，按月份进行随机抽样，每个月抽取2天，然后将每一天的所有推文作为样本，最终共获得528篇推文样本。并分别从推送数量、推送时间、阅读量、留言回复率、点赞量、在看量、内容呈现形式、营销方式、子账号数等指标进行统计分析。其中，预估粉丝数、留言回复率、子账号数、公众号影响力指数来源于新榜数据服务平台，新榜是国内提供微信公众号内容数据服务的专业机构，由复旦大学新闻学院提供全方位支持，因此其数据具有较高的可信度。本文的十大出版社微信公众号基本信息如表23-1所示。

表23-1 十大出版社微信公众号基本信息

公众号名称	预估粉丝数	认证机构	公众号类型	影响力指数
人民教育出版社	102291	人民教育出版社有限公司	订阅号	873.76
保密观	1000000+	金城出版社有限公司	订阅号	858.89
人卫健康	159869	人民卫生出版社有限公司	订阅号	845.53
外研社	103924	外语教学与研究出版社有限责任公司	订阅号	843.03
清华大学出版社	813018	清华大学出版社有限公司	订阅号	842.79
中国建筑工业出版社	39117	中国建筑出版传媒有限公司	订阅号	822.4
中信出版	120771	中信出版集团股份有限公司	订阅号	802.83
人民文学出版社	162300	人民文学出版社有限公司	订阅号	788.23
人民邮电出版社	203145	人民邮电出版社有限公司	服务号	781.42
萌伢童书	319996	安徽少年儿童出版社	服务号	774.59

三、出版社微信公众号营销现状

（一）打造出版社品牌形象，强化受众感知信任

不论在传统时代还是互联网时代，品牌都是吸引粉丝或让路人从好感再到忠诚的一个重要因素，用户只有在感知对主体账号的信任后，才有可能通过知晓信息和态度转变产生进一步的消费行为。所以，出版社微信公众号作为出版社在微信平台的营销主体，其关联着出版社的品牌形象。在十大出版社微信公众号中，除了金城出版社的"保密观"和安徽少年儿童出版社的"萌伢童书"以外，其他公众号的命名都与出版社的名字保持一致，使之具备很高的品牌识别度。

此外，十大出版社公众号还通过打造其微信账号功能与出版社的品牌形象保持同步，这也有助于实现受众对公众号的精准认知，达成品牌营销的目的。例如，人民文学出版社的"每个人心中，都应深藏一部文学作品。在这里，找到属于你的'那一部'……"，以"推荐文学作品"为公众号定位，这与人民文学出版社"专业文学出版机构"的品牌形象所契合。人民邮电出版社则以"传递新知，开创新视界"为定位，主要向大众推荐各种通信类书籍，这也回应了它"立足信息产业、面向现代社会、传播科学知识、服务科教兴国"的出版宗旨。

（二）精准定位用户，垂直深耕优质内容

无论是传统媒体时代，还是智媒时代，"精准定位""内容为王"一直是出版社应该坚守秉持的理念，只有用户精准才能最大限度实现微信公众号的影响力和传播力，而优质有用的信息内容也能自然吸引到足够忠诚的订阅者，并进一步转化为潜在的购买者。

通过对样本内容进行分析，我们发现十大公众号的内容主要分为以下四类：第一类是最为直接的推书荐书；第二类是线上线下活动，如直播、新书见面会、分享会等活动的介绍与通知；第三类是知识科普；第四类是对新闻或者社会现象的述评，表达公众号自身的世界观。这些实用的信息通过对用户的精准区分，可直接到达目标用户群体。

人民教育出版社公众号的功能介绍为"专业发布教材解读、教育政策、

课程与教学、学习方法、家庭教育的一切",把用户群体精准定位于教师群体,而推文内容也都围绕教师关注的信息展开。如2021年4月8日推送的一篇科普小文"作为语文老师,为什么我苦口婆心反复强调要多读书,少做习题",9月22日推送的政策解读"'双减'后的新挑战,一线老师怎么办?",10月11日推送的明星校长采访"'明星校长'唐江澎:'现在老师难做多了'",等等。

中信出版公众号则着力于通过多样化、趣味性强的推送内容来吸引用户,如"中国最奇葩的粽子是什么味道?""脱口秀大会成为'朗诵大会',做一场打动人心的演讲就那么难吗?""今年最火的考古大发现:四川盆地,对中国历史有多重要?"等。其推送内容趣味性、多样性与实用性并存。

综上,十大出版社微信公众号虽然深耕的内容和对象都不同,但都对自身进行了精准定位,对目标受众的需求进行了精准感知,所以能较好做到实用性、多样性与趣味性并存,使传播效果达到了最优。

(三)保持更新频率,固定发布时间

近年来,图书特别是新书,宣传的重心由传统纸媒向微信等新媒体转移,形成微信等线上社交媒体预热+线下实体分享、互动的双格局,这已成为出版业内不言自明的潮流与趋势。但这也同时意味着,各大出版社的微信公众号在实际上充当了一个以往由传统媒体承担的"宣传媒介"角色,而媒介的特性恰恰又是通过快速且频繁的内容来保持其稳定且持久的吸引力,因此微信公众号在受众面前的曝光率尤为重要,而发布时间和更新频率是影响其曝光率的重要因素。

十大出版社微信公众号的推送发布时间和频率都非常固定,发布时间大部分都位于17点到18点和7点到8点两个时间段,发布频率主要有每日一推和每周一推两种方式,每次推送的数量在2篇到3篇,这有利于在受众心中树立活跃且稳定的公众号形象,而且方便受众规律性阅读。此外,在具体发布时间上,各出版社都细心考虑了受众的生活习惯。例如,人民文学出版社推送时间为19点到20点,人民邮电出版社的推送时间为7点到8点,均处于受众上班前或下班后的空闲时间段,有利于提高推送的曝光率,确保营销信息的有效传达。

（四）营销方式多元，巧妙进行宣传

出版社微信公众号营销的核心方式莫过于通过推送向受众推荐图书并促成其购买行为。如何使受众接受推送的图书信息是出版社营销时的一大难题。根据十大出版社微信公众号的分析，发现出版社在推送中使用了多元化的营销方式，总体上可以分以下四种。

一是直接营销，即在推送中开门见山地展示图书简介和内容，这是最为传统的营销方式。直接营销的具体应用主要有书单和书摘两种，书单即罗列多本书的基本信息，如人民邮电出版社的"每周新书推荐"。书摘则通过精选一些章节片段展示书的具体内涵，如人民文学出版社的"钱锺书《围城》里的人生百态，看过就不会忘"。这种方式清晰明了，使受众能够快速了解书籍信息，但是比较枯燥无味且缺乏新意，如果一直使用直接营销会导致用户的审美疲劳以及厌倦心理。

二是热点事件营销，指将最近发生的时事热点和相关图书进行有机的结合，利用热点事件的热度来博取受众关注度，发表出版社自己的看法，输出自己的世界观与价值观，最后与内容进行关联来荐书，达到较好的宣传效果。如人民邮电出版社的"1078万人报名高考：具有这种特质的学生才更有竞争力！"就利用高考这一热点事件推荐了一本人才培养的书籍。

三是活动营销，即通过开展线上和线下活动来发布图书信息，并且在推送中进行活动预告。线上活动一般是以直播的形式邀请作者开展主题讲座，如人民文学出版社的"俞敏洪×刘子超：所有人都应当成为水手，直到大海将他们解散"活动邀请嘉宾俞敏洪和作者刘子超以"旅行、文化与人生"为主题进行交流。线下活动一般如签售会、分享会、见面会等，并且通过直播实现线上和线下的联动，如人民邮电出版社在上海的知室书院进行《价值共生》新书首发，并且通过百度、爱奇艺、微博等平台进行全网直播。这些策略不仅有助于提高文章的阅读量和公众号的关注量，同时也可以加强出版社与作者、读者之间的联系，拉近与用户之间的心理距离。

四是名人营销，即借用名人口碑和名气来提高图书的曝光率。如在人民文学出版社微信公众号发布的"贾平凹：这个时代，需要鲁迅"中，著名作家贾平凹对鲁迅的《阿Q正传》给予了高度评价，呼唤大家阅读鲁迅的书籍。

（五）建立微信营销矩阵，实现跨平台引流

出版社的微信营销单靠一个官方公众号显然无法容纳更广泛的受众，因此，除了一个主账号外，出版社还通过设立多个子账号构建了庞大的微信传播矩阵，以提高其品牌影响力，实现精准化营销。在所分析的十大出版社中，除了金城出版社外，均设有子账号，且子账号的数量基本在5个及以上。如人民文学出版社的"当代""人民文学出版社外国文学""人文社Harry Potter工作室""人文读书声""中华文学选刊杂志"，人民邮电出版社的"数艺设""人邮体育""绘客""职场研究所""异步图书""ptpress 摄影课"等账号。这些子账号被赋予了更加精细的定位，且与主账号有较大的差异，受众可以根据自己的个性化需求进行关注。

另外，这些微信矩阵内部资源可实现跨平台流动，其方式可以归为以下两类：第一类是直接将二维码链接植入文中或者附在文末；第二类是转载新媒体矩阵内公众号的文章，使新媒体矩阵内的账号互相引流。

以清华大学出版社微信公众号为例，若有直播预告、新书推荐等需要用视频来补充的内容，则会在文末附上视频号的链接，如在其公司出品的电影《大学》上映期间，就在其公众号文章底部通过视频号链接对内容进行推送，助力电影《大学》播放量的提升，探索流量中的双赢之路。他们也会转载自己新媒体矩阵内公众号的文章，进行各平台矩阵内的相互引流。

当然，除了同主体的不同媒介平台进行引流之外，还可以与其他微信公众号开启互助引流模式，进行多渠道推广运营，如清华大学出版社微信公众号会不定期进行荐号，共享粉丝和流量。

四、瓶颈与困境

（一）推送形式单一，以图文为主

十大出版社微信公众号的推送形式较为单一，主要通过纯图文的形式来呈现营销信息。92.4%的出版社公众号推文仅以图文形式来表现内容，运用视频形式的推文只占7%，运用音频形式的推文只有0.6%。此外，很多推文视频只是对视频号的内容进行了简单移植，推送页面只有孤零零的一个视频，并没有和图文内容进行有机结合。因此，从整体来看，出版社微信公众

号利用多媒体表现内容的意识还有待加强，单纯使用图文形式会使推送信息缺乏生动性和趣味性，降低受众的阅读体验，从而影响图书的营销效果。

（二）推文语言活跃度不够，内容吸引力受影响

新媒体时代，用户处于一个碎片化、短平快的媒体环境中，生动、翔实、有趣的内容更容易吸引读者的关注。如果单纯机械地将图书的目录、摘要、书评、观后感等内容推送给读者，虽然保证了信息的权威性，但语言过于正式、呆板，很难吸引读者的关注，从而降低文章的传播效果，影响后续图书销售活动。

（三）推文留言回复率低，互动性欠缺

十大出版社微信公众号推文普遍存在互动性不足的问题，未能给予受众充分的反馈。除了中国建筑工业出版社微信公众号有54.5%的回复率，其他出版社微信公众号的留言回复率都没有超过10%。低留言回复率意味着公众号对受众想法和意见的忽视，这无疑会削弱受众的购书意愿。此外，推文的互动性也十分欠缺，包含互动方式的推文仅占总推文的10.4%。与此同时，这些推文的互动方式也较为单一，主要是留言抽奖的形式，即邀请受众在留言区进行话题讨论，并从中选出若干名留言者赠送图书或文创奖品。互动性的缺乏会导致出版社微信公众号与受众之间联系的弱化，降低受众黏性。

（四）缺少爆款推文，传播效果受限

十大出版社微信公众号的推文较少出现爆款，除了金城出版社，其他出版社推文的平均阅读量均在2万次以下，人民教育出版社、外语教学与研究出版社、中国建筑工业出版社等的平均阅读量甚至没有破万次。阅读量反映了出版社微信公众号的活跃受众数，活跃的受众少，图书的营销效果自然也不佳。此外，出版社微信公众号的点赞数和在看数同样很不理想。较低的点赞数和在看数说明受众对推文内容缺乏认可和兴趣，这会影响图书的销售转化率。

五、优化与展望

（一）丰富推送内容形式，提升受众体验

针对出版社微信公众号推送形式单一的问题，出版社应突破纯图文的内容表现形式，积极使用视频、音频、H5、动画等多媒体形式来呈现营销信息，以增强推文的可读性和趣味性，提升受众的视觉和听觉体验，进一步引发受众的阅读兴趣，最终提高推文的阅读量。具体来说，出版社可以在推文中嵌入关于图书简介的短视频，方便受众快速掌握图书的主要内容。此外，出版社也可以用听书的形式在推文中加入音频，使受众在视觉劳累时可以闭眼进行听读。还可以加入背景音乐以营造良好的阅读氛围。

（二）运用新媒体思维，转变推文语言风格

针对出版社微信公众号推文语言欠活泼，内容吸引力不足的问题，出版社应积极运用新媒体思维，改变以往的宣传语态。在新媒体时代，对于出版社来说无疑是一个新的宣传与销售契机，同时也是一个全新挑战。新媒体思维也就是用户思维，出版社在进行图书销售的同时要站在用户的角度思考问题。具体表现在推文编辑时，出版社可多运用网络热词、网络流行语，使语言风格转向年轻化。同时也要结合当下社会热点选取合适的选题，进而使推文整体风格变得活泼有趣，吸引用户驻足，促成图书销售。当然，在此过程中也要避免语言过度娱乐化、低俗化的问题。

（三）加强与受众的互动，维持受众黏性

针对出版社微信公众号推文互动性弱的问题，一方面，出版社应该注重与受众的线上交流与互动，及时回复受众的留言。除了留言赠书这一互动形式外，出版社还可以根据不同的书目建立微信读书群，定期在群里分享好书和组织读书会，以强化出版社和受众的连接。另一方面，出版社可以积极拓展线下互动渠道，举办读书沙龙或邀请图书作者开展粉丝见面会，实现与受众的面对面交流。线上与线下的联动，不仅有助于提高受众的活跃度，而且实现了线上与线下流量的相互转化。

（四）促进多平台联动，提升传播效果

出版社微信公众号阅读量较低的问题，一部分原因是公众号自身粉丝数太少，影响力不足，在 2020 年出版社微信公众号影响力名列前十的公众号中，只有金城出版社微信公号的粉丝数超过 100 万名，其他大多位于 10 万名到 20 万名之间。因此，出版社在保证高质量的推送内容和稳定的推送频率的同时，可以适当在一些高影响力的公众号打广告，实现品牌推广和引流。另一个原因是在微信相对封闭的圈层化环境中，信息主要依靠熟人传播，传播效率较低。为此，出版社可以与其他开放式社交平台进行联动，如在微博上开展图书相关的话题讨论或在豆瓣上邀请读者对书进行打分，从而提高图书的曝光度和销量。

参考文献

[1] 汪全莉，张玉. 出版社使用微信现状调查与分析[J]. 中国出版，2014(7): 54-57.

[2] 孙桂杰. 出版类微信公众号突破流量瓶颈的方法——以清华大学出版社官方公众号为例[J]. 出版广角，2021(16): 62-64.

第二十四章 我国社科类出版品牌类型特征、合作结构与培育路径研究

陆朦朦[*]

摘要：在出版业图书品种持续增长，但图书产品平均生命周期越来越短，重复出版、跟风出版现象仍然严重的行业环境下，出版品牌塑造与培育对于出版社优化出版结构、提升出版质量具有重要的推动作用。通过对我国社科类出版品牌类型特征、合作结构的梳理与分析，从品牌核心价值的提炼、维系与开发三个层面提出出版品牌培育路径。

关键词：出版品牌；品牌资产；合作结构；培育路径。

一、引言

美国市场营销学会（AMA）将品牌概念定义为"名称、专有名词、标记、符号、设计，或上述元素的组合，用于识别一个销售商或销售商群体的商品与服务，并且使其与竞争者的商品与服务区分开来"。基于此，出版品牌的概念和内涵可以进一步理解为一个出版单位自身明确的、有个性的出版理念，并将这一理念贯彻到该单位的所有活动中，从而在读者心目中形成一个有鲜明个性和企业特质的整体形象。具体来说，出版品牌包括图书、作者、出版社的公众知名度和社会认可度。在出版业图书品种持续增长，但图书产品平均生命周期越来越短，重复出版、跟风出版现象仍然严重的行业环境下，出版品牌塑造与培育既能明确图书出版的范围与选题方向，也利于一系列图书进行整体包装设计与营销推广，在推向市场的时候有更清晰的读者定位，利于图书在市场中尽快形成影响力，在读者群体中形成品牌认知。从出版品

---

[*] 陆朦朦，管理学博士，浙江传媒学院新闻与传播学院讲师，主要研究方向为传媒经济与上市公司评价、版权运营与文化创意产业、数字阅读与用户行为等。

牌实践来看，当前无论是传统出版企业还是民营出版公司都致力于自身品牌建设，如南京大学出版社的"守望者"、河南大学出版社的"上河卓远"、浙江大学出版社的"启真馆"、广东人民出版社的"万有引力"、上海文艺出版社的"艺文志"、浙江文艺出版社的"可以文化"、外语教学与研究出版社的"互文"、北京联合出版公司的"低音"等。但出版业相较于其他行业而言，是一个弱品牌甚至无品牌的市场，读者选购图书等出版物时的品牌意识让位于价格折扣、KOL 推荐等促销手段。即使一些行业领域的知名出版品牌，仍然呈现出"好而不众"的现象。本文试图从社科类图书出版品牌入手，考察当前国内出版品牌总体情况，在此基础上提出出版品牌培育路径。

二、我国社科类出版品牌类型特征

作为生产文化消费品的特殊企业，出版品牌概念由低到高呈现四个阶梯：单本书（或单套）品牌、丛书品牌、类别书品牌、出版社整体品牌。从这个意义上分析，当前国内一些综合性出版社的出版品牌并不是单一的，而是建立在不同类型编辑部门、不同类型选题资源基础上的出版品牌资源池，如社会科学文献出版社为适应学术阅读市场拓展下沉趋势及非虚构潮流兴起的出版市场环境，陆续推出 10 个出版子品牌，包括译介畅销欧美、兼具有趣和有料的国外人文社科精品佳作的"甲骨文"，以世界史类题材为主的"索·恩"，提供既有学术水准又具有可读性的精品阅读的"启微"，出版以边疆、民族、历史为主题的学术读物的"九色鹿"，致力于出版人文、历史、艺术、新知领域有趣选题的"方寸"，出版有知识内涵、富有大众趣味的"思想会"，出版经管类图书的"OWN 阅读"，致力于挖掘社会科学各领域兼具学术性和可读性的优质图书的"世间之盐"，出版国内外优秀的社会学、人类学以及民族学著作的"群·学"以及收入名家重磅作品的"鸣沙"，既丰富了出版物线，又滋养了出版社的整体品牌形象。本文探讨分析的出版品牌主要以综合性、整体性的品牌概念为主。

（一）从民营与国有属性看社科类出版品牌类型

从出版品牌所属的机构性质，可将目前市场上的出版品牌区分为民营独立出版品牌和传统出版社内生性品牌。前者指以市场化运作机制服务于出版市场，提供出版物与服务的民营出版品牌，如已经成功上市的新经典、读库、

第二十四章 我国社科类出版品牌类型特征、合作结构与培育路径研究

果麦等都是此类出版品牌的市场领先者;而后者指传统出版社为适应激烈的出版市场竞争由内而外通过分社制度、项目制度推行设立的子品牌,如广西师大的"理想国"、社科文献社的"甲骨文"、人民文学社的"99读书人"、上海人民社的"文景"等都属此列。在实际运行过程中,传统出版社内生性品牌在定位上多有交叉,边界比较模糊,容易导致品牌定位不明晰,读者认知不清,不利于品牌确立核心。这些问题还需要在出版社的层面进行统筹规划,找准方向,形成鲜明特色,形成全社的品牌矩阵。当然,出版品牌的民营与国有属性并非是一成不变的,一些大型国有出版集团在市场化改革中,通过资本运营与民营书企展开深入合作,孵化出全新的具有高度市场认可度和标识性的品牌,如中南出版传媒集团控股的民营书企博集天卷,以及其与民营资本合资成立的浦睿文化。

(二)从出版与品牌强弱关系看社科类出版品牌类型

出版品牌是出版物在营销或传播过程中逐渐树立起来的独特价值标识,代表出版社的产品特色,凝聚了出版社的文化内涵和质量追求,是出版社的无形资产,也是出版社企业文化和企业形象的集中体现。然而,当前社科类出版品牌类型存在出版品牌显示度与出版物高质量的错位,即部分出版单位在出版物的选题策划、质量管理、营销推广等环节均具有较强的竞争力,但其品牌定位与品牌形象的社会认知较弱,难以形成品牌资本反哺出版环节的价值优势。因此,从出版竞争力与品牌竞争力两个维度对社科类出版品牌进行划分,可以形成出版与品牌关系矩阵,即强出版弱品牌、强品牌弱出版、强出版强品牌、弱出版弱品牌四种类型(如图24-1所示)。例如,商务印书馆、中华书局等传统老牌出版社,以及中信出版、新经典等综合性大众出版机构是兼具出版竞争力与品牌竞争力的出版品牌;而漓江出版社、岳麓书社等地方性、专业性出版机构普遍存在出版实力强劲,尤其是在某一专业领域

	出版竞争力	
强出版强品牌		强出版弱品牌
弱出版弱品牌		弱出版强品牌

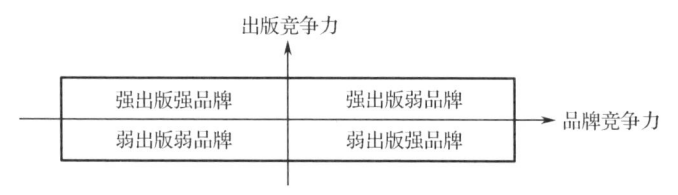

图 24-1 出版与品牌关系矩阵

的出版策划水平行业领先，但其品牌知名度与大众影响力却相对较弱。出版品牌建设的目标应该更多地从兼顾出版竞争力与品牌竞争力的方向发展。

三、我国社科类出版品牌合作结构

基于上述对出版品牌类型特征的分析，基于资源互补的价值合作是比较常见的出版品牌构建路径，出版业内不乏以资本合作方式共同由传统出版社与民营出版机构共同设立出版品牌的案例。此外，由于民营出版公司没有出版权限，需要与具有书号资源和出版资助的传统出版社共同合作完成出版品牌产品的生产、销售与传播。例如，由北京联合出版有限责任公司等共同出资并提供启动资金，实行股权激励、与优秀民营出版人合作的方式成立的"未读"，已经成为市场上具有较高知名度的出版品牌。

为更好地观察社科类出版品牌的合作网络，笔者通过八爪鱼软件爬取京东图书"社科图书"这一类别下的所有图书商品数据，重点以每一本图书商品页面中有关出版社和品牌的信息为数据基础，剔除无出版品牌以及不符合网络构建要求的数据后，共得到 10300 条出版社-品牌对应关系数据，通过 UCINET 这一社会网络分析软件，利用社会网络分析方法将社科类图书的出版社与出版品牌合作网络予以可视化分析。

（一）社科类出版品牌合作的整体结构

通过 UCINET 内置的 NetDraw 可视化工具绘制社科类出版品牌合作网络，从整体结构来看，社科类出版机构与品牌形成关联紧密的合作网络（如图 24-2 所示），并且出版机构与出版品牌基本形成相对稳定的合作关系，主要包括基于同一出版集团的地域性合作固定模式，基于合资设立公司的资本性合作固定模式，基于出版资助协作的资源性合作固定模式。例如，以江苏凤凰出版集团为主要合作基础的凤凰系出版机构在社科类出版品牌合作中形成比较长期稳定的常态化发展路径，湖南出版集团旗下的出版社与博集天卷也形成了固定的合作体系。

社科类出版品牌合作网络的 TOP10 品牌既有商务印书馆、三联书店、中华书局、中信出版等强势头部品牌，又包括湛庐文化、后浪、果麦等民营独立出版品牌；社科类出版品牌合作网络的 TOP10 机构包括商务印书馆、三联书店等老牌机构，也包括后浪、湛庐文化等新锐民营公司。从出版与品牌关

第二十四章　我国社科类出版品牌类型特征、合作结构与培育路径研究

系来看，大部分能够入选出版机构与出版品牌 TOP10 的出版单位都是强出版强品牌类型。

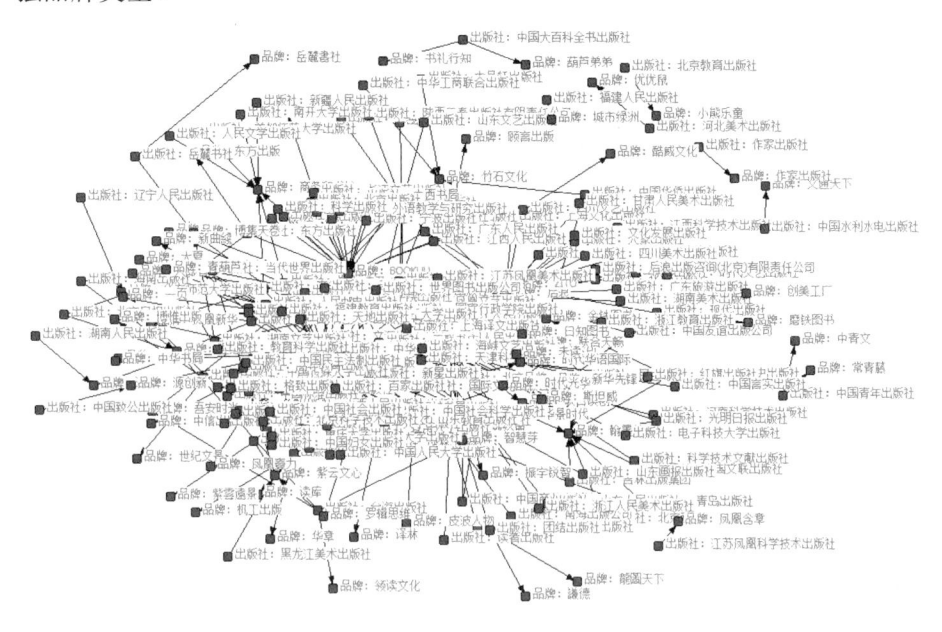

图 24-2　社科类出版品牌合作网络

（二）社科类出版品牌合作网络中的典型民营出版机构

通过 NetDraw 可视化工具中的 EGO 功能，可以绘制以某一出版机构或品牌为中心的个体中心网络，借此可观察某一出版品牌合作结构中的社会关系。以此网络中典型的民营出版品牌后浪和新经典为例（见图 24-3 和图 24-4），可以看到后浪拥有更多的合作关系节点，其中北京联合出版公司、江苏凤凰文艺出版社、四川文艺出版社、九州出版社、江西人民出版社、中国友谊出版公司等是后浪的频繁合作节点。相较而言，后浪所合作的对象在地域上并没有太大的集中性，更多的是以资源置换与资本连接的固定合作结构。新经典的合作关系更为固定，高频合作出版社为北京十月文艺出版社、新星出版社和南海出版公司等。这类具有显著品牌标识度和影响力的头部出版民营出版品牌通过资源合作方式反哺着面临较大市场竞争压力的国有出版社。

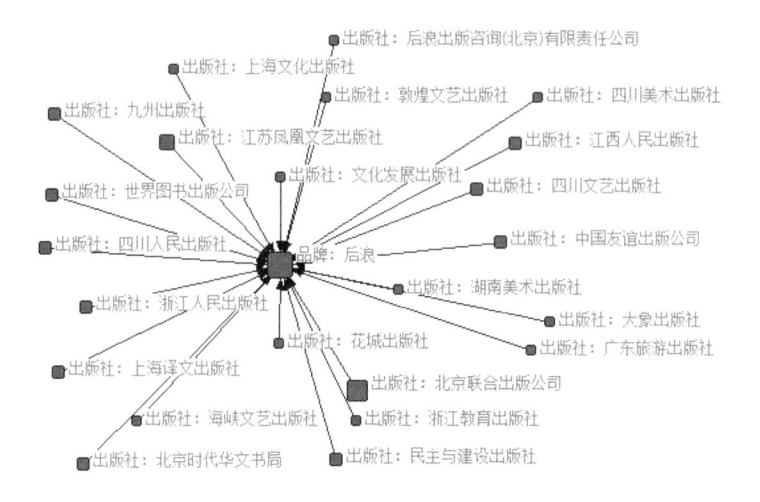

图 24-3 后浪的个体中心网络

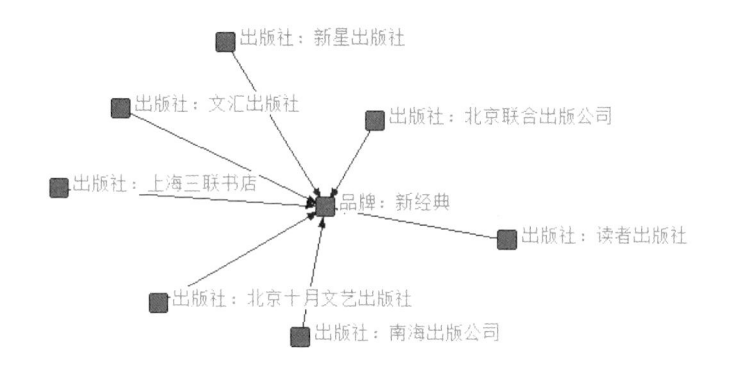

图 24-4 新经典的个体中心网络

（三）社科类出版品牌合作网络中的典型传统出版机构

出版品牌合作网络中除了比较典型的民营出版机构外，也有一些比较强势并处于网络核心地位的传统出版机构。其通过较强的合作资源配置能力以及成熟的出版流程把控能力在品牌合作中处于优势地位，如北京联合出版公司、江苏凤凰文艺出版社等（见图24-5和图24-6），在社科类出版品牌合作网络中，这两家是比较典型的合作关系连接数量丰富且合作节点品牌知名度较高出版机构。北京联合出版公司与上文提及的后浪、新经典等出版品牌存在网络连接，并且与十多家出版品牌达成合作关系。此外，江苏凤凰文艺出版社也与理想国、果麦、读客等头部出版品牌存在广泛的合作关系。综合来看,尽管部分出版品牌来自传统出版社的内部孵化,但基本上以独立设置公司的形式运营,因此在选择出版合作对象时也并非仅仅限定在原有出版社,而往往以市场优势与合作机会为衡量标准。

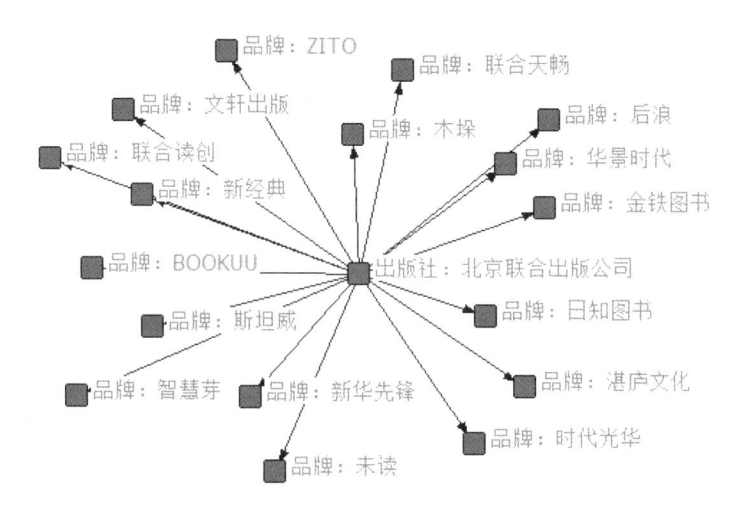

图 24-5　北京联合出版公司的个体中心网络

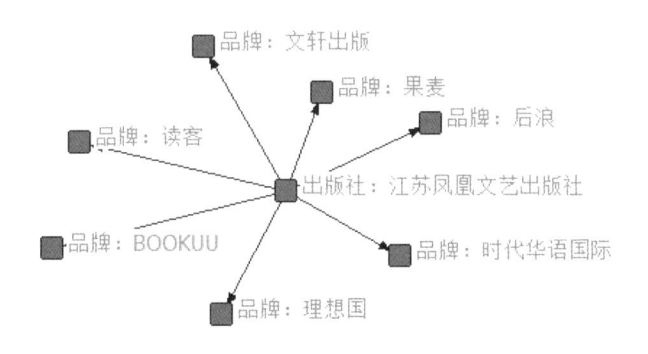

图 24-6　江苏凤凰文艺出版社的个体中心网络

四、我国社科类出版品牌的培育路径

(一)基于品牌资产模型的品牌核心价值提炼

美国品牌研究专家凯文·莱恩·凯勒提出的品牌资产模型能够为企业品牌的建设提供关键路径和理论分析范式,其认为品牌建设需要经过品牌识别(深厚、广泛的品牌认知)、品牌含义(品牌的差异点与共同点)、品牌响应

（消费者对品牌的反应）和品牌关系（消费者的忠诚度）四个阶段才能实现（见图24-7）。与之对应，出版品牌建设具体可以概括为四个步骤：第一，出版企业通过品牌名称、品牌标识、品牌箴言的设计进行品牌创建；第二，出版企业品牌建设的产品层级，需要根据读者的阅读偏好进行品牌定位，然后通过内容生产、设计、定价、购买行为等建设出版品牌的实际含义；第三，出版企业以适合读者的品牌接触点、恰当的传播时间和营销方案等方式向读者进行品牌传播；第四，出版企业以培养读者对品牌的忠诚度为目的，与读者建立牢固的品牌关系。品牌建设的基石是可识别的品牌符号以及品牌符号所传达的区别于其他品牌的独特内涵，并且这一品牌内涵具有共情性，能够最大限度提升消费者对品牌的响应限度，进而形成长期的持续的品牌拥护。

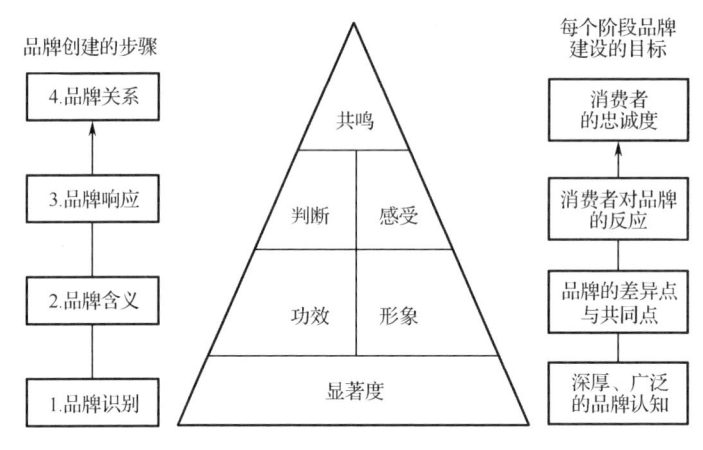

图24-7 基于顾客的品牌资产模型

基于此，社科类出版品牌培育之初即要明确核心价值，并将其转化为可识别、可认知、可触及的品牌标识。例如，读客出品的图书在封面设计上保持高辨识度的色调，并且在书脊显眼位置印制独具读客特征的"熊猫君"品牌标识，腰封处以显著的黑白格装饰，形成鲜明的品牌个性。此外，简洁明快的品牌箴言也是承载品牌形象与含义的优质载体，如译林出版社的"打开世界的一种方式"、上海译文出版社的"有我世界更大"，能够在读者心中建立起品牌的差异性认知。品牌核心价值的确立能够帮助出版机构明确社科类图书出版的选题方向、价值评判标准，树立本品牌与同行业竞品的差异化策略。

第二十四章 我国社科类出版品牌类型特征、合作结构与培育路径研究

（二）基于版权与人才资源的品牌核心价值维系

相较于其他市场品牌而言，出版品牌具有一定的特殊性，出版品牌的品牌资产和品牌溢价事实上不仅仅来源于品牌本身的符号价值，更多的是内容层面、作者层面和出版人层面共同合力的结果在影响一个出版品牌在市场中的认可度和影响力。可以说，出版品牌是与核心版权资源和编辑出版团队深度绑定的，例如，社会科学文献出版社"启微"品牌以近现代史领域学术图书版权为品牌的根本，长期专注于该领域版权资源的搜集。此外，一些出版品牌都以"小而美"的组织构成著称，以核心创意人才作为品牌发展的根基。事实上，随着新媒体行业、互联网行业的大规模发展，许多具有丰富出版经验的复合型人才流失到收入更高、变现更快的新兴行业，而出版品牌培育是一项长期性、系统性的工作，具备深厚的编校功底、丰富的产品策划经验和综合营销能力的编辑，正是出版机构的核心资源。因此需要建立基于版权资源与人才资源的品牌核心价值维系机制，建立完善的现代化人才管理机制，培养并壮大职业出版人、创意出版人队伍，使出版品牌建设经验能够形成一套可被复制、继承和发扬的规范。例如，社会科学文献出版社作为老牌大型国有出版社，以"内部创业"机制鼓励内生性子品牌建设，一些子品牌背后只有一两位编辑，却能形成很大的影响力。通过扶持编辑内部创业，专门设立青年创新基金，鼓励内部沟通，发挥每个子品牌的特色，避免过度内部竞争。

（三）基于品牌延伸理论的品牌核心价值开发

品牌延伸理论是营销学中的一个重要理论，是指企业利用已有品牌（母品牌）进入新业务领域，向市场推出新产品或新服务（延伸产品）的品牌策略。出版社通过品牌延伸能降低新的图书品种进入市场的成本，减少读者的认知风险，提高营销推广的有效性。一些知名出版品牌都借助品牌延伸理论开发品牌核心价值，将其品牌溢价转移到全新的产品线中，例如中信品牌成立的"小中信"、未读品牌成立的"未小读"、后浪品牌成立的"后浪电影"等，都是典型的品牌延伸价值开发实践。著名品牌专家 D. A. Aaker 和 K. L. Keller 提出的经典品牌延伸评估模型中提出，母品牌质量、延伸产品

与母品牌的感知契合度以及延伸产品的制造难度是影响用户接受品牌延伸的主要因素。因此,品牌的延伸价值需要兼顾母品牌与延伸品牌的契合度,超出品牌联想的延伸产品在面向市场时的受众接受度可能会打折扣。这一品牌延伸的影响因素同样适用于出版品牌的跨界开发,跨界品牌合作一般是非竞争性品牌基于共同的用户体验进行品牌表达而形成的合作关系。因此,合作品牌能否互相诠释、品牌文化是否契合决定跨界营销能否向目标用户群体传达品牌体验与符号认知。对于社科类出版品牌,在选择合适的跨界合作对象时需要衡量对方与自身品牌形象的契合度,选择品牌调性一致的产品进行品牌嫁接与延伸。

参考文献

[1] 张君成. 出版品牌建设风生水起[J]. 广东印刷,2021(1): 15-17.

[2] 刘恩凡. 民营书业品牌建设之路探析[J]. 出版广角,2020(20): 22-25.

[3] 仝磊,董润泽. 新时代出版高质量发展的品牌建设之路[J]. 中国编辑,2021(3): 49-53.

[4] [美]凯文·莱恩·凯勒. 战略品牌管理[M]. 北京:中国人民大学出版社,2014: 81.

[5] 龚楚麒. 新媒体环境下我国中小型民营新创出版企业品牌建设研究——以"未读"为例[D]. 武汉:武汉大学,2018.

[6] 陆朦朦,方爱华. 移动阅读品牌跨界营销探析:概念、元素与模式[J]. 出版广角,2018(19): 32-35.